Max Gerhards

Ölmaschinen im Schiffsbetrieb

zweite verbesserte Auflage 1918

Max Gerhards

Ölmaschinen im Schiffsbetrieb

zweite verbesserte Auflage 1918

ISBN/EAN: 9783954270453
Erscheinungsjahr: 2012
Erscheinungsort: Bremen, Deutschland

© maritimepress in Europäischer Hochschulverlag GmbH & Co. KG, Fahrenheitstr. 1, 28359 Bremen. Alle Rechte beim Verlag und bei den jeweiligen Lizenzgebern.

www.maritimepress.de | office@maritimepress.de

Bei diesem Titel handelt es sich um den Nachdruck eines historischen, lange vergriffenen Buches. Da elektronische Druckvorlagen für diese Titel nicht existieren, musste auf alte Vorlagen zurückgegriffen werden. Hieraus zwangsläufig resultierende Qualitätsverluste bitten wir zu entschuldigen.

Ölmaschinen

ihre theoretischen Grundlagen und deren Anwendung
auf den Betrieb unter besonderer Berücksichtigung

von

Schiffsbetrieben

Von

Max Wilh. Gerhards
Marine-Oberingenieur a. D.

Zweite, vermehrte und verbesserte Auflage

Mit 77 Textfiguren

Aus dem Vorwort zur ersten Auflage.

Die Entwicklung der Wärmekraftmaschinen hat in den letzten Jahren derartige Fortschritte gemacht, daß es für den im Betriebe stehenden Fachmann schwierig ist, diese Entwicklung zu verfolgen. Nicht nur, daß der Bau von Dampfkesseln, Dampfkolbenmaschinen und Dampfturbinen ständig Neuerungen bringt, daß diese Anlagen früher nicht geahnte Größen annehmen: neben diesen Maschinen hat die Entwicklung der Ölmaschinen eingesetzt, und damit wächst für den im Betriebe stehenden Ingenieur die Schwierigkeit, sich in neue Betriebe einzuarbeiten. Dies gilt nicht zuletzt für Schiffsmaschinenanlagen, die wegen ihrer Größe und Mannigfaltigkeit an die Betriebsleiter immer höhere Anforderungen stellen.

Die letzte Stufe der Entwicklung dieser Maschinenanlagen wird durch die Einführung der Schiffsölmaschine gekennzeichnet. Die Ölmaschine als Schiffsantrieb und für die verschiedensten Zwecke des Bordbetriebes ist für viele Schiffsarten zur Bedingung geworden, auf Kriegs- und Handelsschiffen ist sie in Anwendung. Der Bau von Schiffsölmaschinen für Handelsschiffe wird auch für die Zukunft der deutschen Handelsschiffahrt eine Möglichkeit bieten, bei Wiederaufnahme des Verkehrs nach diesem Kriege rechtzeitig zur Stelle zu sein und sich einen Vorsprung zu sichern. Der Erfolg hängt nun nicht allein vom Bau solcher Anlagen ab, sondern auch vom Bedienungspersonal, in erster Linie also von fachkundigen Betriebsleitern. Die in Frage kommenden Leiter sind in der Hauptsache für die Leitung von Dampfanlagen vorgebildet und haben auf diesem Gebiete große Erfahrungen. Wenn durch Einführung der Dampfturbine die zahlreichen Erfahrungen in der Behandlung von Dampfkolbenmaschinen brach lagen, so werden diese Erfahrungen gerade jetzt für Schiffsölmaschinen wieder besonders wertvoll.

Für den im Betriebe stehenden Ingenieur ist es jedoch schwierig, sich in der ihm zur Verfügung stehenden Zeit in ein neues Gebiet einzuarbeiten und die Entwicklung zu verfolgen. Zwar ist der Lesestoff auch auf diesem Gebiete zahlreich, aber er ist ungeordnet, zu sehr verteilt und meist nur für den Konstrukteur oder aber zur Belehrung des Laien und Käufers bestimmt. Für den Betriebsingenieur erfordert es daher viel Zeit, unter Ausschaltung alles für den Betrieb nicht Erforderlichen das herauszuholen, was für ihn wissenswert ist.

Diese Lücke soll das Buch ausfüllen.

Die Stoffverteilung bringt zunächst die theoretischen Grundlagen der Ölmaschine, soweit sie zum Eindringen in ihr Wesen nötig sind. Gerade im Ölmaschinenbetrieb ist ein gewisses Maß von theoretischen Kenntnissen zur Bildung eines sachlichen und gerechten Urteils unerläßlich, denn fast täglich treten an den Betriebsleiter Fragen heran, zu deren Lösung zu der praktischen Erfahrung die theoretische

Erwägung treten muß. Wie dies zu geschehen hat, und wie die Erfahrungen des Kolbenmaschinenbetriebes sinngemäß auf den Betrieb von Ölmaschinen zu übertragen sind, wird in den weiteren Abschnitten an zahlreichen Beispielen gezeigt. Dadurch soll dem Fachmann neben der Sonderausbildung (sei dies für Kriegsschiffe, Unterseeboote oder Handelsschiffe) eine Anleitung beim Einarbeiten in den Betrieb und bei der Vertiefung in das Wesen der Ölmaschine gegeben werden.

Kiel, Oktober 1918.

Vorwort zur zweiten Auflage.

Die günstige Aufnahme, welche die erste Auflage dieses Buches fand, und die schon nach kurzer Zeit die zweite Auflage erforderlich machte, darf wohl mit als Beweis dienen, daß das Buch einem Bedürfnis des Leserkreises, für welchen es gedacht war, entgegenkam.

Daher ist auch in der neuen Bearbeitung der Charakter des Buches, der im Vorwort zur ersten Auflage niedergelegt ist, voll gewahrt, wenn auch inhaltlich wesentliche Umarbeitungen und Erweiterungen vorgenommen worden sind. Besonders der betriebstechnische Teil ist neu gegliedert und weiter ausgebaut, wobei manche Anregungen und Wünsche von Freunden dieses Buches berücksichtigt wurden.

Beschreibungen von Bauarten einzelner Schiffsölmaschinen sind vermieden, denn sie veralten sehr bald, und die bauliche Entwicklung ist daher besser in Zeitschriften zu verfolgen. Die baulichen Einrichtungen von Schiffsölmaschinen sind nur so weit behandelt, wie sie grundsätzlicher Natur sind.

Bei der Besprechung von Betriebsvorgängen ist nicht die so oft gebrauchte Form der Aufzählung von Ursachen von Betriebsstörungen oder von Fragen mit Antworten angewendet worden. Diese Art der Darstellung kann immer nur unvollkommen sein und verleitet zu sehr dazu, für alle Betriebserscheinungen ein fertiges Rezept in Büchern zu suchen, anstatt selbst in das Wesen des Maschinenbetriebes einzudringen. Dem Schiffsingenieur sind große Werte anvertraut, und er muß daher in der Lage sein, bei Störungen jeder Art die Ursache zu ermitteln und den Betrieb unter allen Umständen aufrecht zu erhalten. Dazu ist aber ein tieferes Verständnis für die Grundlagen des Betriebes und die Fähigkeit zur Bildung eines selbständigen Urteils erforderlich.

Kiel, August 1920.

Max Wilh. Gerhards.

Inhaltsverzeichnis.

Seite

I. Allgemeines 1
Das Gesetz von der Erhaltung der Masse 1
Das Gesetz von der Erhaltung der Energie 1
Vergleichung einzelner Energieformen 3
Wann bringt eine Energieform Wirkungen hervor? 4

II. Wärmekraftmaschinen 5
Der 1. Hauptsatz 6
  Die Gleichwertigkeit von mechanischer Arbeit und Wärme. 6
  Versuch von Jul. Rob. Mayer 7
Der 2. Hauptsatz 8
  Die Zustandsänderungen der Gase 8
    Gesetz von Gay-Lussac 8
    Gesetz von Boyle-Mariotte 9
    Das vereinte Gay-Lussac-Mariottesche Gesetz 10
      Folgerungen 10
      Die Gaszahl R 10
  Zeichnerische Darstellung der Zustandsänderungen 12
    Das Schaubild für Arbeit (PV-Diagramm) 12
    Die adiabatische Zustandsänderung. Gesetz von Poisson. 15
    Das Schaubild für Wärme (TS-Diagramm) 15
  Kreisprozesse 17
Der 2. Hauptsatz 17
Die Kreisprozesse für Wärmekraftmaschinen 18
  1. Carnot-Verfahren 18
  2. Gleichraum-Verfahren 21
  3. Gleichdruck-Verfahren 22
  4. Diesel-Verfahren 23
  5. Vergleich dieser Arbeitsverfahren 25

III. Wärmeerzeugung 33
Die chemischen Grundbegriffe 33
Verbrennung 34

IV. Die flüssigen Brennstoffe 36
Erdöl 36
Braunkohlenteeröl 37
Schieferteeröl 37
Steinkohlenteeröl 38
Pflanzliche Öle 38
Über die Natur und das Wesen der flüssigen Brennstoffe . . . 39

V. Die Untersuchung der flüssigen Brennstoffe 42
Heizwert 42
Stockpunkt 45
Flammpunkt 46
Brennpunkt 48
Zündpunkt 48
Siedepunkt 49
Verkokungsrückstände 50
Unverbrennliches 50
Mechanische Verunreinigungen 51
Säuregehalt 51
Schwefelgehalt 52

Inhaltsverzeichnis.

	Seite
Wassergehalt	53
Spezifisches Gewicht	54
Zusammenfassung	54

VI. Einteilung der Verbrennungskraftmaschinen 56
   Erklärung der Bauart aus den Bedingungen für die Verbrennung der Brennstoffe 56
   Übersicht und Einteilung mit Erklärung der Wirkungsweise .. 58
   Die Vergasung 61
      Vergaser 61
      Glühhauben 63
      Vergasung nach dem Diesel-Verfahren 63
   Die Zündung 64
      a) Elektrische Zünder 65
         Abreißzünder 65
         Kerzenzünder 65
      b) Zündung an heißen Flächen 66
      c) Selbstzündung 66

VII. Das Diesel-Verfahren 66
   Kennzeichnung 66
   Gemischbildung 67
   Verbrennungslinie 68
   Nachbrennen 70
   Abweichende Verfahren 70

VIII. Allgemeines über die Bauweise der Schiffsölmaschine 71
   Aufbau 71
   Zylinderzahl 72
   Reparaturmöglichkeit 72
   Regelung der Belastung 73
   Steuerung 74
   Anlaßvorrichtung 75
   Umsteuerung 76
   Schmierung 77
   Kühlung 78
   Luftanlage 80
   Brennstoffanlage 83

IX. Instandhaltungsarbeiten 86
   Vorsichtsmaßregeln, Druckproben 86
   Verbrennungsraum 87
      Kolben, Kolbenringe und Laufflächen 88
      Kühlräume 89
      Verdichtungsraum 90
   Ventile 90
      Brennstoffventil 91
      Auslaßventil 91
      Anlaßventil 92
   Einstellen der Steuerung 92
      Rollenlose 92
      Kurbeldiagramm 93
   Brennstoffpumpe 96
   Luftanlage 97
      Luftpumpe 97
      Luftkühler 98
      Ölabscheider 99
      Luftbehälter 99
   Kontrollapparate 99

X. Der Betrieb der Ölmaschine 99
   Klarmachen der Maschine 99
   Kühlung 99

	Seite
Schmierung	99
Brennstoffanlage	100
Luftanlage	100
Anlassen der Maschine	101
Abstellen der Ölmaschine	103
Überwachung während des Betriebes	103
Schmierung und Schmieröl	103
Kühlung	108
Luftanlage	110
Steuerung und Verbrennung	112
Die indikatorische Untersuchung	117
Verdichtungsdiagramme	118
Anfahrdiagramme	119
Regulierdiagramme	119
Offene Kolbenwegdiagramme	120
Frühzünder	121
Falscher Einblasedruck	121
Spätzünder	122
Einfluß der Kolbengeschwindigkeit auf die Verbrennungslinie	123
Schwachfederdiagramme	123
Luftpumpendiagramme	125
Wellenbeanspruchung und Massenwirkung	125
Die beim Maschinenbetriebe auftretenden Schwingungen und kritischen Drehzahlen	125
Drehbeanspruchung der Maschinenwelle	126
Das Drehkraftdiagramm	128
Einfluß von Betriebsstörungen auf die Drehkraftverhältnisse	132
Massenwirkung und Massenausgleich	133
Störung des Massenausgleiches	137
XI. Wärmetechnische Untersuchung der Ölmaschine	138
Wirkungsgrade	138
Wirkungsgrad des Arbeitsverfahrens	139
Einfluß des Verdichtungsverhältnisses	140
Einfluß des Volldruckverhältnisses	142
Wirkungsgrad der Durchführung des Arbeitsverfahrens	143
Besprechung einer Wärmeverrechnung	143
Wirkungsgrad, bezogen auf die Wellenleistung	146
Wirkungsgrad, bezogen auf die Zylinderleistung	147
Kühlwasser- und Abgasverluste	148
Abwärmeverwertung	148
Vorgänge im Arbeitszylinder	149
Völligkeitsgrad	149
Temperaturdiagramm	151
XII. Die Ölmaschine als Schiffsmaschine	152
Zweitakt und Viertakt	153
Betriebssicherheit	157
Vorteile der Verwendung flüssiger Brennstoffe	158
Vergleich zwischen Dampfschiff und Motorschiff hinsichtlich des Brennstoffverbrauches	158

I. Grundlagen.

Zwei Grundgesetze beherrschen alle Naturerscheinungen: das Gesetz von der Erhaltung der Masse und das Gesetz von der Erhaltung der Energie.

Das Gesetz von der Erhaltung der Masse.

Es besagt, daß die **Masse unveränderlich** bleibt. Wir wissen, daß wenn wir 1 kg **Eis** zum Schmelzen bringen, auch 1 kg **Wasser** erhalten und aus diesem wieder durch Verdampfung 1 kg **Wasserdampf**; wenn wir ein Salz in Wasser lösen, so wird das Gewicht der Lösung gleich der Summe der Gewichte des Lösungswassers und des Salzes sein. Wir sprechen z. B. vom „Verbrauch" von Brennstoff. In Wirklichkeit besteht der Verbrauch darin, daß der Kohlenstoff und Wasserstoff des Brennstoffes sich mit Sauerstoff verbinden, der der atmosphärischen Luft entnommen wird. Würden wir die Abgase, die zum Schornstein oder Lampenzylinder usw. entweichen, auffangen und wiegen, so könnten wir feststellen, daß ihr Gewicht gleich der Summe der Gewichte des bei der Verbrennung „verbrauchten" Brennstoffes und Sauerstoffes wäre, obgleich der Kohlenstoff, Wasserstoff und Sauerstoff als solche nicht mehr bestehen.

Unveränderlich ist also die Masse der Körper, wenn sie auch in vielerlei Zuständen und Formen erscheint. Bei allen diesen Neubildungen handelt es sich eben nur um „Umsetzungen". Das müssen wir beachten, sobald es sich in den nachfolgenden Ausführungen um chemische Vorgänge, wie das Verbrennen von Körpern, die Verbindungen derselben mit Sauerstoff, handelt.

Das Gesetz von der Erhaltung der Energie.

Dieses Grundgesetz besagt, daß alle Vorgänge in der Natur auf eine Ursache zurückzuführen sind, von der jede andere Arbeitsfähigkeit (Energie) nur eine besondere Form darstellt. Als solche Energieformen kennen wir die mechanische Arbeit, die Wärme, die Elektrizität, den Magnetismus, die chemische Energie usw.

Wo dem Menschen eine dieser Energieformen zur Verfügung steht (Wassergefälle, Wind, Wärme usw.), hat er im Gange der Entwicklung gelernt, diese Energieform durch besondere Vorrichtungen — Maschinen — in eine andere umzusetzen. Als seine Muskelkraft zur Leistung von mechanischer Arbeit nicht mehr genügte, gab er der Muskelarbeit andere Formen durch den Hebel, die Rolle und das Rad, durch die schiefe Ebene, den Keil und die Schraube, also durch „einfache Maschinen".

I. Grundlagen.

Später nahm er als neue Kräfte die Strömung des Wassers, den Wind, dann die „bewegende Kraft des Feuers": die Wärme. Die Wärme entsteht aus chemischer Energie bei der Verbrennung; sie wird umgesetzt in mechanische Arbeit, diese in Elektrizität, weiter die Elektrizität wieder in Wärme (Licht, Schmelzofen), mechanische Arbeit (Elektromotor), Magnetismus (Elektromagnet), chemische Energie (Akkumulator für Elektrizität, Metallgewinnung) usw.

So könnten wir die Aufzählung fortsetzen, wir könnten den Ring der Umsetzungen schließen und in beliebiger Reihenfolge die einzelnen Umsetzungen vornehmen; wir können jede gewünschte Energieform aus einer anderen erhalten, immer nach dem Gesetz von der Erhaltung der Energie:

Eine einmal vorhandene Energie geht nicht verloren, sondern nur in eine andere Form über, oder umgekehrt: eine Energie kann nicht aus dem Nichts entstehen, sondern zur Erzeugung einer bestimmten Energieform ist der Aufwand einer anderen, vollständig gleichwertigen nötig.

Dieses Gesetz beherrscht alle bekannten Naturerscheinungen; es ist für die meisten nachgewiesen und durch keine widerlegt worden.

Durch dieses Gesetz sind uns viele Erscheinungen erst dem Verständnis näher gebracht. Wir wissen, wenn wir ein Gewicht auf eine bestimmte Höhe heben, so erfordert dies eine bestimmte „Arbeit". Die Masse der Erde zieht nach dem Massenanziehungsgesetz die Masse des zu hebenden Körpers an, sucht ihn nach ihrem Mittelpunkt zu beschleunigen. Diese Kraft (Masse $\times$ Beschleunigung) überwinden wir beim Heben (Entfernen vom Erdmittelpunkt), d. h., indem wir Arbeit aufwenden, vergrößern wir die Energie des gehobenen Körpers, welcher von seiner Nullage (Mittelpunkt der Erde) noch weiter entfernt wird und nun beim Zurückgehen in diese Nullage einen längeren Weg zurücklegen wird. Die Arbeit, die wir aufwenden, um den Körper 10 m zu heben, ist genau so groß wie die, welche der Körper verrichtet, wenn er in die Anfangslage zurückkehrt, also wieder 10 m fällt. Diese Bewegung eines Gewichtes oder Überwindung eines Widerstandes nennen wir mechanische Arbeit.

Die mechanische Arbeit besteht also aus zwei Faktoren: Kraft und Weg.

Dabei ist es für die Verhältnisse auf der Erdoberfläche gleichgültig, ob die Bewegung des Gewichtes zwischen 90 und 100 m oder 190 und 200 m erfolgt; maßgebend für die Energie ist der Höhenunterschied. Diese Energie läßt sich demnach ausdrücken durch:

$$\text{Gewicht} \times \text{Höhenunterschied} = G \cdot h.$$

Das gehobene Gewicht kann nun die Arbeit wieder abgeben, indem es durch Seil und Rolle „zieht", seine Höhenlage wieder ändert und ein anderes Gewicht dadurch hebt. Wir verstehen sofort, daß, von der Reibung in der Rolle und Seilsteifigkeit abgesehen, die gewonnene Arbeit gleich der ist, die beim Niedergang des „Zuggewichtes" diesem entzogen wird. Wenn wir jedoch das Gewicht um die gehobene Strecke frei fallen lassen, so wird es einen Schlag oder Stoß auf seine

Unterlage ausüben, und die Unterlage wird sich erwärmen. Die Energie, die der Körper beim Fallen bis zum Aufschlagen erreicht, ist gleich der, welche ihm mitgeteilt war und die er im ersten Beispiel bei der Arbeit an der Rolle zurückgab. Letztere war $G \times h$. Drückt man G durch Masse $\times$ Erdbeschleunigung aus und ersetzt die Höhe durch den Ausdruck $\dfrac{v^2}{2g}$, der sich durch Betrachtung des freien Falles ergibt, so ist:

$$G \cdot h = m \cdot g \cdot \frac{v^2}{2g} = \frac{m \cdot v^2}{2}.$$

Die „Energie der Bewegung" $\dfrac{m \cdot v^2}{2}$ ist also gleich der „Energie der Ruhe" $G \times h$, und es ist daher theoretisch gleichgültig, auf welche Weise die Energie zurückgewonnen wird: durch Kolbenmaschinen (Kraft $\times$ Weg) oder Turbinen (lebendige Kraft).

Wir haben im zweiten Beispiel das Gewicht gehoben, ihm Arbeitsfähigkeit (Energie) mitgeteilt; diese Arbeitsfähigkeit wurde beim Fallen wieder abgegeben und in Wärme verwandelt; denn das, was wir mit Muskelkraft dem Gewicht mitgeteilt haben, kann nicht verloren gegangen sein, sondern ist zu Wärme geworden. Das Gewicht hat seinen früheren Zustand, die Wärme ist neu aufgetreten, die Muskelkraft ist verbraucht. Bekannt ist auch die Erzeugung von Wärme durch Reibung infolge mechanischer Arbeit. Aus den Beispielen ersehen wir, daß Wärme und mechanische Arbeit nur zwei verschiedene Erscheinungen ein und derselben Ursache sind.

Daraus erklärt sich das Wesen der Wärme als Bewegung. Sie besteht nämlich in einer hin und her gehenden Bewegung der kleinsten Teilchen eines Körpers. Je schneller diese Bewegung erfolgt, desto größer die Wärmeenergie, welche der Körper aufgenommen hat. Eine bestimmte Bewegung der kleinsten Teilchen gibt also auch einen bestimmten Grad der Erwärmung: Temperatur. Jeder Körper hat eine bestimmte Temperatur. Nun lehrt die Erfahrung, daß ein und dieselbe Wärmemenge verschiedene Körper je nach Gewicht und Stoff verschieden erwärmt. Bezeichnet man nun die Wärme, welche 1 kg eines Körpers um 1^0 in seiner Temperatur erhöht, mit der „spezifischen Wärme" dieses Körpers, so läßt sich die Wärme, die einem Körper innewohnt, ausdrücken durch:

$$G \cdot c \cdot t,$$

wenn G das Gewicht des Körpers, c die spezifische Wärme und t seine Temperatur ist. Wir sehen, daß Gewicht und spezifische Wärme dem Körper eigentümliche Eigenschaften sind, während der Grad der Erwärmung, seine Temperatur, den Zustand des Körpers, die Schnelligkeit der Bewegung seiner kleinsten Teilchen ausdrückt. Die Wärme, die ein und demselben Körper zugeführt wird, ändert seine Temperaturhöhe, ähnlich wie die Höhenlage des Körpers in bezug auf den Erdmittelpunkt bei Zuführung von mechanischer Arbeit geändert wurde. Ebenso nun wie ein Körper mit der Höhenlage sein mechanisches Arbeitsvermögen $G \times h$ ändert, so ändert er sein Wärmearbeitsvermögen mit der Temperaturhöhe, so daß dieses Wärmearbeitsvermögen sich ausdrücken läßt durch:

Wärmegewicht × Temperaturhöhe
(Entropie)[1] × (Temperatur).

Die Änderung des mechanischen oder Wärmearbeitsvermögens eines Körpers erfolgt also einmal mit Änderung des Gewichts bzw. des Wärmegewichtes oder durch Änderung der Höhenlage bzw. Temperaturhöhe[2]).

Elektrische Energie erzeugen wir durch Wärme (Thermoelement), durch mechanische Arbeit und Magnetismus (Dynamomaschine) und durch chemische Energie (galvanisches Element, Akkumulatoren). Alle diese Energieformen können wir durch Elektrizität wiedergewinnen.

Die Wirkung der elektrischen Energie hängt ab von der Stromstärke, diese wieder bei ein und demselben Leiter mit gleichem Widerstand von der Spannung, d. h. dem Unterschied im elektrischen Zustand an zwei Stellen eines Leiters. Je größer dieser Unterschied im elektrischen Zustand ist, desto größer die Wirkung, welche die Elektrizität beim Durchfließen des Leiters ausübt. Die Spannung (der Unterschied im Zustand an verschiedenen Stellen des Leiters [Energieträgers]) entspricht also der Höhenänderung der mechanischen Arbeit, der Temperaturänderung des erwärmten Körpers. Die Wirkung der elektrischen Energie läßt sich ausdrücken durch Stromstärke × Spannung, wieder zwei Faktoren, die mit den vorher erwähnten zu ordnen sind:

Gewicht × Höhenunterschied,
(Kraft × Weg),
Wärmegewicht × Temperaturunterschied,
Stromstärke × Spannung.

Die chemische Energie äußert sich darin, daß durch Verbindung zweier Grundstoffe Wirkungen hervorgebracht werden. Wenn Wasserstoff und Sauerstoff sich vereinigen, so entsteht Wärme und Kraftäußerung nach außen. Durch Aufwand elektrischer Energie kann Wasser in Wasserstoff und Sauerstoff zerlegt werden. Die erzeugte Energie hängt ab von der chemischen Differenz, d. h. dem Aufwand, welcher erforderlich war, die beiden Stoffe voneinander zu trennen, und der Menge der an dem Vorgang teilnehmenden Stoffe.

So sehen wir in den angegebenen Energieformen übereinstimmende Merkmale, und der Versuch hat für die einzelnen Energieformen Umrechnungszahlen ergeben, durch die es möglich ist, eine durch die andere auszudrücken und vorher das Ergebnis der Umsetzung zu bestimmen.

Es ergibt sich nun die für die weitere Betrachtung so wichtige Frage: **Wann bringt eine Energieform Wirkungen hervor?**

Nehmen wir zunächst wieder das anschaulichste Beispiel: Das gehobene Gewicht hatte eine bestimmte Arbeitsfähigkeit erlangt. Bleibt es auf seiner Höhenlage unverändert liegen, so bleibt auch sein Energieinhalt unverändert, d. h. es wird keine Energie nach außen abgegeben,

---

[1]) Entropie (grch.) = Verwandlung, Verwandlungsgröße, wurde von Clausius gebraucht. Der Vergleich „Wärmegewicht" stammt von Zeuner.
[2]) Die Änderung des spezifischen Gewichtes mit der Höhenlage und der spezifischen Wärme mit der Temperatur ist hier nicht berücksichtigt.

keine Arbeit geleistet. Erst wenn es seine Höhenlage verläßt und in eine niedrigere übergeht, kann es Arbeit leisten, Wirkungen hervorbringen, es gibt einen Teil der in das Gewicht hineingesteckten Energie wieder ab. Das Wasser, welches als See auf dem Berge liegt, leistet Arbeit, indem es ins Tal fließt. Ähnliche Verhältnisse treffen wir wieder bei den anderen Energieformen an:

Die Elektrizität wird in ihrer Wirkung durch den elektrischen Strom bestimmt, zu dessen Zustandekommen das Vorhandensein von zwei verschiedenen elektrischen Zuständen erforderlich ist, deren Ausgleichbestreben wir mit Spannung bezeichnen. Erst die Spannung, der Höhenunterschied erzeugt den Strom und ermöglicht dadurch eine Abgabe von Energie, elektrische Wirkung nach außen.

Auch die Wärme wird nur Wirkungen nach außen ausüben, d. h. in andere Form übergehen, wenn eine hohe und eine niedere Temperatur, ein Höhenunterschied vorhanden ist. Zwei Körper von gleicher Temperatur, also gleichem Zustand, mögen sich berühren, sie üben keinerlei Wirkung aufeinander aus; erst der Temperaturunterschied zeigt die Wirkung: es fließt ein Wärmestrom von dem Körper höherer zu dem Körper niederer Temperatur. Der letztere wird sich erwärmen, ausdehnen und dabei Arbeit leisten oder sonstige Wärmewirkungen zeigen.

Die Betrachtung zeigt: eine Energie bringt Wirkungen hervor, wenn ein Höhenunterschied vorhanden ist. Auf dem Wege von der Höhen- zur Tiefenlage kann die Umwandlung einer Energieform in eine andere erfolgen. Soll nun die Wirkung der Energiequelle nicht nur in einem einmaligen Ausgleich des Höhenunterschiedes bestehen, soll vielmehr die Wirkung dauernd sein, so ist Sorge zu tragen, daß der Höhenunterschied beständig wiederhergestellt wird. Das Gewicht muß nach jedesmaligem Sinken wieder gehoben werden, um erneut die gewünschte Wirkung hervorzubringen; die elektrische Spannung muß dauernd unterhalten werden, um einen fortlaufenden elektrischen Strom zu erzeugen; der Körper, welcher durch Wärmezufuhr und Ausdehnung Arbeit verrichtet, muß also auch nach der Abkühlung und Arbeitsleistung wieder mit der Wärmequelle in Verbindung gebracht werden, um den Vorgang zu wiederholen. Dabei durchläuft der Körper während eines Arbeitsvorganges immer wieder dieselben Zustände; er wird erwärmt, dehnt sich aus, er wird abgekühlt, zieht sich zusammen und verringert dadurch seinen Rauminhalt; dann beginnt der Kreisprozeß aufs neue.

II. Wärmekraftmaschinen.

Die Vorrichtungen, die dazu dienen, Wärme in mechanische Arbeit umzusetzen, faßt man unter dem Namen Wärmekraftmaschinen zusammen.

Vor allen Maschinenarten haben die Wärmekraftmaschinen den Vorzug, daß sie weit weniger als andere (Wasser, Wind usw.) von Ort und Zufall abhängig sind, und daher ist ihre Entwicklung von jeher mit Eifer und Zähigkeit betrieben worden.

Zum Verständnis dieser Maschinen waren die bisherigen Betrachtungen notwendig, da sie zu den beiden Hauptsätzen der Wärmelehre führen, von denen der erste die Anwendung des Grundgesetzes von der Erhaltung der Energie ist, während der zweite Hauptsatz eine Anwendung der daran angeschlossenen Betrachtung über die Bedingung des Höhenunterschiedes, des Vorhandenseins von zwei verschiedenen Temperaturen ist.

Der erste Hauptsatz.

Wärme und mechanische Arbeit sind gleichwertig.

Um beide Energieformen vergleichen und um damit rechnen zu können, bedarf es der Festsetzung eines bestimmten Maßes dafür, einer Einheit.

Als Einheit der mechanischen Arbeit hat man die Arbeit gewählt, welche geleistet wird, wenn 1 kg um 1 m gehoben wird, und bezeichnet sie mit Kilogrammeter (kgm).

Zur Wärmeeinheit führt folgende Betrachtung: jeder Körper hat eine bestimmte Temperatur, die den Grad seiner Erwärmung angibt. Die Erfahrung lehrt, daß gleichen Gewichtsmengen verschiedener Körper verschiedene Wärmemengen zugeführt werden müssen, um sie auf die gleiche Temperatur zu bringen.

Die Wärmemenge nun, die erforderlich ist, um 1 kg eines Körpers um 1^0 in seiner Temperatur zu erhöhen, nennt man die spezifische Wärme. Die spezifische Wärme des Wassers nimmt man als Wärmeeinheit; sie ist also $= 1$, geschr. WE oder Kilokalorie (kcal).

Versuche zur Ermittlung der Beziehung zwischen 1 WE und 1 kgm sind sehr zahlreich und auf die verschiedenste Art und Weise durchgeführt worden. Unter Zugrundelegung der Normalwärmeeinheit (d. i. diejenige Wärmemenge, welche nötig ist, um 1 kg Wasser von $14{,}5^0$ auf $15{,}5^0$ zu erwärmen)[1], wird jetzt angenommen, daß eine Wärmeeinheit 427 kgm gleichwertig ist.

$$1 \text{ WE} \equiv 427 \text{ kgm [2]}.$$

---

[1] Normalwärmeeinheit: 1 kg Wasser von $14{,}5^0$ auf $15{,}5^0$ (15^0-Kilogrammkalorie).

Mittlere Wärmeeinheit: $1/100$ der Wärme, die 1 kg vom Eispunkt auf den Siedepunkt erwärmt.

Eine BTU (Britisch Thermal Unit.)-Wärme um 1 lbs um 1^0 F zu erwärmen; 1 BTU $= 0{,}252$ WE.

[2] Auszug aus den Sätzen des „Ausschusses für Einheiten und Formelzeichen" AEF (zu beziehen von der Geschäftsstelle des Elektrotechnischen Vereins, Berlin):

Satz I. Der Wert des mechanischen Wärmeäquivalents.

1. Der Arbeitswert der 15^0-Grammkalorie ist $4{,}189 \cdot 10^7$ Erg.
2. Der Arbeitswert der mittleren (0^0 bis 100^0)-Kalorie ist dem Arbeitswert der 15^0-Kalorie als gleich zu erachten.
3. Der Zahlenwert der Gaskonstante ist:
   $R = 8{,}316 \cdot 10^7$, wenn als Einheit der Arbeit das Erg gewählt wird;
   $R = 1{,}985$, wenn als Einheit der Arbeit die Grammkalorie gewählt wird.
4. Das Wärmeäquivalent des Internationalen Joule ist $0{,}23865$ 15^0-Grammkalorie.
5. Der Arbeitswert der 15^0-Grammkalorie ist $0{,}4272$ kgm, wenn die Schwerkraft bei 45^0 Breite und an der Meeresoberfläche zugrunde gelegt wird.

Versuch von Julius Robert Mayer.

Die Feststellung dieser Vergleichszahl möge an dem Versuch von Mayer erklärt werden, der wegen seines Scharfsinns und seiner Bedeutung für die weiteren Ausführungen besonders bemerkenswert ist.

Für Gase ist die spezifische Wärme verschieden, je nachdem die Wärmezuführung bei unveränderlichem Druck erfolgt, wenn das Gas sich also ausdehnen kann, oder bei unveränderlichem Rauminhalt, wenn also keine Ausdehnungsmöglichkeit gegeben ist. Man bezeichnet die erstere mit c_p, die letztere mit c_v[1]). c_p ist immer größer als c_v. Die Verschiedenheit der spezifischen Wärmen c_p und c_v benutzte Mayer zur Bestimmung der Umrechnungszahl für kgm in WE.

In einem zylindrischen Gefäß von genau 1 qm Bodenfläche, welches durch einen verschiebbaren, reibungs- und gewichtslosen Kolben abgeschlossen ist, befindet sich 1 kg Luft von 0° Temperatur und 1 at Druck (s. Fig. 1). Wird nun der Kolben festgehalten und die Temperatur der eingeschlossenen Luft um 1° erhöht, also bei gleichbleibendem Rauminhalt Wärme zugeführt, so sind hierzu

$$c_v = 0{,}1685 \text{ WE}$$

erforderlich.

Wird aber ein anderes Mal der Kolben losgelassen, so daß bei der Erwärmung der Druck gleichbleibt, weil bei der Ausdehnung der Luft der Kolben, auf welchem ein Druck von Kolbenfläche × äußerem Druck lastet, nach außen geschoben wird, so sind zur Erwärmung

$$c_p = 0{,}237 \text{ WE}$$

erforderlich.

Der Unterschied bei den Versuchen besteht also darin, daß im zweiten Falle äußere Arbeit geleistet wurde, wozu aber ein Mehraufwand an Wärme $c_p - c_v$ erforderlich war. Demnach ist:

$$c_p - c_v \equiv \text{äußere Arbeit (Kolbendruck} \times \text{Kolbenweg)}$$

oder durch die **Mayersche Gleichung** ausgedrückt:

$$\mathbf{c_p - c_v = J \cdot R,}$$

worin J das „**mechanische Wärmeäquivalent**" oder das „**Wärmeäquivalent der Arbeitseinheit**" genannt wird und R angibt, **wieviel äußere Arbeit 1 kg eines Gases bei der Erwärmung um 1° bei gleichbleibendem Druck leistet** (s. auch S. 11).

J errechnet sich aus der Mayerschen Gleichung wie folgt:

$$J = \frac{c_p - c_v}{R}; \quad c_p - c_v = 0{,}237 - 0{,}1685 = 0{,}0685$$

$$R = \text{Kolbendruck} \times \text{Kolbenweg}.$$

Satz IV: Die Einheit der Leistung.

Die technische Einheit der Leistung heißt **Kilowatt**. Sie ist praktisch gleich 102 kgm in der Sekunde und entspricht der absoluten Leistung 10^{10} Erg in der Sekunde. Einheitsbezeichnung kW.

[1]) Für mäßig hohe Temperaturen 0 bis 200° kann c_p und c_v für zweiatomige Gase (H_2, O_2, N_2 usw.) als unveränderlich angenommen werden; für mehratomige Gase (CO_2 usw.) wächst jedoch c_p mit steigender Temperatur.

Auf dem Kolben lastet auf jedem Quadratzentimeter ein Druck von 1,0333 kg bei 760 mm Barometerstand und 0°. Da der Kolben eine Fläche von 1 qm = 10 000 qcm hat, so ist der gesamte Kolbendruck 10 333 kg.

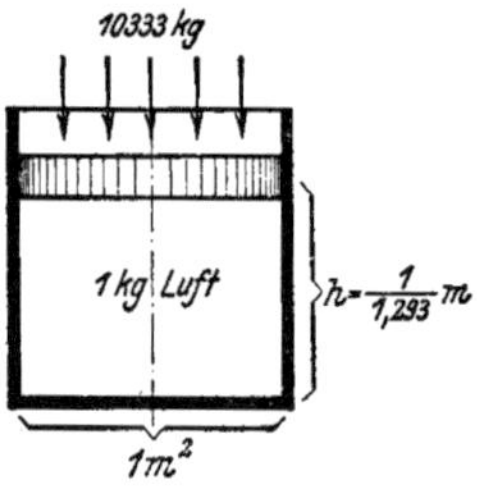

Da 1 cbm Luft 1,293 kg wiegt, so nimmt 1 kg Luft einen Raum von $\frac{1}{1,293} = 0,773$ cbm ein. Bei 1 qm Bodenfläche befand sich der Kolben also 0,773 m vom Boden entfernt. Die Luft dehnt sich — wie alle Gase (siehe weiter unten) — bei der Erwärmung von 1° um $\frac{1}{273}$ ihres Rauminhaltes aus; daher war der

Fig. 1.

Kolbenweg $= \frac{1}{1,293 \cdot 273}$ m. Es ist also

$$R = 10\,333 \cdot \frac{1}{1,293 \cdot 273} = \mathbf{29{,}27} \text{ kgm}$$

und daher

$$J = \frac{0,0685}{29,27} = \mathbf{\frac{1}{427}}.$$

Der zweite Hauptsatz.

Während der erste Hauptsatz die Gleichwertigkeit von Wärme und mechanische Arbeit festlegt, beschäftigt sich der zweite Hauptsatz mit der Umwandlung der Wärme in mechanische Arbeit.

Die Umsetzung erfolgt in der Weise, daß einem Körper (Arbeitskörper, Wärmeträger, meistens luftförmig, wie Wasserdampf und Luft) Wärme zugeführt wird, wodurch er sich ausdehnt und auf seine Umgebung drückt. Läßt man diesen Druck auf einen Kolben wirken (Kolbenmaschinen) oder setzt die Ausdehnungsfähigkeit in Strömung um (Turbine), so wird die Wärme in mechanische Arbeit umgesetzt, die der Arbeitskörper bei der Ausdehnung abgibt. Der Arbeitskörper leistet also Arbeit, indem er seinen Rauminhalt vergrößert.

Nach welchen Gesetzen erfolgen nun die Zustandsänderungen der Gase?

Mit „vollkommene Gase", ideale Gase bezeichnet man solche, die den Gesetzen von Gay-Lussac und Boyle-Mariotte unterworfen sind. Diese Gesetze sollen daher zunächst behandelt werden.

1. **Das Gesetz von Gay-Lussac.** Wird ein Gas erwärmt, so dehnt es sich aus. Merkwürdig und gemeinsam für alle Gase ist die Tatsache, daß, wenn die Erwärmung bei gleichbleibendem Druck erfolgt, diese Ausdehnung für alle Gase die gleiche ist, nämlich für jeden Grad der Erwärmung $\alpha = \frac{1}{273}$ des Anfangsraumes.

Hat man also ein Gas, welches bei 0° den Rauminhalt V_0 hat, so wird sein Rauminhalt, wenn man das Gas auf 1° erwärmt und dabei den auf dem Gas lastenden Druck unverändert läßt, d. h. seiner Ausdehnung keinen erhöhten Widerstand entgegensetzt:

$V_1 = V_0 + V_0 \cdot \alpha$; bei Erwärmung unter gleichen Umständen auf 2^0:
$V_2 = V_0 + V_0 \cdot \alpha \cdot 2$; bei Erwärmung auf t^0:
$V_t = V_0 + V_0 \cdot \alpha \cdot t$
$V_t = V_0 (1 + \alpha \cdot t)$.

Ein Zustand von $t_1{}^0$ Erwärmung würde also für den Gasraum
$V_{t_1} = V_0 (1 + \alpha t_1)$ ergeben. Wird diese Gleichung mit der vorigen dividiert, so ergibt sich:

$\dfrac{V_t}{V_{t_1}} = \dfrac{V_0 (1+\alpha \cdot t)}{V_0 (1+\alpha \cdot t_1)}$ oder durch weitere Entwicklung:

$$\frac{V_t}{V_{t_1}} = \frac{1 + \dfrac{1}{273} \cdot t}{1 + \dfrac{1}{273} \cdot t_1} = \frac{\dfrac{273+t}{273}}{\dfrac{273+t_1}{273}}$$

$$\frac{V_t}{V_{t_1}} = \frac{273+t}{273+t_1}.$$

Bei Erwärmung von 0^0 auf 273^0 müßte das Gas also den doppelten Rauminhalt haben. Umgekehrt kann man aber auch von 0^0 aus zurückgehen auf eine Temperatur von -273^0. Bei dieser Temperatur müßte der Rauminhalt des Gases $= 0$ werden, wenn das Gesetz bis zu dieser Temperatur Gültigkeit hat. Man kann bei der Temperatur -273^0 einen absoluten Nullpunkt für die Gase annehmen und rechnet auch in der Wärmetechnik damit. Die absolute Temperatur ist also $273 + t$, wobei t vom Eispunkt als $\pm 0^0$ an gerechnet wird. Man bezeichnet sie mit T. Die letzte Formel geht dann in die allgemeine Form über:

$$\frac{V_1}{V_2} = \frac{T_1}{T_2},$$

d. i. das Gesetz von Gay-Lussac:

Bei gleichbleibendem Druck verhalten sich die Rauminhalte aller vollkommenen Gase wie die zugehörigen absoluten Temperaturen.

2. **Das Gesetz von Boyle-Mariotte.** Die Änderung des Raumes eines Gases kann aber auch dadurch erfolgen, daß der auf dem Gas lastende Druck geändert wird, wobei diesmal die Temperatur gleichhoch gehalten werden soll, d. h. die beim Zusammendrücken entstehende Wärme soll abgeführt, die bei der Ausdehnung verbrauchte Wärme soll dem Gas wieder zugeführt werden, so daß vor und nach der Zustandsänderung die Gasmenge die gleiche Temperatur hat.

Für diesen Fall gilt das Gesetz von Boyle-Mariotte:

Bei gleichbleibender Temperatur ist für ein Gas der Wert „Druck $\times$ Raum" unveränderlich, also

$$V_0 \cdot p_0 = V_1 \cdot p_1 = V_2 \cdot p_2 = \text{unveränderlich},$$

oder in anderer Schreibweise für zwei Zustände:

$$\frac{V_1}{V_2} = \frac{p_2}{p_1},$$

d. h. wird bei gleichbleibender Temperatur der auf einem Gase lastende Druck geändert, so verhalten sich die Rauminhalte vor und nach der Druckänderung umgekehrt wie die Drücke.

3. **Das vereinte Gay-Lussac-Mariottesche Gesetz.** Wird also eine bestimmte Gasmenge vom Raum V_1 und dem Druck p_1 zunächst bei gleichbleibendem Druck erwärmt, ist ihr also die Möglichkeit der Ausdehnung gegeben, so ist ihr Rauminhalt nach der Erwärmung bestimmt durch die Gleichung:

$$\frac{V_1}{V'_2} = \frac{T_1}{T_2};$$

der Druck ist p_1 geblieben.

Wird dann der Druck geändert und dabei die Temperatur unverändert gehalten, so ergibt sich der neue Rauminhalt aus:

$$\frac{V'_2}{V_2} = \frac{p_2}{p_1}.$$

Werden die letzten beiden Gleichungen multipliziert, so erhält man:

$$\frac{V_1}{V'_2} \cdot \frac{V'_2}{V_2} = \frac{T_1}{T_2} \cdot \frac{p_2}{p_1}$$

$$\frac{V_1}{V_2} = \frac{T_1}{T_2} \cdot \frac{p_2}{p_1}$$

oder in Worten:

Die Rauminhalte einer Gasmenge verhalten sich wie die absoluten Temperaturen und umgekehrt wie die zugehörigen Drücke.

4. Wenn man aber den Rauminhalt einer Gasmenge unverändert hält, so hat eine Erwägung derselben auch eine entsprechende Drucksteigerung zur Folge. Aus der vorigen Gleichung folgt nämlich für den Fall, daß $V_1 = V_2$ ist:

$$\frac{V_1}{V_2} = \frac{T_1}{T_2} \cdot \frac{p_2}{p_1} = 1, \text{ also}$$

$$\frac{p_1}{p_2} = \frac{T_1}{T_2},$$

d. h. **bei gleichbleibendem Rauminhalt verhalten sich die Drücke wie die absoluten Temperaturen.**

5. Ist V_0 der Rauminhalt einer Gasmenge bei dem Druck p_0 und der Temperatur $t_0 = 0°$, und V der Rauminhalt derselben Gasmenge bei dem Druck p und der Temperatur t, so ist:

$$\frac{V}{V_0} = \frac{T}{T_0} \cdot \frac{p_0}{p}$$

$$V \cdot p = \frac{V_0 \cdot p_0}{T_0} \cdot T.$$

Die Gaszahl. Ein Gas ist nach dem bisher Gesagten nur bestimmt, wenn Druck, Raum und Temperatur bekannt sind. Der Wert $\frac{V_0 \cdot p_0}{T_0}$

ist für die Gewichtseinheit 1 kg eines jeden Gases eine unveränderliche Größe, wird die Gaszahl dieses Gases genannt und entspricht dem auf S. 8 errechneten Werte R.

Es ist also für 1 kg: $V \cdot p = R \cdot T$. Der Wert R für Luft war auf S. 8 gefunden zu 29,27 kgm; er ergibt sich für alle vollkommenen Gase aus der Mayerschen Gleichung:

$$c_p - c_v = J \cdot R$$

$$R = \frac{c_p - c_v}{J}.$$

Eine erhebliche Vereinfachung in der Wärmerechnung für Gase ergibt sich, wenn man die Gaszahl, d. h. die Arbeit in Kilogrammetern, welche ein Gas bei der Erwärmung um 1⁰ bei unveränderlichem Druck leistet, nicht auf 1 kg des Gases bezieht, sondern auf eine Gewichtsmenge von so viel Kilogramm, wie das Molekül dieses Gases Einheiten enthält, dem Kilogramm-Molekül. Man findet dann, daß alle Gase den gleichen Wert $\Re = \sim 845$ liefern. Z. B.:

	R	Molekulargewicht m	$m \times R = \Re$
Luft	29,27	28,95	847
Wasserstoff	420	2	840
Kohlensäure	19,25	44	847
Stickstoff	30,20	28,08	848
Kohlenoxyd	30,25	28,0	847

Es ist also die Arbeit, welche das Kilogramm-Molekül eines Gases bei der Erwärmung um 1⁰ leistet, für alle Gase gleich, und zwar $\Re = 845$ kgm.

Da die Beziehung $\dfrac{p \cdot \mathfrak{V}}{T} = \Re$ bestehen bleibt, so folgt weiter, daß bei gleichem Druck und gleicher Temperatur der Rauminhalt des Kilogramm-Moleküls aller Gase gleich ist, da $\mathfrak{V} = \dfrac{\Re T}{p}$.

Für 0⁰ und 1 at ist demnach der Rauminhalt von 44 kg Kohlensäure, 2 kg Wasserstoff, 28 kg Stickstoff usw.

$$\mathfrak{V} = 845 \cdot \frac{273}{10\,333} = 22{,}325 \text{ cbm.}$$

Die Mayersche Gleichung auf das Kilogramm-Molekül angewendet ergibt, daß für alle Gase

$$c_p - c_v = J \cdot \Re = \frac{845}{427} = 1{,}98 = \sim 2$$

ist, daß also, auf das Kilogramm-Molekül bezogen, der Unterschied $c_p - c_v$ für alle Gase gleich ist.

c_p und c_v nehmen mit steigender Temperatur linear zu. Es ist:

$$c_v = a + b \cdot T \text{ und somit}$$
$$c_p = a + bT + 1{,}98,$$

worin für alle Gase $a = 4{,}67$ ist, während b für die in den Verbrennungsprodukten von Ölmaschinen vorkommenden zweiatomigen Gase N_2, O_2, H_2, CO gleich 0,00106, für CO_2 0,00568 und für überhitzten Wasserdampf 0,00421 angenommen wird.

Der Wert b für Mischungen, also auch der Verbrennungsprodukte der Ölmaschinen, errechnet sich aus:

$$b = \frac{\Sigma\, b \cdot m}{\Sigma\, m}$$

Die zeichnerische Darstellung der Zustandsänderungen der Gase.

Die Änderung des Zustandes eines Gases wurde hervorgerufen durch Wärmezufuhr oder Wärmeabfuhr; je nachdem wurde mechanische Arbeit geleistet oder verbraucht. Wärme und Arbeit, die einem Gas mitgeteilt oder entzogen werden, lassen sich nun zeichnerisch darstellen. Dieses Verfahren ist ein gutes Mittel zur übersichtlichen Anwendung der Gasgesetze und zu ihrem besseren Verständnis.

Auf S. 4 wurde ausgeführt, daß alle Energieformen in zwei Faktoren zerlegbar sind, die mechanische Arbeit in Kraft $\times$ Weg, die Wärme in Wärmegewicht $\times$ Temperatur.

Jedes Produkt aus zwei Größen läßt sich nun als Fläche darstellen. Trägt man beispielsweise in einem rechtwinkligen Koordinatensystem den Druck des Gases auf einen Kolben als Ordinate auf, und den Weg, den der Kolben macht, als Abszisse, so erhält man eine Fläche

$$\text{Kraft} \times \text{Weg} = \text{mechanische Arbeit.}$$

Da die Bewegung des Kolbens im Zylinder erfolgt, so ist das Maß des Weges auch das des Rauminhaltes, während der Druck auf 1 qcm das Maß der Kraft angibt. Jeder Endpunkt einer Ordinate stellt demnach eine Beziehung von p und V des Gases dar; deshalb bezeichnet man die Verbindung dieser Endpunkte mit pV-Linie. Trägt man auf der Ordinatenachse jedoch die Temperatur und auf der Abszissenachse das Wärmegewicht ab, so erhält man eine Fläche, welche die

$$\begin{array}{ccc}\text{Wärme} = \text{Temperatur} \times \text{Wärmegewicht} \\ Q\ \ =\ \ T\ \ \times\ \ S\end{array}$$

darstellt, das Entropie- oder TS-Diagramm, worin S, d. h. der Quotient

aus: $\dfrac{\text{zugeführte Wärme}}{\text{Temperatur, bei der die Wärmezufuhr erfolgt}}$

$S = c\,[ln\,T - ln\,273]$ ist.

Die pV-Linie und TS-Linie sollen für die einzelnen Zustandsänderungen gezeichnet werden.

Die pV-Linie, der man die allgemeine Gleichung $p \cdot V^n = $ unv. geben kann, richtet sich in ihrem Verlauf nach der Größe n, welche alle Werte von 0 bis ∞ annehmen kann.

Für eine gegebene Linie $p \cdot V^n = $ unv. errechnet man n, indem man die Koordinaten p und V von zwei Punkten ausmißt; dann ergibt sich n aus:

Der zweite Hauptsatz: 13

$$p_1 \cdot V_1{}^n = p_2 \cdot V_2{}^n = \text{unv.}$$

$$\frac{p_1}{p_2} = \left(\frac{V_2}{V_1}\right)^n$$

$$n = \frac{\log p_1 - \log p_2}{\log V_2 - \log V_1}.$$

Die für n wichtigen Werte (s. Fig. 2).

1. $n = O.$ Es ist dann
$$V^0 = 1$$
und
$$p \cdot V^0 = p \text{ unv.}$$

Die Zustandsänderung erfolgt bei unveränderlichem Druck, d. h. nach dem Gesetz von Gay-Lussac und es ist:

$$\frac{V_1}{V_2} = \frac{T_1}{T_2}.$$

Diese Linie verläuft parallel zur Abszissenachse, **Linie gleichen Druckes (Isobare)**.

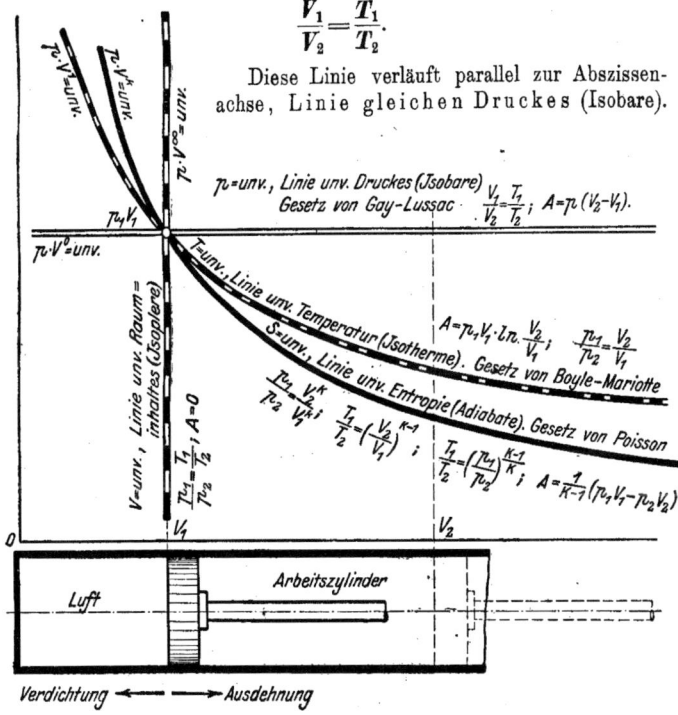

Fig. 2.

Die bei dieser Zustandsänderung geleistete Arbeit ist:

$$A = p(V_2 - V_1)$$

oder, da $pV = R \cdot T$,
$$A = pV_2 - pV_1 = R(T_2 - T_1).$$

R erscheint hier wieder als die Arbeit, die 1 kg eines Gases bei der Erwärmung um 1^0 bei gleichbleibendem Drucke leistet (vgl. S. 8).

2. $n = \infty$, d. h. $\qquad p \cdot V^\infty = $ unv.

n wird aber ∞, wenn in

$$n = \frac{\log p_1 - \log p_2}{\log V_2 - \log V_1}$$

der Nenner $= 0$ wird, d. h. wenn $V_2 = V_1$ ist. Die Zustandsänderung erfolgt bei unveränderlichem Raum. Es ist:

$$\frac{p_1}{p_2} = \frac{T_1}{T_2}.$$

Die Linie verläuft parallel zur Ordinatenachse, Linie **unveränderlichen Raumes** (Isoplere, Isochore). Da bei dieser Zustandsänderung der Kolben stehen bleibt, so ist die Arbeit:

$$A = 0.$$

3. $n \neq 0 \neq \infty$.

In diesem Falle sind für Wärmekraftmaschinen folgende Werte bemerkenswert:

a) $n = 1$, d. h. $p \cdot V = $ unv.

Die Zustandsänderung erfolgt nach dem Gesetz von Boyle-Mariotte bei **unveränderlicher Temperatur**. Es ist:

$$\frac{p_1}{p_2} = \frac{V_2}{V_1}.$$

Da die zugeführte Wärme nicht zur Temperaturerhöhung, sondern nur zur Raumvergrößerung verbraucht wird, so wird sie vollständig in Arbeit umgesetzt.

Die Arbeit, welche das Gas bei der Ausdehnung von V_1 auf V_2 leistet, dargestellt durch die Fläche unterhalb des betreffenden Kurvenstückes, kann nach den Verfahren zur Berechnung krummlinig begrenzter Flächen oder durch Planimeter festgestellt werden. Rechnerisch ergibt sie sich zu:

$$A = p_1 V_1 \cdot ln \frac{V_2}{V_1}; \text{ oder auch}$$

$$A = p_1 V_1 \cdot ln \frac{p_1}{p_2}.$$

b) Alle Kurven mit $n < 1$ müssen demnach zwischen der Linie gleichen Druckes und der gleicher Temperatur liegen, und die mit $n > 1$ zwischen der Linie gleicher Temperatur und der gleichen Raumes, oder allgemein: **je größer der Wert n, desto steiler verläuft die Linie.**

Es wurden bisher bei der Zustandsänderung nacheinander p, V und T unverändert gelassen. Macht nun das Gas eine Zustandsänderung durch, d. h. **ändern sich p, V und T, ohne daß Wärme zu- oder abgeführt wird**, wäre in der Gleichung:

Wärmeänderung = Temperaturänderung + äußere Arbeit,
die Wärmeänderung = 0,
so ergibt sich in diesem besonderen Falle als Gesetzmäßigkeit:

$$\frac{p_1}{p_2} = \frac{V_2^\varkappa}{V_1^\varkappa}$$

$$p \cdot V^\varkappa = \text{unv.}, \text{ worin Kappa } (\varkappa) = \frac{c_p}{c_v}.$$

Dies ist das Gesetz von Poisson.

Ferner wird:

$$\left[\frac{p_1}{p_2}\right]^{\frac{\varkappa-1}{\varkappa}} = \frac{T_1}{T_2}; \text{ oder}$$

$$\frac{T}{p^{\frac{\varkappa-1}{\varkappa}}} = \text{unv.}$$

und:

$$\left[\frac{V_2}{V_1}\right]^{\varkappa-1} = \frac{T_1}{T_2}; \text{ oder}$$

$$T \cdot V^{\varkappa-1} = \text{unv.}$$

Da $\varkappa = \frac{c_p}{c_v} > 1$ ist, so verläuft die Linie, nach welcher die Zustandsänderung ohne Wärmezu- oder -abfuhr (Adiabate) erfolgt, steiler als die Linie unveränderlicher Temperatur.

Bei dieser Zustandsänderung wird an Arbeit geleistet:

$$A = \frac{1}{\varkappa-1}(p_1 V_1 - p_2 V_2) \text{ oder}$$

$$A = \frac{p_1 V_1}{\varkappa-1}\left[1 - \left(\frac{V_2}{V_1}\right)^{\varkappa-1}\right].$$

Will man die Leistung mit Hilfe des Enddrucks errechnen, so ergibt sich nach den Gleichungen über die adiabatische Zustandsänderung:

$$A = \frac{p_1 V_1}{\varkappa-1}\left[1 - \left(\frac{p_2}{p_1}\right)^{\frac{\varkappa-1}{\varkappa}}\right],$$

oder unter Benutzung der Temperaturen:

$$A = \frac{p_1 V_1}{\varkappa-1}\left[1 - \frac{T_2}{T_1}\right].$$

Das TS-Schaubild. Hat ein Körper die Wärmemenge $Q = T \cdot S$, so ist nach dem bisher Gesagten diese Wärme darstellbar durch eine Fläche. Sein Zustand wird durch die Beziehung eines Punktes auf ein Achsenkreuz nach Temperatur und Wärmegewicht gekennzeichnet sein.

Die obere Begrenzungslinie, die jeweils die Temperatur angibt, wird in ihrem Verlauf bestimmt durch die Art der Zustandsänderung.

Bei Gesetzmäßigkeit der Zustandsänderung wird also die Wärmeänderung bestimmt durch das Wärmegewicht.

Wenn dieses sich von S_1 auf S_2 ändert (s. Fig. 3), so ist:
$$S_2 - S_1 = c\,[ln\,T_2 - ln\,T_1]$$
und
$$c = \frac{S_2 - S_1}{ln\,T_2 - ln\,T_1}.$$

Wir sehen, daß der Verlauf der Temperaturlinie bei einer bestimmten Zuständerung von dem Werte c abhängt.

1. $c = 0$.

Dies ist nur möglich, wenn der Zähler

$S_2 - S_1 = 0$ ist, d. h.
$S_2 = S_1$, also die Wärmeänderung $= 0$ ist.

Bei dieser Zustandsänderung wird demnach Wärme weder zu- noch abgeführt, während T jeden Wert annehmen kann. Die T-Linie bei dieser Zustandsänderung unveränderlichen Wärmegewichts, der adiabatischen, verläuft parallel zur Y-Achse.

2. $c = \infty$.

Dies ist nur möglich, wenn in
$$c = \frac{S_2 - S_1}{ln\,T_2 - ln\,T_1}$$
der Nenner $= 0$ wird, d. h, $T_2 = T_1$.

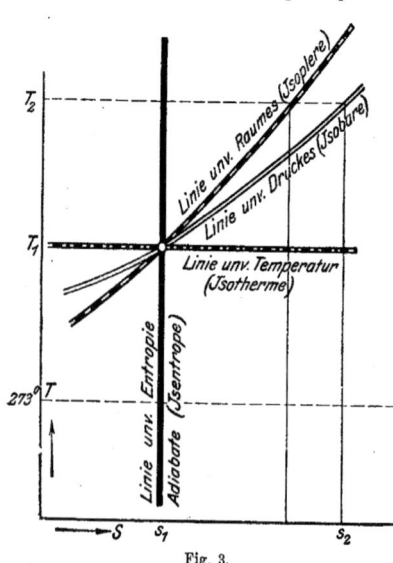

Fig. 3.

Die Temperaturlinie der Zustandsänderung bei gleicher Temperatur, der Isotherme, verläuft parallel zur X-Achse.

Die Wärmeänderung ist:
$$Q = T_1\,(S_2 - S_1).$$

3. $c \neq 0 \neq \infty$.

Wir sehen zunächst aus 1. und 2. allgemein, daß die Temperaturlinie um so steiler verläuft, je kleiner c ist. Demnach verläuft auch die T-Linie bei Wärmeänderung unter unveränderlichem Raum steiler als die bei unveränderlichem Druck, da $c_v < c_p$ (s. Fig. 3).

Die Wärmeänderung ist in diesen beiden Fällen:
$$Q_p = c_p\,(T_2 - T_1)\text{ und}$$
$$Q_v = c_v\,(T_2 - T_1).$$

Für gleiche Temperaturänderung wird also bei $V=$ unv. weniger Wärme verbraucht als bei $p=$ unv.[1]).

Kreisprozesse.

Wird einem Gas Wärme zugeführt, so wird die dadurch bedingte Zustandsänderung nach einem der beschriebenen Gesetze erfolgen. Unterwirft man das Gas einer Reihe von Zustandsänderungen, und zwar derart, daß zum Schluß der Anfangszustand wiederhergestellt ist, so war dazu erforderlich, daß, wenn eine Wärmezufuhr stattgefunden hat, der Gasmenge eine bestimmte Wärmemenge wieder entzogen werden mußte. Die Zustandsänderungen stellen dann einen Kreisprozeß dar, der, in umgekehrter Reihenfolge verlaufend, wieder zu demselben Anfangszustand führen würde. Immer jedoch ist eine Wärmezufuhr und eine Wärmeabfuhr erforderlich. Die Folge der einzelnen Zustandsänderungen ist zunächst gleichgültig.

Es gibt natürlich je nach der Reihenfolge der Zustandsänderungen eine große Zahl von Kreisprozessen, immer aber sind zwei Wärmequellen von verschiedener Temperatur erforderlich: eine, von der aus der Arbeitskörper Wärme aufnimmt, eine andere, an die er Wärme abgibt. Bei diesem Übergang der Wärme von der warmen zur kalten Quelle über den Arbeitskörper findet die Umsetzung in mechanische Arbeit statt.

Zunächst kann die gesamte dem Arbeitskörper zugeführte Wärmemenge in Arbeit umgesetzt werden. Wenn aber die Umsetzung z. B. in einem Zylinder verlaufend gedacht wird, in welchem durch Wärmezufuhr der Rauminhalt des Gases vergrößert und dadurch ein Kolben fortgeschoben wird, so kann beim Hingange des Kolbens eine Umsetzung der gesamten zugeführten Wärme in mechanische Arbeit stattfinden. Soll dann der Anfangszustand wieder erreicht werden, um den Arbeitsvorgang wiederum zu beginnen und dadurch „Arbeit" fortlaufend zu erzeugen, so muß eine Wärmeentziehung erfolgen, die für die Arbeitsleistung verloren ist.

Daher wird nur der Teil der Wärme in Arbeit umgesetzt, der bleibt, wenn wir von der dem Arbeitskörper zugeführten Wärmemenge die ihm hernach wieder entzogene abziehen.

Der zweite Hauptsatz

lehrt demnach:

Beim Übergang der Wärme von einem warmen einem kalten Körper kann mechanische Arbeit geleistet

---

[1]) Diese kurze Erklärung und Darstellung möge hier genügen. Die Veränderlichkeit von c mit der Temperatur ist hier unberücksichtigt geblieben. Eine vollständige Entropietafel für Gase hat Prof. Dr. Stodola aufgestellt als Beilage zu „Die Dampfturbinen", Berlin, Verlag von Julius Springer.
Ferner sei hier verwiesen auf:
Dipl.-Ing. Ostertag, Die Entropiediagramme der Verbrennungsmotoren. Berlin 1912, Verlag von Julius Springer.
Prof. Maleer, Ein graphisches Verfahren zur Übertragung der Indikatordiagramme von Verbrennungsmaschinen in das Entropiediagramm, in der „Zeitschrift des Österreichischen Ingenieur- und Architekten-Vereins" Nr. 2, 1910.
W. Karpenko, Die Entropietafel für Gase und ihre Verwendung zur Berechnung der Verbrennungsmaschinen. Mundus-Verlagsanstalt G. m. b. H., Charlottenburg.

werden. Dabei wird eine Wärmemenge verbraucht, die der erzeugten Arbeit entspricht.

Die Kreisprozesse für Wärmekraftmaschinen.

Die in Arbeit umsetzbare Wärme ist also immer gleich dem Unterschied zwischen der dem Arbeitskörper zugeführten und der ihm wieder entzogenen Wärme. Die Güte eines Kreisprozesses ist also davon abhängig, welcher Anteil der dem Arbeitskörper zugeführten Wärme in mechanische Arbeit umgesetzt wird, und kann ausgedrückt werden durch den

$$\text{Wärmewirkungsgrad} = \frac{\text{in Arbeit umgesetzte Wärme}}{\text{zugeführte Wärme}}.$$

Wenn wir die Maschine, in der der Arbeitsvorgang erfolgt, unberücksichtigt lassen, wenn wir also annehmen, daß zwei Wärmequellen vorhanden sind und von der Quelle höherer Temperatur einem Arbeitskörper eine bestimmte Wärmemenge zugeführt wird, dieser Arbeitskörper einen Kreisprozeß durchmacht und die ihm entzogene Wärme durch eine reibungslose, wärmedichte Maschine in mechanische Arbeit umgesetzt wird, so können wir fragen:

Welcher von allen möglichen Kreisprozessen liefert unter sonst gleichen Umständen den besten Wärmewirkungsgrad?

Die Untersuchung erstreckt sich dabei zweckmäßig zunächst auf die Kreisprozesse, die sich durch die Umstände unterscheiden, unter denen der Arbeitskörper die Wärme aufnimmt und abgibt. Das kann nach dem vorher Gesagten erfolgen:

1. bei unveränderlicher Temperatur,
2. „ unveränderlichem Rauminhalt,
3. „ „ Druck.

Die anderen Zustandsänderungen sollen bei allen drei Kreisprozessen adiabatisch verlaufen.

Außer diesen Arbeitsverfahren gibt es noch eine ganze Reihe gemischter Verfahren, von denen uns das von Diesel besonders interessiert.

Bei der folgenden Besprechung von Arbeitsverfahren soll die Vereinfachung getroffen werden, daß die Verbrennung einfach als Wärmezufuhr ohne Berücksichtigung des tatsächlichen Verbrennungsvorganges eingeführt wird, und daß die Änderung der spezifischen Wärme mit der Temperatur vernachlässigt wird.

1. Der Kreisprozeß, bei dem die Wärmezufuhr und -abfuhr bei unveränderlicher Temperatur erfolgen.

Dieser Prozeß wurde zuerst von Carnot beschrieben in Anlehnung an die Arbeitsweise der Wasserdampfmaschine der damaligen Zeit. Bei dem Carnotschen Kreisprozeß macht der Arbeitskörper zwei Zustandsänderungen bei gleichbleibender Temperatur (isothermisch) und zwei bei gleichbleibender Entropie (adiabatisch) durch (s. Fig. 4).

Die Kreisprozesse für Wärmekraftmaschinen.

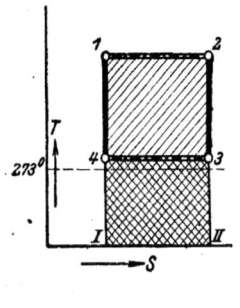

Fig. 4.

Zustandsänderung	TS-Diagramm. Zugeführte Wärme	PV-Diagramm. Erzeugte Arbeit
1. Wärmezufuhr bei gleichbleibender Temperatur. Alle Wärme wird zur Vergrößerung des Rauminhaltes verbraucht, daher in Arbeit umgesetzt, während die Temperatur unverändert bleibt.	$+ Q_1 =$ I 1 2 II	$+$ I 1 2 II
2. Ausdehnung ohne Wärmezu- oder -ableitung. Da Arbeit geleistet wird, ohne daß Wärme zugeführt wird, so sinken Temperatur und Druck.	—	$+$ II 2 3 III
3. Verdichtung bei gleichbleibender Temperatur. Es muß daher Wärme abgeleitet werden. Die Verdichtung und Wärmeableitung wird so lange fortgesetzt, daß bei der nun folgenden	$- Q_2 =$ I 4 3 II	$-$ IV 4 3 III
4. Verdichtung ohne Wärmeabfuhr (adiabatisch) der Anfangszustand wieder erreicht wird.	—	$-$ I 1 4 IV

Kreisprozeß: Wärme $Q_1 - Q_2 = $ 1-2-3-4 $\equiv$ Arbeit 1-2-3-4.

Der Wärmewirkungsgrad ist:

$$\eta = \frac{Q_1 - Q_2}{Q_1} = 1 - \frac{Q_2}{Q_1}.$$

Erwärmt man einen Körper von $0°$ einmal auf $T_1°$, ein anderes Mal auf $T_2°$, so sind die erforderlichen Wärmemengen:

$$Q_2 = G \cdot c \cdot T_2$$
$$Q_1 = G \cdot c \cdot T_1;$$ dividiert man die Ausdrücke, so ergibt sich:
$$\frac{Q_2}{Q_1} = \frac{G \cdot c \cdot T_2}{G \cdot c \cdot T_1} = \frac{T_2}{T_1};$$

daher ist auch:

$$\eta = 1 - \frac{T_2}{T_1}.$$

Wir sehen vor allen Dingen: Je größer der Temperaturunterschied ist, zwischen denen der Kreisprozeß verläuft, desto größer ist der Wärmewirkungsgrad, der sich mit kleiner werdendem Wert $\frac{T_2}{T_1}$ immer mehr dem Werte 1 (dem Ideal) nähert; desto größer ist also auch der Anteil der dem Arbeitskörper zugeführten Wärme, welcher in Arbeit umgesetzt wird.

Wenn wir wieder einen Vergleich mit einer anderen Energieform ziehen, so wird ein und dasselbe Gewicht um so größere Wirkung hervorbringen, je größer der Höhenunterschied ist, den es durchfällt. Dementsprechend hat dasselbe Wärmegewicht eine dem Temperaturunterschied entsprechende Wirkung. Aus dem Wärmediagramm ist auch ersichtlich, daß der Wert von S nach durchlaufenem Kreisprozeß den anfänglichen Wert wieder erreicht hat. Die algebraische Summe der Entropien des Kreisprozesses ist also gleich Null. Auch bei den nachfolgend beschriebenen Verfahren ist immer

$$\Sigma \frac{Q}{T} = \Sigma S = 0$$

gleichgültig, auf welchem Wege der Anfangszustand wieder erreicht wird.

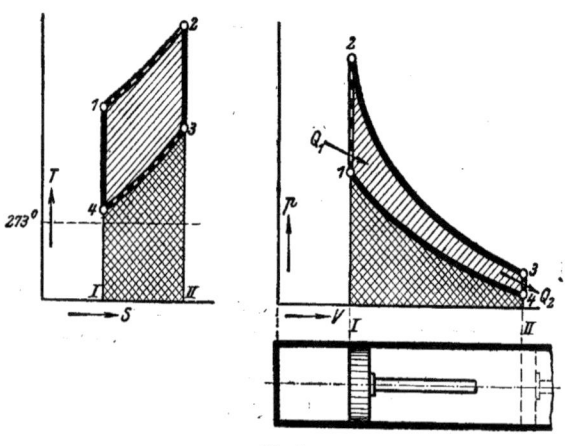

Fig. 5.

Man findet daher auch den zweiten Hauptsatz der Wärmelehre vielfach in der Fassung: In jedem umkehrbaren Kreisprozeß ist die

$$\Sigma \frac{Q}{T} = \Sigma S = 0.$$

2. Der Kreisprozeß, bei dem Wärmezufuhr und -abfuhr bei unveränderlichem Rauminhalt erfolgen (s. Fig. 5).

Zustandsänderung	TS-Diagramm. Zugeführte Wärme	PV-Diagramm. Erzeugte Arbeit
1. Wärmezufuhr bei unveränderlichem Rauminhalt.	$+Q_1 = $ I 1 2 II	—
2. Ausdehnung ohne Wärmezufuhr oder -abfuhr.	—	$+$ I 2 3 II
3. Wärmeabfuhr bei unveränderlichem Rauminhalt.	$-Q_2 = $ I 4 3 II	—
4. Verdichtung ohne Wärmezufuhr oder -abfuhr.	—	$-$ I 1 4 II

Kreisprozeß: Wärme $Q_1 - Q_2 = 1\text{-}2\text{-}3\text{-}4 =$ Arbeit $1\text{-}2\text{-}3\text{-}4$.

Der Wärmewirkungsgrad ist wieder:

$$\eta = \frac{Q_1 - Q_2}{Q_1} = 1 - \frac{Q_2}{Q_1};$$

$$Q_2 = G \cdot c_v (T_3 - T_4)$$
$$Q_1 = G \cdot c_v (T_2 - T_1)$$

$$\eta = 1 - \frac{G \cdot c_v (T_3 - T_4)}{G \cdot c_v (T_2 - T_1)}$$

$$\eta = 1 - \frac{T_3 - T_4}{T_2 - T_1}.$$

Da T_3 und T_4 bzw. T_2 und T_1 Temperaturen von Zustandsänderungen bei unveränderlichem Rauminhalt sind, so ist:

$$\frac{T_3}{T_4} = \frac{p_3}{p_4}; \text{ also } T_3 = T_4 \cdot \frac{p_3}{p_4}$$

und

$$\frac{T_2}{T_1} = \frac{p_2}{p_1}; \text{ also } T_2 = T_1 \cdot \frac{p_2}{p_1};$$

mithin ist:

$$\eta = 1 - \frac{T_4 \left(\frac{p_3}{p_4} - 1 \right)}{T_1 \left(\frac{p_2}{p_1} - 1 \right)}.$$

Nach dem über die adiabatische Zustandsänderung Gesagten ist aber:

$$p_3 = \left(\frac{V_2}{V_3}\right)^{\varkappa} \cdot p_2 \text{ und}$$

$$p_4 = \left(\frac{V_1}{V_4}\right)^{\varkappa} \cdot p_1; \text{ also}$$

$$\frac{p_3}{p_4} = \frac{\left(\frac{V_2}{V_3}\right)^{\varkappa}}{\left(\frac{V_1}{V_4}\right)^{\varkappa}} \cdot \frac{p_2}{p_1}.$$

Da nun $V_2 = V_1$, $V_4 = V_3$, so ist auch

$$\frac{p_3}{p_4} = \frac{p_2}{p_1}, \text{ und es wird daher:}$$

$$\eta = 1 - \frac{T_4}{T_1}.$$

Da T_4 und T_1 auf einer Adiabate liegen, so ist auch:

$$\eta = 1 - \frac{T_4}{T_1} = 1 - \left(\frac{V_1}{V_4}\right)^{\varkappa - 1} = 1 - \left(\frac{p_4}{p_1}\right)^{\frac{\varkappa - 1}{\varkappa}}.$$

Der Wärmewirkungsgrad ist also bei gleichem Anfangsdruck von der Höhe der Verdichtung abhängig, er nimmt zu mit steigendem Verdichtungsverhältnis $\frac{V_4}{V_1}$.

3. **Der Kreisprozeß, bei welchem Wärmezufuhr und abfuhr bei unveränderlichem Druck erfolgen** (s. Fig. 6).

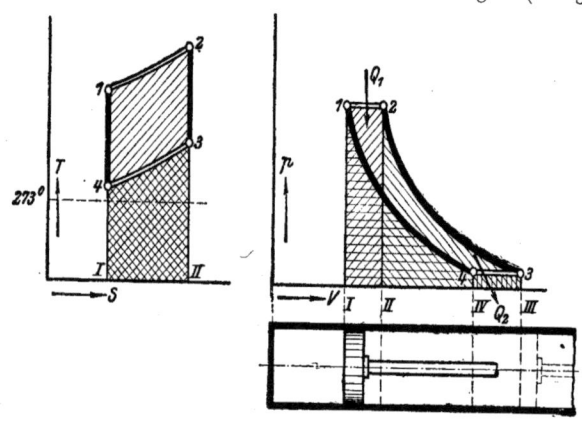

Fig. 6.

Wird dieser Kreisprozeß in derselben Weise untersucht wie der Gleichraumprozeß, so ergibt sich genau wie vorher:

Die Kreisprozesse für Wärmekraftmaschinen.

$$\eta = 1 - \frac{T_4}{T_1},$$

und da T_4 und T_1 auf einer Adiabate liegen, so ist auch wieder:

$$\eta = 1 - \left(\frac{V_1}{V_4}\right)^{\varkappa - 1} = 1 - \left(\frac{p_4}{p_1}\right)^{\frac{\varkappa - 1}{\varkappa}}.$$

Wir sehen, daß der Ausdruck für den Wirkungsgrad gleich dem des Gleichraumverfahrens ist.

4. **Der Kreisprozeß nach Diesel.** Bei diesem Arbeitsverfahren erfolgt die Wärmezufuhr bei unveränderlichem Druck, während die Wärmeabfuhr bei gleichbleibendem Rauminhalt erfolgt (s. Fig. 7).

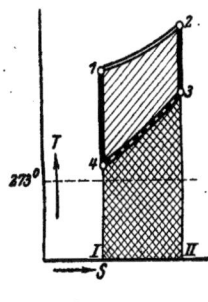
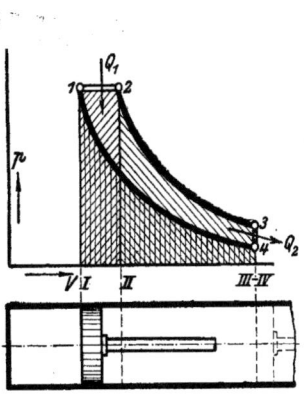

Fig. 7.

Zustandsänderung	TS-Diagramm. Zugeführte Wärme	PV-Diagramm. Erzeugte Arbeit
1. Wärmezufuhr bei unveränderlichem Druck.	$+ Q_1 =$ I 1 2 II ▨	$+$ 1 2 II I ▨
2. Ausdehnung ohne Wärmezu- oder -ableitung.	—	$+$ 2 3 III II ▧
3. Wärmeableitung bei unveränderlichem Rauminhalt.	$- Q_2 =$ I 4 3 II ▧	—
4. Verdichtung auf den Anfangszustand ohne Wärmezu- oder -ableitung.	—	$-$ 1 4 IV I ‖‖‖

Kreisprozeß: Wärme $Q_1 - Q_2 = 1\text{-}2\text{-}3\text{-}4 \equiv$ Arbeit $1\text{-}2\text{-}3\text{-}4$.

Der Wärmewirkungsgrad ist:

$$\eta = \frac{Q_1 - Q_2}{Q_1} = 1 - \frac{Q_2}{Q_1};$$

II. Wärmekraftmaschinen.

$$Q_2 = G \cdot c_v (T_3 - T_4)$$
$$Q_1 = G \cdot c_p (T_2 - T_1)$$
$$\eta = 1 - \frac{c_v}{c_p} \cdot \frac{T_3 - T_4}{T_2 - T_1};$$

T_3 und T_4 sind nun Temperaturen einer Zustandsänderung bei unveränderlichem Rauminhalt, T_2 und T_1 bei unveränderlichem Drucke, daher ist:

$$\frac{T_3}{T_4} = \frac{p_3}{p_4}; \text{ also } T_3 = \frac{p_3}{p_4} \cdot T_4$$

$$\frac{T_2}{T_1} = \frac{V_2}{V_1}; \text{ also } T_2 = \frac{V_2}{V_1} \cdot T_1.$$

Werden diese Werte eingesetzt, so wird:

$$\eta = 1 - \frac{c_v}{c_p} \cdot \frac{T_4 \left(\frac{p_3}{p_4} - 1\right)}{T_1 \left(\frac{V_2}{V_1} - 1\right)}.$$

Nach den Gesetzen der adiabatischen Zustandsänderung ist:

$$\frac{T_4}{T_1} = \left(\frac{V_1}{V_4}\right)^{\varkappa - 1}; \text{ ferner}$$

$$p_3 \cdot V_3^\varkappa = p_2 \cdot V_2^\varkappa; \text{ also } p_3 = \frac{p_2 \cdot V_2^\varkappa}{V_3^\varkappa}.$$

$$p_4 \cdot V_4^\varkappa = p_1 \cdot V_1^\varkappa; \text{ also } p_4 = \frac{p_1 \cdot V_1^\varkappa}{V_4^\varkappa}.$$

Mithin ist:

$$\frac{p_3}{p_4} = \frac{p_2 \cdot V_2^\varkappa \, V_4^\varkappa}{V_3^\varkappa \, p_1 \cdot V_1^\varkappa}; \text{ und da}$$

$$V_3 = V_4$$
$$p_1 = p_2$$

$$\frac{p_3}{p_4} = \left(\frac{V_2}{V_1}\right)^\varkappa.$$

Der Ausdruck für den Wirkungsgrad geht daher über in:

$$\eta = 1 - \frac{c_v}{c_p} \cdot \left(\frac{V_1}{V_4}\right)^{\varkappa - 1} \cdot \frac{\left(\frac{V_2}{V_1}\right)^\varkappa - 1}{\frac{V_2}{V_1} - 1} = 1 - \left(\frac{V_1}{V_4}\right)^{\varkappa - 1} \cdot \frac{\left(\frac{V_2}{V_1}\right)^\varkappa - 1}{\varkappa \cdot \left(\frac{V_2}{V_1} - 1\right)}.$$

V_4 ist der Anfangsraum der Verdichtung, V_1 der Endraum derselben, $\frac{V_4}{V_1}$ ist somit das **Verdichtungsverhältnis**, welches mit ε bezeichnet wird.

V_2 ist der Raum, den der Arbeitskörper nach der Wärmezufuhr einnimmt, oder bis zu welchem voller Druck im Zylinder herrscht. $\frac{V_2}{V_1}$ nennt man das **Volldruckverhältnis** und bezeichnet es mit ε_1.

Bei Anwendung dieser Bezeichnungen ergibt sich die einfachere Form:

$$\eta = 1 - \frac{1}{\varepsilon^{\varkappa-1}} \cdot \frac{\varepsilon_1^{\varkappa} - 1}{\varkappa(\varepsilon_1 - 1)}.$$

5. Vergleich der einzelnen Arbeitsverfahren. Wenn wir die betrachteten Arbeitsverfahren vergleichen wollen, so können wir der Güte nach das Carnot-Verfahren gleich an die erste Stelle setzen.

Wir haben gesehen, daß die Wärme, die einem Gas zugeführt wird, verbraucht werden kann zur Erwärmung des Gases (Erhöhung der Temperatur), dann aber auch zur Vergrößerung des Rauminhaltes. Wird die Erwärmung = 0 (Istotherme), so wird alle zugeführte Wärme zur Vergrößerung des Rauminhaltes verbraucht, also in Arbeit umgesetzt.

Unter sonst gleichen Verhältnissen gibt es also für Wärmekraftmaschinen kein besseres Arbeitsverfahren als das von Carnot.

Bei dem Vergleich der anderen Arbeitsverfahren müssen wir zunächst die Festsetzung treffen, daß diese Verfahren unter sonst vollkommen gleichen Verhältnissen durchgeführt werden. Das Verdichtungsverhältnis soll bei allen Verfahren dasselbe sein, c_v und c_p und damit auch $\frac{c_p}{c_v} = \varkappa$ sollen in allen Fällen gleich und unveränderlich sein, sich also nicht, wie es in Wirklichkeit der Fall ist, mit der Temperatur ändern. Es soll ferner eine reine Wärmezufuhr stattfinden ohne Berücksichtigung der tatsächlichen Verbrennungsvorgänge. Aus dem Vergleich der Ausdrücke für den Wirkungsgrad des Gleichraumverfahrens und dem von Diesel, nämlich der Gleichungen:

$$\eta = 1 - \frac{1}{\varepsilon^{\varkappa-1}} \text{ und } \eta = 1 - \frac{1}{\varepsilon^{\varkappa-1}} \cdot \frac{\varepsilon_1^{\varkappa} - 1}{\varkappa(\varepsilon_1 - 1)}$$

ist ersichtlich, daß bei gleichem Verdichtungsverhältnis das Gleichraumverfahren günstiger ist; denn es ist immer

$$\frac{\varepsilon_1^{\varkappa} - 1}{\varkappa(\varepsilon_1 - 1)} > 1.$$

Die Tatsache, daß das Dieselverfahren im Vergleich mit dem Gleichraumverfahren einen geringeren theoretischen Wärmewirkungsgrad hat, und auch die Abhängigkeit der Wärmewirkungsgrade von der Belastung werden sehr gut durch das Wärmediagramm veranschaulicht (s. Fig. 8).

Die Linien unveränderlichen Rauminhalts und unveränderlichen Druckes sind im TS-Diagramme logarithmische Kurven, zwei gleichartige Kurven haben in Richtung der Abszissenachse gleichen Abstand, und auf jeder Ordinate ist das Verhältnis der Rauminhalte, der Drücke und der Temperaturen zwischen denselben gleichartigen Kurven unveränderlich.

Sofern die Wärmezufuhr und Wärmeabfuhr nach gleichen Gesetzen verlaufen, also beim Gleichraumverfahren (und auch beim Gleichdruckverfahren), wird der Wirkungsgrad bei der Verdichtung von V_4 auf V_1 immer durch das Verhältnis $\frac{T_4}{T_1}$ bestimmt sein. Dieses Verhältnis ist aber zwischen den beiden Kurven immer das gleiche, also auch aus- drückbar durch $\frac{T_3}{T_2}, \frac{T_{3'}}{T_{2'}}, \frac{T_{3''}}{T_{2''}}$ usw., d. h. für jede Entropieänderung und Wärmezufuhr. So wird in Übereinstimmung mit dem Ausdruck

$$\eta = 1 - \frac{1}{\varepsilon^{\varkappa - 1}}$$

der Wärmewirkungsgrad nur von dem Verdichtungsverhältnis und vondem Werte $\varkappa$ abhängen, die Wärmezufuhr, d. h. praktisch gesprochen die Belastung der Maschine spielt in dieser theoretischen Betrachtung keine Rolle.

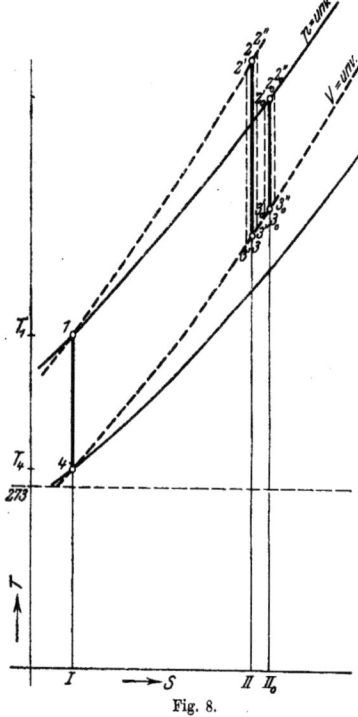

Fig. 8.

Beim Dieselverfahren liegen die Verhältnisse anders. Hier erfolgt die Wärmezufuhr bei unveränderlichem Druck, die Wärmeabfuhr bei unveränderlichem Rauminhalt. Wenn der Kreisprozeß unter sonst gleichen Verhältnissen durchgeführt wird, der Arbeitskörper also auch von V_4 auf V_1 und demnach von T_4 auf T_1 verdichtet wird, so wird bei Zuführung des gleichen Wärmebetrages wie beim Gleichraumverfahren die Endtemperatur der Verbrennung nicht auf T_2, sondern nur auf $T 2_0$ steigen; denn es ist:

$$Q = G \cdot c_v \, T_2 = G \cdot c_p \, T 2_0,$$

also
$$\frac{T_2}{T_{2_0}} = \frac{c_p}{c_v} = \varkappa > 1.$$

Im Wärmediagramm Fig. 8 sind die Flächen I 1 2 II und I 1 2_0 II$_0$, also die bei beiden Prozessen zugeführten Wärmemengen Q_1 einander gleich, während die nach dem zweiten Hauptsatz abzuführende Wärme beim Dieselverfahren (Fläche I 4 3_0 II$_0$) größer ist als beim Gleichraumverfahren (Fläche I 4 3 II). Daher wird auch der Wärmewirkungsgrad

$$\eta = \frac{Q_1 - Q_2}{Q_1}$$

beim Dieselverfahren geringer sein als beim Gleichraumverfahren.

Die Kreisprozesse für Wärmekraftmaschinen.

Das Temperaturverhältnis $\dfrac{T_{3_0}}{T_{2_0}}$ des mit der Wärmezufuhr hinzukommenden Teilprozesses des Dieselverfahrens wird immer kleiner, denn diese Teilprozesse verlaufen zwischen einer Linie gleichen Rauminhalts und einer Linie gleichen Druckes, welche sich in ihrem Verlaufe nähern. In Übereinstimmung mit dem mathematischen Ausdruck für den Wärmewirkungsgrad des Dieselverfahrens sehen wir also, daß dieser Wirkungsgrad außer von dem Verhältnis $\dfrac{T_4}{T_1}$ auch von dem Verhältnis $\dfrac{T_{3_0}}{T_{2_0}}$, also von der Belastung abhängt. Dieses Temperaturverhältnis richtet sich aber hier mit zunehmender Wärmezufuhr nach dem Verlaufe von zwei sich nähernden Linien, d. h. es wird mit größer werdender Wärmezufuhr geringer und damit der Wärmewirkungsgrad theoretisch ungünstiger.

Das gleiche Ergebnis hat die Betrachtung mit Hilfe des PV-Diagramms nach den Fig. 9 und 10, deren Bezeichnungen mit den

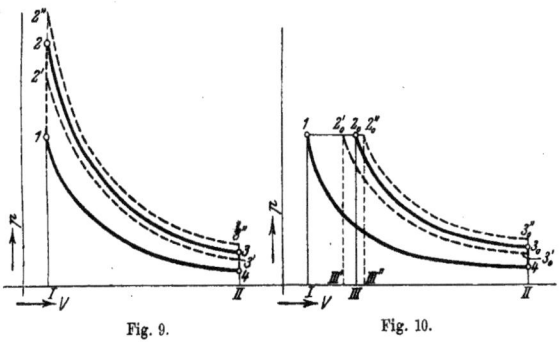

Fig. 9.   Fig. 10.

entsprechenden Punkten des TS-Diagramms in Fig. 8 übereinstimmen. Der Wirkungsgrad des Gleichraumverfahrens ändert sich nicht mit der Größe der Wärmezufuhr, sofern alle anderen Umstände und besonders das Verdichtungsverhältnis gleich bleiben, da der Verdichtungsprozeß und der Ausdehnungsvorgang, der hier die ganze Arbeitsleistung ausmacht, während des ganzen Kolbenhubes adiabatisch verlaufen und der Enddruck sich gesetzmäßig immer nach dem Anfangsdrucke richtet. Beim Dieselverfahren hingegen besteht die Arbeitsleistung aus der Volldruckarbeit mit Wärmezufuhr und der Ausdehnungsarbeit. Je größer nun der Anteil der Ausdehnungsarbeit ist, je weiter also die Temperatur herabgesetzt wird, desto besser wird die Ausnutzung der Wärme; dabei muß aber der Anteil der Volldruckarbeit an der Gesamtarbeit abnehmen, gleichbedeutend mit einer Verringerung der Wärmezufuhr.

Wir haben also festgestellt, daß in der Theorie die einzelnen Arbeitsverfahren der Güte nach zu ordnen sind:

1. Verfahren mit Wärmezu- und -abfuhr bei unv. Temperatur,
2. „ „ „ „ „ „ Rauminhalt,
3. „ „ Wärmezufuhr bei unv. Druck, Wärmeabfuhr bei unv. Rauminhalt.

Und ferner haben wir gesehen, daß der Wirkungsgrad des Gleichraumverfahrens theoretisch von der Belastung unabhängig ist, und daß er beim Dieselverfahren mit abnehmender Belastung besser wird.

In Wirklichkeit, bei der Durchführung der Arbeitsverfahren in der Praxis, liegen die Verhältnisse gerade umgekehrt. Die Entwicklung ist bisher gerade den entgegengesetzten Weg gegangen, wie die theoretischen Betrachtungen ihn weisen. Denn das Carnot-Verfahren entstand durch Betrachtung der Arbeitsweise der alten Wattschen Dampfmaschine; der Kreisprozeß mit Wärmezu- und -abfuhr bei unveränderlichem Rauminhalt ist in der Verpuffungsmaschine von Otto verwirklicht, welche in der Wärmeausnutzung die Dampfmaschine erheblich übertrifft; das Dieselverfahren endlich hat bisher von allen Wärmekraftmaschinen trotz des ungünstigeren theoretischen Wärmewirkungsgrades die beste Wärmeausnutzung gebracht.

Und ferner haben die theoretischen Betrachtungen ergeben, daß beim Verpuffungsverfahren der Wärmewirkungsgrad von der Belastung unabhängig ist, daß er beim Dieselverfahren mit abnehmender Belastung besser wird. Dies gilt nur von der Durchführung des Arbeitsverfahrens im Zylinder. Auf die Nutzwelle bezogen, also die ganze Maschine mit ihrer Reibung eingerechnet, wird die Ausnutzung der Wärme gerade um so besser, je größer die Belastung ist.

Diese scheinbaren Widersprüche könnten den Wert dieser theoretischen Betrachtungen in Frage stellen. Es ist aber gerade lehrreich, den Gründen für diesen Unterschied zwischen Theorie und Praxis nachzugehen, denn diese Betrachtungen und Überlegungen zeigen, daß nur die Vereinigung von Theorie und Praxis den Fortschritt bringt, indem sich beide gegenseitig stützen und ergänzen.

Die ganze Entwicklung der Wärmekraftmaschine ist durch den Kampf um das Temperatur- und Druckgefälle gekennzeichnet. Diese Richtlinie wurde von jeher unbewußt oder bewußt angestrebt, auch schon zu einer Zeit, als der erste Hauptsatz noch nicht erkannt war, also in der ersten Hälfte des 19. Jahrhunderts vor der Erkenntnis des Gesetzes von der Erhaltung der Energie durch Robert Julius Mayer (1842); auch dann schon, als der zweite Hauptsatz von Carnot (1823) in die unzulängliche Form gekleidet war, die noch von der Vorstellung eines Wärmestoffes beherrscht ist, aber die grundlegende Erkenntnis vom Werte des Temperaturgefälles enthielt, die erst durch Clausius in dem zweiten Hauptsatz der heutigen Fassung in brauchbare Form gefaßt wurde.

Wir wissen jetzt, daß wir nach dem ersten Hauptsatz Wärme in Arbeit umsetzen können und dabei für jede Wärmeeinheit die gleichwertige Arbeit von 427 kg m erhalten, daß ferner zur Umsetzung der Wärme in Arbeit ein Temperaturgefälle erforderlich ist, welches möglichst groß sein soll. Nun kommt aber schon im zweiten Hauptsatz die erste Einschränkung, daß nämlich bei der Umsetzung der Wärme in Arbeit mit Hilfe eines Temperaturgefälles immer nur ein bestimmter

Teil der aufgewendeten Wärme in Arbeit umgesetzt werden kann, weil die Umsetzung zur fortlaufenden Erzeugung von Arbeit in Kreisprozessen erfolgen muß, bei denen immer ein Teil der aufgewendeten Wärme dem Arbeitskörper wieder als Wärme entzogen werden muß. Für die Güte der Umsetzung ist also außer dem Temperaturgefälle auch noch der Kreisprozeß maßgebend, und wir haben ja gesehen, daß die Güte der Kreisprozesse sehr verschieden sein kann. Von ausschlaggebender Bedeutung ist aber die Möglichkeit der zweckmäßigen Durchführung der Kreisprozesse. Der beste Kreisprozeß wird unbrauchbar, wenn sich in ihm kein genügendes Temperaturgefälle verwirklichen läßt, oder wenn er sich nur mit einem ungeeigneten Arbeitskörper durchführen läßt.

Der Ausgangspunkt für die Betrachtungen Carnots war die Arbeitsweise der Wattschen Dampfmaschine. Mit der Erkenntnis vom Werte des Temperaturgefälles war die Richtung für die Entwicklung der Dampfmaschine gegeben, nämlich die Erhöhung des Kesseldruckes und die Verbesserung der Kondensation. Carnot erkannte auch den Wert der isothermen Wärmezu- und -abfuhr. Beide gelangten in der Dampfmaschine zur Anwendung, denn sofern der Kesseldruck unverändert gehalten wird, nimmt der Arbeitskörper, das Kesselwasser, die Wärme bei gleichbleibender Temperatur auf, da im Sättigungsgebiet die Temperatur des Dampfes und des Wassers nur vom Druck abhängig ist, und auch die Wärmeabfuhr erfolgt isotherm, sofern die Kondensatorkühlwand sich im Beharrungszustande befindet. Abgesehen von den beiden adiabatischen Zustandsänderungen, welche in der Dampfmaschine nicht gelingen, ist also der Kreisprozeß dieser Maschine gut, er nähert sich wenigstens dem Ideal von Carnot. Aber der Arbeitskörper hat erhebliche Nachteile, die bei dem Bestreben nach Verbesserung des Wirkungsgrades große Schwierigkeiten bereiten. Der weitaus größte Teil des Wärmeinhaltes des Dampfes bildet die sogenannte gebundene Wärme, welche nur zu Dampfbildung gebraucht wird und mit dem Kondensatorkühlwasser wieder abgeführt wird. Am Arbeitsprozeß nimmt diese Wärme also nicht teil. Auch die Bestrebungen zur Streckung des Temperaturgefälles sind in der Entwicklung auf große Schwierigkeiten gestoßen. Die Erhöhung der Temperatur mußte durch die Erhöhung des Dampfdruckes erreicht werden. Dabei stellt sich aber heraus, daß die Temperatur des gesättigten Wasserdampfes besonders bei hohen Drücken langsam ansteigt. Bei 1 at hat der Dampf 100^0, bei 16 at erst 200^0, selbst bei 50 at Druck ist die Temperatur des Wasserdampfes erst 274^0. Die Überhitzung bringt weniger theoretische Vorteile für den Kreisprozeß als für die praktische Durchführung desselben in der Maschine[1]). Die untere überhaupt in Frage kommende Temperaturgrenze ist die Temperatur des Kondensatorkühlwassers.

Wenn wir auf Grund dieser Tatsachen und Betrachtungen die Entwicklung der Schiffsmaschine verfolgen, so wird sie nicht mehr ein kalter Geschichtsleitfaden mit nackten Zahlen sein, sondern gerade diese

---

[1]) Über eine Untersuchung hierüber berichtet Dr. G. Bauer in einem Vortrag vor der Schiffbautechnischen Gesellschaft 1917: Wärmetechnische Betrachtungen über die Wirtschaftlichkeit der Schiffsantriebe. Jahrbuch der Schiffbautechnischen Gesellschaft 1917. Verlag von Julius Springer.

Entwicklungsgeschiche wird eine Fülle von Anregungen und Betrachtungen bieten, die zu den interessantesten Abschnitten der Technik gehören. Der Kampf um das Temperaturgefälle schließt bei Schiffsmaschinen die ganze Fülle der besonderen Fragen ein, wie reines Speisewasser, Oberflächenkondensation, stufenweise Ausdehung usw. Ja, als man mit der Kolbenmaschine die äußersten Grenzen erreicht zu haben glaubte, entwickelte man mit viel Mühe und Kosten die Dampfturbine, welche eine noch besserere Ausnutzug der Luftleere und dadurch die Möglichkeit eines größeren Druckgefäles versprach.

Die Durchführung des Kreisprozesses der Dampfmaschine hat aber noch einen weiteren Mangel von ausschlaggebender Bedeutung, das ist die Verbrennung des Brennstoffes in einer besonderen Feuerung, getrennt vom Arbeitskörper. Letzterer nimmt also die bei der Verbrennung erzeugte Wärme nur durch Vermittlung der Heizfläche auf. Die Entwicklung der Verbrennungskraftmaschine, der Maschine mit „innerer Verbrennung", bedeutet eine einschneidende Abkehr von der bis dahin gebräuchlichen Praxis der Wärmeerzeugung; bei diesen Maschinen wird nämlich die Verbrennungsluft zum Arbeitskörper, die Wärmeerzeugung findet im Arbeitszylinder selbst statt. Dadurch wird der große Temperatursturz, welcher bei Dampfmaschinen zwischen der Temperatur der Feuergase in der Feuerung und der Temperatur des Kesselwassers entsteht, vermieden. Mit der inneren Verbrennung wird also eine ganz bedeutende Erhöhung der oberen Temperaturgrenze erreicht, und wenn auch die untere Temperaturgrenze, praktisch die Temperatur der Auspuffgase, ebenfalls steigt, so beträgt dennoch das Temperaturgefälle je nach der Art des Kreisprozesses ein Vielfaches von dem der Dampfmaschine. Dieser Umstand erklärt die Tatsache, daß mit Einführung der Verbrennungskraftmaschine die Ausnutzung der Wärme erheblich stieg, trotzdem der günstige Kreisprozeß der Dampfmaschine dabei verlassen wurde. Der beste Kreisprozeß wird eben unvorteilhaft, wenn seine Temperaturgrenzen zu eng werden, genau so wie bei gleichem Temperaturgefälle für die Ausnutzung der Wärme die Güte des Kreisprozesses entscheidend ist.

Die ersten Maschinen mit innerer Verbrennung nach dem Gleichraumverfahren von Otto wurden mit gasförmigen Brennstoffen (Leuchtgas, Generatorgas) betrieben. Später wurden dann auch flüssige Brennstoffe verwendet, die vor dem Eintritt in den Arbeitszylinder in einem Vergaser vergast wurden. Daß dabei zunächst nur ganz leicht flüchtige Öle, wie Benzin usw., zur Anwendung gelangten, ist leicht verständlich. Das gemeinsame Merkmal aller dieser Maschinen besteht darin, daß der vergaste Brennstoff in Mischung mit der Verbrennungsluft in den Arbeitszylinder gelangt. Der Kreisprozeß beginnt also in seiner Durchführung mit einem zündfähigen Luft-Brennstoff-Gemisch. Durch diesen Umstand ist aber bei dieser Maschine das Verdichtungsverhältnis und damit der Wirkungsgrad begrenzt, denn die mit der Verdichtung des Gemisches verbundene Temperatursteigerung muß unterhalb der Selbstzündungstemperatur des Gemisches bleiben, da sonst der Betrieb der Maschine durch Früh- und Gegenzündungen gefährdet und unmöglich wird. Aus diesem Grunde geht man bei diesen Maschinen je nach dem zur Verwendung gelangenden Brennstoff für gewöhnlich nicht über

5—8 at Verdichtung. Damit ist das Druck- und Temperaturgefälle festgelegt. Auch ohne diese Beschränkung würde die Erhöhung des Enddruckes der Verdichtung, bei welcher also die Verbrennung im Zylinder beginnt, durch den verpuffungsartigen Verlauf dieser Verbrennung zu Höchstdrücken im Zylinder führen, welche beim Bau und Betrieb der Maschinen bald unüberwindliche Schwierigkeiten zur Folge hätten. Aber trotz dieser Beschränkungen und trotz des grundsätzlich ungünstigeren Arbeitsverfahrens der Dampfmaschine gegenüber erreicht diese Maschinenart durch die Verwirklichung eines größeren wirksamen Temperaturgefälles eine bessere Wärmeausnutzung als die Dampfmaschine. Die Einführung der Verpuffungsmaschine auf ihren heutigen Hauptanwendungsgebieten erklärt sich aber auch durch das Fehlen des für die Betriebsbereitschaft schwerfälligen und vielen Überwachungs- und Bedienungsvorschriften unterworfenen Dampfkessels, der für kleine gewerbliche Betriebe, Kraftwagen, Luftfahrt, kleine Boote usw. ein schwerwiegendes Hindernis war.

Auch für den Schiffsantrieb wurde die Verpuffungsmaschine in allen Entwicklungsstufen, mit Leuchtgas, Sauggas und leichtem Öl versucht. Mit leichtem Öl als Betriebsstoff hat sie sich als Bootsantrieb ein ausgedehntes Anwendungsgebiet erobert und ist sogar zu Leistungen von einigen hundert Pferdestärken für einen Maschinensatz entwickelt worden. Ein Hindernis für ihre Anwendung auf großen Schiffen lag jedoch in einer Hauptforderung für Schiffsmaschinen, nämlich in der Manövrierfähigkeit, Einstellung der Drehzahl und Umsteuerbarkeit.

Alle diese Forderungen wurden bald von der Verbrennungskraftmaschine nach dem Dieselverfahren in vollkommenster Weise erfüllt. Während bei den Verpuffungsmaschinen der vergaste Brennstoff schon in Mischung mit Luft in den Zylinder gelangt, wird beim Dieselverfahren nur Luft in den Zylinder geladen, und nach Verdichtung derselben der Brennstoff in gewünschter Menge eingespritzt. Hierdurch ergeben sich ganz wesentliche bauliche und wärmetechnische Vorteile. Die Maschine kann dadurch ohne Schwierigkeit mit Luft angelassen und unmittelbar umgesteuert werden, also mit Luft manövrieren und durch genaue Zumessung des Brennstoffes auf eine bestimmte Drehzahl eingestellt werden.

Nicht minder groß sind die wärmetechnischen Vorteile. Die Beschränkung des Enddruckes der Verdichtung mit Rücksicht auf die zu frühzeitige Selbstzündung des Gemisches, welche wir bei dem Gleichraumverfahren kennen lernten, fällt beim Dieselverfahren durch die Verdichtung reiner Luft fort. Man könnte hier das Verdichtungsverhältnis beliebig steigern und geht bei der Verdichtung auch tatsächlich auf 30—35 at, weit höher als durch die Forderung der Selbstzündung des nach Verdichtung der Luft eingespritzten Öles erforderlich wäre. Durch diese Steigerung der Verdichtung bis zum Höchstdruck im Zylinder, dessen Grenze bei Kolbenmaschinen wieder durch die auftretende Reibung bestimmt wird, und die nachfolgende Gleichdruckverbrennung liefert das Dieselverfahren bei gleichem Höchstdruck eine größere Arbeitsfläche im Diagramm als das Gleichraumverfahren. Unter Berücksichtigung dieser tatsächlichen Verhältnisse zeigt auch das Wärmediagramm Fig. 11, daß infolge der höheren Verdichtung

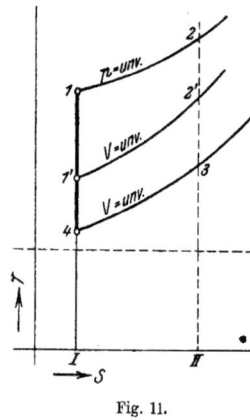

Fig. 11.

der Wirkungsgrad $\dfrac{Q_1 - Q_2}{Q_1}$ beim Dieselverfahren (Verhältnis der Flächen $\dfrac{1\ 2\ 3\ 4}{I\ 1\ 2\ II}$) besser ist als der des Ottoverfahrens (Verhältnis der Flächen $\dfrac{1'\ 2'\ 3\ 4}{I\ 1'\ 2'\ II}$).

Der Vergleich der praktischen Durchführung der betrachteten Arbeitsverfahren ergibt also für die Güte der Arbeitsverfahren gerade die umgekehrte Reihenfolge, wie wir sie auf Grund des Vergleiches der theoretischen Ergebnisse aufgestellt hatten. Wir sehen, daß für die Entwicklung nicht nur theoretische Gesichtspunkte maßgebend sind, sondern daß der Fortschritt stets durch Vereinigung von Theorie und Praxis erreicht wird.

Rückblickend war es uns natürlich sehr leicht, die Entwicklungsrichtung zu kennzeichnen, und anfangs beschrittene Irrwege sind jetzt auch leicht als solche zu erkennen. Zwischen diesen hier besprochenen Hauptstufen der Entwicklung liegen noch zahlreiche Versuche und Erprobungen von Maschinen mit anderen Arbeitsverfahren und Bauarten, die aber gegen die hauptsächlichsten zurücktreten. Wo besondere Verfahren auf bestimmten Anwendungsgebieten Verwendung finden, werden zur Begründung dafür neben den theoretischen Gesichtspunkten immer praktische Erwägungen maßgebend sein. Daher sollte man sich auch hüten, aus den oben gegebenen theoretischen Betrachtungen einseitige Urteile über die Verwendung und Aussichten einzelner Maschinenarten zu fällen, ohne dabei die besonderen Betriebsverhältnisse zu berücksichtigen, welche die Maschine auf dem in Frage kommenden Anwendungsgebiet vorfindet. Die Bewertung der Dieselmaschine für den Schiffsantrieb nach diesen Gesichtspunkten folgt später.

Die Grenze für die Ausnutzung der Wärme nach dem Ottoverfahren und Dieselverfahren war dadurch gegeben, daß diese Verfahren in Kolbenmaschinen zur Durchführung gelangen. Die weitere Streckung des Druckgefälles wird neben anderen praktischen Schwierigkeiten durch die Reibung dieser Maschinen nutzlos, da die Reibung schließlich einen zu großen Teil der erzeugten Arbeit verzehrt. Beim Ottoverfahren kommt außerdem noch die Selbstzündungstemperatur des Gemisches als hindernd hinzu.

Man hat nun versucht diese praktischen Schwierigkeiten mit der Durchführung dieser Verfahren in Turbinen zu umgehen. Die Bestrebungen nach dieser Richtung hin haben auch schon zu praktischen Versuchen geführt, ohne jedoch bisher zu einem vollen Erfolg geführt zu haben. Nach den bisherigen Ergebnissen ist jedoch der Wert dieser Bestrebungen kaum mehr zweifelhaft.

Bei den Turbinen mit dem Ottoverfahren (Explosionsturbinen) wird ein Gemisch in einer Explosionskammer periodisch entzündet, und dieses Gas erzeugt bei der Ausdehnung durch eine Düse hindurch einen Gasstrom, der die Schaufeln einer Turbine trifft. Das Drehmoment ist hier also schwankend. Bei Gleichdruckturbinen wird in der Verbrennungskammer ein stets gleicher Druck erzeugt, wodurch ein fortwährender Gasstrom auf die Turbinenschaufeln geleitet wird. Dadurch wird bei Gleichdruckturbinen ein gleichmäßiges Drehmoment erzeugt. Jedoch bedarf es bei diesen Turbinen zur Unterhaltung des Betriebszustandes in der Verbrennungskammer einer reichlich bemessenen Luftpumpenanlage.

Auf Einzelheiten soll hier nicht näher eingegangen werden. Die Schwierigkeiten der Durchführung der Arbeitsverfahren in Turbinen sind groß und werden erst allmählich überwunden werden, zumal hier nicht nur konstruktive, sondern auch Materialfragen noch erst zu lösen sind[1]).

III. Wärmeerzeugung.

Die chemischen Grundbegriffe. Für die Erzeugung der Wärme für Wärmekraftmaschinen kommt die Verbrennung in Frage. Sie ist ein chemischer Vorgang, zu dessen Verständnis die Kenntnis der chemischen Grundbegriffe unerläßlich ist.

Grundstoffe. Wenn man einen elektrischen Strom durch Wasser leitet, so wird letzteres zersetzt, und man kann zwei Gasarten auffangen: Sauerstoff und Wasserstoff, deren Eigenschaften in jeder Beziehung von denen des Wassers abweichen. Das Wasser besteht also aus mehreren anderen Körpern. Alle Versuche, Sauerstoff oder Wasserstoff in andere Körper zu zerlegen, sind ergebnislos. Daher nennt man diese Stoffe Grundstoffe (Elemente).

Die Grundstoffe werden mit Buchstaben bezeichnet.

Verbindungen. Verbinden sich zwei oder mehr Grundstoffe miteinander, so entsteht die chemische Verbindung, ein neuer Körper, der ganz andere Eigenschaften haben kann als die Grundstoffe, aus denen er entstanden ist; z. B. Sauerstoff unterhält die Verbrennung; Wasserstoff brennt sehr lebhaft; die Verbindung beider (Wasser) brennt nicht, sondern löscht Feuer. Chlor wirkt tödlich; in Verbindung mit Natrium ist es jedoch als Kochsalz für den menschlichen Organismus unentbehrlich.

Die chemische Verbindung darf nicht verwechselt werden mit dem Gemenge (Gemisch). Sauerstoff und Wasserstoff in Verbindung geben Wasser, im Gemenge Knallgas; Sauerstoff und Stickstoff verbinden sich zu Salpetersäure, im Gemenge bilden sie die atmosphärische Luft.

Atomgewicht. Die Grundstoffe verbinden sich nur in ganz bestimmten Gewichtsmengen oder einem Vielfachen davon. Diese Gewichtsmengen sind die kleinsten Teile der Grundstoffe (Atome) und werden

---

[1]) Eyermann u. Schulz, Die Gasturbinen. Berlin 1917. Verlag M. Krayn.
Holzwarth, Die Gasturbine. Berlin und München 1911. Verlag von R. Oldenbourg.
Stodola, Die Dampfturbine. Berlin. Verlag von Julius Springer.
Ostertag, Die Entropiediagramme der Verbrennungsmotoren, einschließlich der Gasturbine. Berlin 1912. Verlag von Julius Springer.

auf das Gewicht von Wasserstoff bezogen. Das Atomgewicht eines Grundstoffes gibt also an, wieviel mal so schwer dieses Atom ist als 1 Atom Wasserstoff.

Wertigkeit. Unter Wertigkeit versteht man die atombindende Kraft bezogen auf Wasserstoff. Die Wertigkeit wird mit römischen Zahlen angegeben.

Die für diese Betrachtungen wichtigsten Grundstoffe sind:

		Atomgewicht	Wertigkeit
Wasserstoff . . .	H	1	I
Sauerstoff	O	16	II
Kohlenstoff . . .	C	12	IV
Stickstoff	N	14	III
Schwefel	S	32	II

d. h. Sauerstoff verbindet sich in Gewichtsteilen $= 16$; 2×16; 3×16 usw. und kann 2 Atome $= 2 \times 1$ Gewichtsteile Wasserstoff binden. 1 Atom Kohlenstoff wiegt 12mal soviel als 1 Atom Wasserstoff und kann 4 Atome Wasserstoff binden. Daher bindet 1 Atom Kohlenstoff auch 2 Atome $= 2 \times 16$ Gewichtsteile Sauerstoff.

Molekulargewicht von Verbindungen. Nach dem bisher Gesagten würde die Verbindung von H und O nach folgender Gleichung vor sich gehen:

$$2 \cdot H + 1 \cdot O = H_2O$$
$$2 \cdot 1 + 1 \cdot 16 = 18.$$

Das Verbindungsgewicht von Wasser ist also 18.

In ähnlicher Weise ergibt sich für Kohlensäure:

$$1 \cdot C + 2 \cdot O = CO_2$$
$$1 \cdot 12 + 2 \cdot 16 = 44.$$

Daraus läßt sich auch die Frage beantworten: Wieviel Kilogramm O sind erforderlich, um mit 1 kg C Kohlensäure zu bilden?

CO_2 hat das Verbindungsgewicht $12 + 2 \cdot 16 = 44$. Mithin binden 12 Gewichtsteile Kohlenstoff 32 Gewichtsteile Sauerstoff, und zur Bindung von 1 kg C sind mithin $\frac{32}{12} = \frac{8}{3}$ kg O erforderlich.

Verbrennung. Bei allen chemischen Veränderungen spielt die Wärme eine bedeutende Rolle. Man kann durch sehr hohe Temperaturen Wasserdampf in seine Grundstoffe, Sauerstoff und Wasserstoff, zerlegen; H und O entwickeln aber auch bei ihrer Vereinigung eine bedeutende Wärme (Knallgas). Alle Vereinigungen, bei denen Stoffe mit O Verbindungen eingehen, sind mit Wärmeentwicklung verbunden. Diese Vereinigung nennt man Verbrennung, gleichgültig, ob diese

1. ohne Flammbildung vor sich geht, also langsam erfolgt (Oxydieren von Metallen, Verwitterung der Kohle),
2. mit Flammbildung oder Erglühen der Stoffe (brennendes Holz oder Kohle), oder
3. so plötzlich erfolgt, daß man von einer Verpuffung (Explosion) spricht.

Verbrennung.

Der zur Verbrennung erforderliche Sauerstoff wird bei Verbrennungskraftmaschinen der Luft entzogen. Von einer genügenden Luftzufuhr in dem Verbrennungsraum hängt also die gute Arbeitsweise der Maschine ganz wesentlich ab.

Die zur Verbrennung eines bestimmten Brennstoffes erforderliche Luftmenge läßt sich aus seiner Zusammensetzung bestimmen. Die flüssigen Brennstoffe z. B. bestehen überwiegend aus Kohlenstoff und Wasserstoff. Nehmen wir ein Verhältnis $C:H = 90:10$ an, so entstehen bei vollkommener Verbrennung durch Luft $N + CO_2 + H_2O$ als Verbrennungsprodukte auf folgende Weise:

$$(N +) C + O_2 = CO_2 + (N) \qquad (N +) 2H + O = H_2O (+ N)$$
$$12 + 2 \cdot 16 = 44 \qquad\qquad 2 \cdot 1 + 16 = 18$$

Also werden gebraucht:

für 1 kg C
$$\frac{32}{12} = \frac{8}{3} \text{ kg O}$$

für 0,9 kg C
$$\frac{8}{3} \cdot 0,9 = 2,4 \text{ kg O}$$

für 1 kg H
$$\frac{16}{2} = 8 \text{ kg O}$$

für 0,1 kg H
$$8 \cdot 0,1 = 0,8 \text{ kg O}$$

Mithin werden zur Verbrennung von 1 kg Brennstoff gebraucht:

$$0,9 \cdot \frac{8}{3} + 0,1 \cdot 8 = 3,2 \text{ kg O oder}$$

$$\frac{100}{21} \cdot 3,2 = 15,24 \text{ kg Luft, entsprechend:}$$

$$\frac{15,24}{1,293} = 11,8 \text{ cbm Luft.}$$

Dabei entstehen bei dieser Verbrennung

$$0,9 \cdot \frac{44}{12} = 3,3 \text{ kg } CO_2 \text{ und}$$

$$0,1 \cdot \frac{18}{2} = 0,9 \text{ kg } H_2O.$$

Allgemein läßt sich der theoretische Sauerstoff- oder Luftbedarf von 1 kg Brennstoff, in welchem

C kg Kohlenstoff,
H „ Wasserstoff,
S „ Schwefel,
O „ Sauerstoff

enthalten sind, bestimmen durch:

$$\frac{8}{3} \cdot C + 8 \cdot H + S - O \text{ kg Sauerstoff, entsprechend}$$

$$\frac{100}{21} \left(\frac{8}{3} C + 8H + S - O \right) \text{ kg Luft oder}$$

$$\frac{100}{1,293 \cdot 21} \left(\frac{8}{3} C + 8H + S - O \right) \text{ cbm Luft.}$$

Der wirkliche Luftbedarf ist selbstverständlich viel größer. Besonders bei Dieselmaschinen, bei denen zur Gemischbildung wenig Zeit zur Verfügung steht, muß mit einem bedeutenden Luftüberschuß gerechnet werden; er beträgt 60—100 % des theoretischen Luftbedarfs. Je größer jedoch der zur vollkommenen Verbrennung nötige Luftüberschuß ist, desto niedriger ist die durch die Verbrennung erzielte Temperatur.

IV. Die flüssigen Brennstoffe.

Als Treibmittel[1]) in Ölmaschinen nach dem Dieselverfahren gelangen zur Verwendung:
1. Erdöl,
2. Braunkohlenteeröl,
3. Schieferteeröl,
4. Steinkohlenteeröl,
5. pflanzliche Öle,
6. tierische Öle.

Erdöl.

Die Bezeichnung Erdöl (gleichbedeutend mit Naphtha), Steinöl (oleum petrae) = Petroleum oder Petrol, soll für das Rohöl gebraucht werden, wie es aus der Erde kommt. Das Leuchtöl oder Lampenpetroleum (in Rußland „Kerosin"), ein Destillationsprodukt des Rohöls, als Steinöl oder Petroleum zu bezeichnen, kam in einer Zeit auf, als das Erdöl hauptsächlich zur Verwendung als Leuchtöl gewonnen wurde.

Das Erdöl wird gewonnen, indem die Erdrinde über dem Erdöllager durchbohrt wird. Das Bohrloch wird dann durch geeignete Schieber abgesperrt. Durch Rohrleitungen wird das Erdöl als ein Gemenge von CH-Verbindungen, die teils gasförmig, flüssig und fest sind, in große Behälter geleitet. Hier treten die gasförmigen Bestandteile zum Teil aus oder werden abgeleitet, während sich die festen und damit auch Schlamm und sonstige Beimengungen absetzen. Das Öl wird dann einer Destillation unterworfen, wobei die für bestimmte Verwendungszwecke geeigneten Destillationsprodukte nach ihrer Siedetemperatur voneinander geschieden werden.

Danach unterscheidet man als Hauptgruppen:

1. Leichtöl
   - Petroleumäther . . . . . 40—70°
   - Benzin . . . . 80—100°
   - Gasolin . . . . 120°
   - Ligroin . . . . 150°

2. Leuchtöl
   - Lampenpetroleum . . . .
   - Solaröl . . . .
   - Kerosin . . . .
   - Brennöl . . . .
   } 150—300°

---

[1]) Die Bezeichnung Treiböl für Öle, die zum Betriebe von Verbrennungskraftmaschinen gebraucht werden, wird von Kutzbach (Z. d. V. d. I. 1907) vorgeschlagen. — Dr. Constam und Dr. Schläpfer (Z. d. V. d. I. 1913) schlagen für diese Öle auch in Übereinstimmung mit „Kraftgas" die Bezeichnung „Kraftöl" vor.

3. Gasöl . . . . 300 °
4. Schwere Öle . . $\left\{\begin{array}{l}\text{Schmieröl} \ldots \ldots \\ \text{Heizmasut} \ldots \ldots\end{array}\right\}$ über 300 °
5. Rückstände: Erdölparaffin, Asphalt, Pech, Gudron.

Die Destillationsgrenzen lassen sich aus der Bezeichnung des Öles nicht genau angeben, zumal die einzelnen Destillationsprodukte unter allen möglichen Bezeichnungen in den Handel kommen. In bezug auf Verzollung und polizeiliche Vorschrift wegen Feuersgefahr wird neben der Bezeichnung jedesmal das spezifische Gewicht, der Flammpunkt usw. angegeben.

Von den oben aufgeführten Destillationsprodukten des Erdöls kommt für Dieselmaschinen das Gasöl in Frage. Dasselbe hat seinen Namen daher, weil es früher hauptsächlich zur Karburierung von Wassergas in Gasanstalten verwendet oder durch Zersetzung in glühenden Retorten zu Ölgas verarbeitet wurde.

Braunkohlenteeröl.

Die Braunkohle wird in Deutschland hauptsächlich im Thüringer Braunkohlenbezirk gewonnen. Bei der trockenen Destillation, die im Schwelzylinder vorgenommen wird, entstehen:

1. Schwelgase, die zum Heizen des Schwelzylinders und zur Kraft- und Lichterzeugung benutzt werden,
2. Koks, Grude genannt, der in Grudeöfen als Brennmaterial gebraucht wird,
3. Braunkohlenteer.

Dieser wird destilliert, und es werden der Reihe nach abgeschieden:
1. Braunkohlenbenzin,
2. Solaröl,
3. Braunkohlenteeröl,
4. Paraffinöl,
5. Braunkohlenteerpech.

Das Paraffinöl ist der Rückstand der Paraffinfabrikation. Aus dem Paraffinöl wird nämlich durch Abkühlung Paraffin ausgeschieden, und das zurückbleibende paraffinarme Öl wird als Gasöl benutzt, eignet sich aber auch gut zur Verwendung in Ölmaschinen. Es muß jedoch unbedingt auf Paraffin und Schwefel untersucht werden.

Schieferteeröl.

Dasselbe wird aus ölhaltigem Schiefer oder durch Destillation der Kreide gewonnen. Die Ausbeute ist natürlich nach Güte und Menge sehr verschieden. Diese Art der Ölgewinnung ist für unsere Betrachtung natürlich von geringer Bedeutung. Jedoch soll das Schieferteeröl hier der Vollzähligkeit wegen erwähnt werden, da es sich zum Betriebe von Ölmaschinen verwenden läßt.

Der Schieferteer gibt bei der Destillation:
Öle, Paraffin und Pech.

Steinkohlenteeröl.

Das Steinkohlenteeröl wird bei der Destillation des in Kokereien und Leuchtgasanstalten gewonnenen Steinkohlenteers überdestilliert. Es ist ein Gemisch von Kohlenwasserstoffen der Benzolreihe, worauf später nochmals hingewiesen wird.

Bei der Destillation des Steinkohlenteers entstehen der Reihe nach:
1. Leichtöl. Rohbenzol, Toluol, Xylol, Naphthalin . bis 170°,
2. Mittelöl. Karbolöl . . . . „ 230°,
3. Schweröle. Kreosotöl . . . . „ 270°,
4. Anthrazenöl . . . . „ 320°,
5. Pech.

Gemische von 2, 3 und 4 werden als Treiböle für Dieselmaschinen gebraucht. Da ihre Zündfähigkeit für die zur Verfügung stehende Temperatur jedoch nicht ausreicht, so wird die Zündung im Zylinder durch ein besonderes Zündöl (Gasöl) eingeleitet.

Bei kalter Witterung scheidet das Steinkohlenteeröl vielfach Naphthalin und Anthrazen aus, welche als weiße und gelbliche Flocken Rohrleitungen und Ventile verstopfen können. Durch Anwärmen und Umrühren des Öles lösen sich diese Ausscheidungen wieder.

Wegen seiner schweren Entzündbarkeit wird Steinkohlenteeröl für Schiffsölmaschinen bisher wenig gebraucht; doch ist es kaum zweifelhaft, daß der Verwendung des Steinkohlenteeröls auf diesem Gebiete eine große Zukunft bevorsteht. Gerade in Deutschland werden die Preiserhöhung des Erdöls, Transport und Zollkosten und nicht zuletzt die Abhängigkeit vom Auslande die Einführung des Steinkohlenteeröles beschleunigen und das Verfahren zu seiner Verwendung verbessern.

Durch die im Steinkohlenteeröl befindlichen Phenole wird die Haut angegriffen, ja, es können Vergiftungen hervorgerufen werden; naturgemäß leiden die Augen am meisten. Daher soll man nach der Arbeit die Hände sofort reinigen, mit beschmutzten Händen aber auf keinen Fall die Augen reiben. Als Heilmittel für solche Verletzungen wird kohlensaures Natron empfohlen.

Als Baustoffe, die mit Steinkohlenteer in Berührung kommen, haben sich Gußeisen und Nickelstahl bewährt. Kupfer und Metallegierungen werden angegriffen.

Als Packungsmaterial für Teeröl hat sich in Leim getränkte Pappe bewährt; ungeeignet sind Gummi und alle sonstigen in Kohlenwasserstoffen löslichen Materialien.

Da die in Frage kommenden Erdöldestillate alle ein spezifisches Gewicht kleiner als 1, Steinkohlenteeröle größer als 1 haben, so läßt sich die Ölsorte in zweifelhaften Fällen einfach dadurch feststellen, daß das Öl mit Wasser zusammengebracht wird. Steinkohlenteeröl sinkt zu Boden, Erdöle schwimmen auf dem Wasser. Meistens erkennt man das Steinkohlenteeröl aber schon am Geruch. Ferner ist Gasöl der Erdöldestillation in Benzin löslich, Steinkohlenteeröl nicht.

Pflanzliche Öle.

Die aus Pflanzen gewonnenen Öle sind allgemein für den Antrieb von Ölmaschinen von untergeordneter Bedeutung; für die Kolonien verdienen sie jedoch berücksichtigt zu werden. Durch Versuche sind eine ganze Reihe von Ölen als brauchbar befunden worden, so z. B. Sesamöl, Rizinusöl, Erdnußöl, Kokosnußöl, Palmöl.

Über die Natur und das Wesen der flüssigen Brennstoffe.

Die Hauptbestandteile der Brennstoffe sind Kohlenstoff und Wasserstoff. Diese beiden Grundstoffe verbinden sich nun in einer außerordentlichen Mannigfaltigkeit, und ihre Verbindungen sind je nach der Zusammensetzung gasförmige, flüssige oder feste Körper.

Die einfachste Verbindung, das Methan CH_4 (Sumpfgas, Grubengas), stellt man in ihrem Aufbau folgendermaßen dar:

$$\begin{array}{c} H \\ | \\ H-C-H \\ | \\ H \end{array}$$

Sind nicht alle Wertigkeiten des C ausgenutzt, so ergibt sich Methyl:

$$\begin{array}{c} H \\ | \\ H-C- \\ | \\ H \end{array}$$

Zwei Methylmoleküle können sich also wieder vereinigen zu Äthan C_2H_6:

$$\begin{array}{cc} H & H \\ | & | \\ H-C-C-H \\ | & | \\ H & H \end{array}$$

und so entstehen weiterhin Propan C_3H_8:

$$\begin{array}{ccc} H & H & H \\ | & | & | \\ H-C-C-C-H \\ | & | & | \\ H & H & H \end{array}$$

Butan C_4H_{10}, Penthan C_5H_{12} usw., mithin Verbindungen von C und H von der allgemeinen Formel C_nH_{2n+2}, deren Bindung sich als Kette darstellt.

Die Verbindungen unterscheiden sich in ihrem molekularen Aufbau durch das Verhältnis der Äquivalentgewichte von Kohlenstoff und Wasserstoff. Während dieses Verhältnis H : C in der Verbindung CH_4 noch 4 : 1 beträgt, ist es in der Verbindung C_5H_{12} nur noch 2,4 : 1, bei $C_{10}H_{22}$ 2,2 : 1 usw., d. h. das Verhältnis H : C nimmt ab mit zunehmenden Kohlenstoffatomen.

Ist die Zusammensetzung des Brennstoffes in Gewichtsprozenten angegeben, so erhält man das Atomverhältnis, indem man die Gewichtsanteile durch das Atomgewicht dividiert, bei Wasserstoff 1, bei Kohlenstoff 12. Bei einem Erdöl von der Zusammensetzung 87 v. H. Kohlenstoff und 11 v. H. Wasserstoff wäre das Atomverhältnis H : C :

$$H : \frac{C}{12}$$

$$11 : \frac{87}{12}$$

$$11 : 7{,}25$$
$$1{,}52 : 1.$$

Nun ist der Wasserstoffgehalt dieser Verbindungen für die Eigenschaften der Verbindungen von ausschlaggebender Bedeutung. Der Wasserstoff hat zunächst ein sehr großes Vereinigungsbestreben mit Sauerstoff, d. h. er entzündet sich leicht und entwickelt bei der Verbrennung mehr Wärme als irgendein anderer Grundstoff. Daher wird auch der Heizwert des Brennstoffes sich nach dem Wasserstoffgehalt desselben richten. Voraussetzung ist dabei allerdings, daß der Wasserstoff in der Verbindung nicht schon an Sauerstoff gebunden ist. Ferner ist der Wasserstoff der leichteste Grundstoff, so daß er auch das spezifische Gewicht der Brennstoffe beeinflußt. Der Zusammenhang zwischen dem Wasserstoffgehalt eines Brennstoffs, dem spezifischen Gewicht und dem Heizwert ist in Fig. 12 an den Untersuchungsergebnissen von vier Treibölsorten gezeigt. Die Abhängigkeit ist so auffallend, daß man fast mit der Angabe des spezifischen Gewichtes einer fünften Ölsorte deren Heizwert und Wasserstoffgehalt eintragen könnte.

Von allergrößter Wichtigkeit ist jedoch der Einfluß des Wasserstoffgehaltes auf den Aggregatzustand der Kohlenwasserstoffverbindungen. Entsprechend der schon oben festgestellten Tatsache, daß der Wasserstoffgehalt das spezifische Gewicht bestimmt, ergibt sich, daß die Kohlenwasserstoffe mit dem höchsten Wasserstoffgehalt unter gewöhnlichen Druck- und Temperaturverhältnissen Gase sind. Dann folgen mit abnehmendem Wasserstoffgehalt leicht flüchtige Öle (Leichtöle, Benzin), die sich bekanntlich sehr leicht in Gasform überführen lassen, während dies bei den folgenden Ölen, welche aus Kohlenwasserstoffverbindungen mit weniger Wasserstoffgehalt bestehen, nur unter Mitwirkung von Wärme erfolgen kann. Da nun der Verbrennung immer die Vergasung vorauszugehen hat, so werden sich die Kohlenwasserstoffe mit dem höchsten Wasserstoffgehalt am einfachsten in Verbrennungskraftmaschinen verarbeiten lassen, die schwereren Öle werden besondere Einrichtungen zur Vergasung erfordern; immer also wird der Wasser-

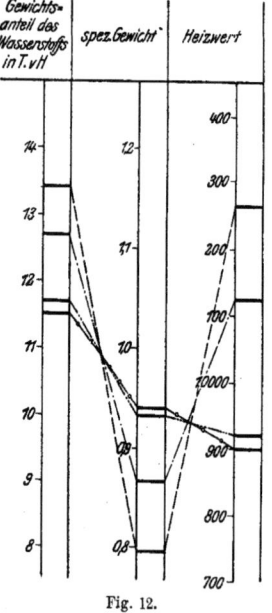

Fig. 12.

stoffgehalt des Brennstoffes und damit seine Vergasbarkeit eine besondere Bauart und ein besonderes Arbeitsverfahren erforderlich machen.

Aus dem chemischen Aufbau erklärt sich auch die schwerfällige Vergasung der aus dem Steinkohlenteer gewonnenen Brennstoffe. Die Verbindungen des Kohlenstoffes mit dem Wasserstoff werden in zwei Gruppen geteilt, von denen die oben erklärten kettenförmig gebundenen die erste Gruppe bilden.

Die andere Gruppe leitet sich vom Benzol C_6H_6 ab, dessen Aufbau ringförmig (zyklisch) ist:

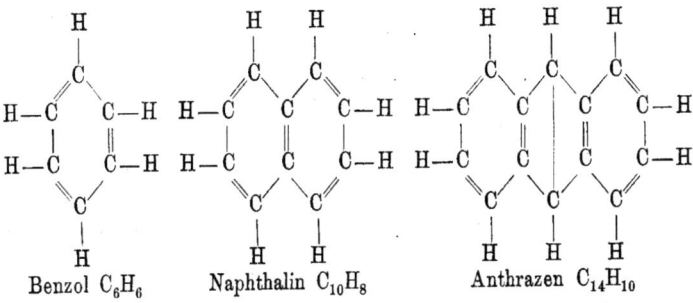

Benzol C_6H_6 Naphthalin $C_{10}H_8$ Anthrazen $C_{14}H_{10}$

Nun haben die Kohlenwasserstoffe mit kettenförmiger Bindung, aus denen größtenteils alle Erdölprodukte bestehen, besonders in den höheren Gliedern bedeutend mehr Wasserstoff als die ringförmig gebundenen, die Hauptbestandteile des Steinkohlenteers; hieraus erklärt sich die bessere Brauchbarkeit der Erdölprodukte gegenüber dem Steinkohlenteer. Die CH-Verbindungen mit kettenförmiger Bindung setzen dem Zerfall des Moleküls bei der Verbrennung geringeren Widerstand entgegen als die ringförmig gebundenen, und daher neigen erstere, also die Erdöle, eher zur Gasbildung als die Steinkohlenteeröle.

Weitere Literatur siehe u. a.:

Dr. Aufhäuser, Die chemischen Grundlagen für die Beurteilung der Diesel-Motoren-Treibmittel. „Öl- und Gasmotor" 1913, S. 120. — Brennstoff und Verbrennungsvorgang. Z. d. V. d. I. 1917, S. 266. — Die spezifischen Eigenschaften und Unterschiede der festen und flüssigen Brennstoffe und deren technische Bedeutung. Bayrisches Industrie- und Gewerbeblatt vom 23. Februar 1918.

Dr. Constam und Dr. Schläpfer, Über Treiböle. Z. d. V. d. I. 1913, Nr. 38—43.

Kutzbach, Die flüssigen Brennstoffe und ihre Ausnutzung in der Verbrennungskraftmaschine, mit besonderer Berücksichtigung des Diesel-Motors. Z. d. V. d. I. 1907, S. 523.

Dr. Rieppel, Versuche über Verwendung von Teerölen zum Betrieb des Diesel-Motors. Z. d. V. d. I. 1907, S. 613.

Dr. Graefe, Die Bewertung von Diesel-Motor-Ölen. „Der Ölmotor" 1912, Nr 11, S. 449. — Über den Einfluß des Schwefels in flüssigen Brennstoffen beim Motorenbetrieb. „Der Ölmotor" 1912, Nr. 2, S. 83.

Dr. H. Schlüter, Treiböle für Verbrennungskraftmaschinen und ihre Prüfung. „Der Ölmotor" 1913, Nr. 5, S. 365.

Dr. Ing. A. Sommer, Die neuere Entwicklung der Erdöltechnik. „Der Ölmotor" 1915, Nr. 7, S. 231.

Dr. Loebell, Die flüssigen Brennstoffe, mit besonderer Berücksichtigung der Teer-Destillationsprodukte. „Der Ölmotor" 1912, Nr. 1, S. 31.

Dr. L. Schmitz, Die Gewinnung inländischer Treiböle aus Braunkohlen- und Steinkohlenteer. „Der Ölmotor" 1912, Nr. 11, S. 467.
Drexler, Zur Frage der Schweröl- (Teer-, Teeröl-) Ausnutzung in Verbrennungsmotoren. „Der Ölmotor" 1913, S. 125, 309, 433 und 563.
Dr. L. Schmitz, Die flüssigen Brennstoffe, ihre Gewinnung, Eigenschaften und Untersuchung. Berlin 1912, Verlag von Julius Springer.
Prof. Dr. D. Holde, Untersuchung der Kohlenwasserstofföle und Fette Berlin 1913, Verlag von Julius Springer.
Prof. Dr. Ing. Kurt Neumann: Untersuchungen an der Dieselmaschine, Thermodynamische Studien zur Ölgas- und Gemischbildung. Z. d. V. d. I. 1918, S. 706.

V. Die Untersuchung der flüssigen Brennstoffe.

Für die Untersuchung eines Öles ist es von Wichtigkeit, bei der Entnahme der Probe eine Mischung aller Ölschichten zu bekommen. Man muß also einzelne Proben in verschiedener Höhe des Ölbehälters oder in bestimmten Zeitabständen der Übernahmeleitung entnehmen und diese wieder mischen. Andernfalls bekommt man nämlich entweder nur die dünnflüssigen oder die dicken Bestandteile des Öles, was in jedem Falle ein falsches Bild gibt.

Heizwert.

Die Wärmemenge in WE, welche 1 kg eines Brennstoffes bei der Verbindung mit Sauerstoff entwickelt, bezeichnet man mit Heizwert. Die Bestimmung des Heizwertes erfolgt aus der Zusammensetzung der Brennstoffe, da eine Verbindung von Elementen einen Heizwert hat, welcher der Summe der Heizwerte ihrer Bestandteile entspricht. Genaue Festsetzung der Heizwerte der einzelnen Grundstoffe und Berücksichtigung der zur Atombindung aufgewendeten Energie würde die Grundlage einer genauen Berechnung sein. Ferner wird der Gesamtgehalt eines Grundstoffes nur dann in Rechnung einzusetzen sein, wenn er nicht schon an Sauerstoff gebunden ist. So nimmt beispielsweise nur noch der freie Wasserstoff an der Verbrennung teil, nicht mehr der im Wasser des Brennstoffs enthaltene, so daß der nutzbare Wasserstoffgehalt sich zu $H - \frac{O}{8}$ ergibt, wenn O der Sauerstoffgehalt des Brennstoffes ist.

Ferner verbraucht das Wasser des Brennstoffes bei der Verbrennung Wärme, da es bei der Verbrennung verdampft; der Verbrauch wird zu 600 Wärmeeinheiten angenommen.

Sind in 1 kg Brennstoff

$0{,}88 = C$ kg Kohlenstoff,
$0{,}10 = H$ „ Wasserstoff,
$0{,}008 = O$ „ Sauerstoff,
$0{,}003 = S$ „ Schwefel,
$0{,}009 = W$ „ Wasser

enthalten, so errechnet sich der Heizwert in Wärmeeinheiten nach der Verbandsformel:

$$H = 8100\ C + 29\,000 \left(H - \frac{O}{8}\right) + 2500\ S - 600\ W.$$

$$H = 8100 \cdot 0{,}88 + 29\,000 \left(0{,}1 - \frac{0{,}008}{8}\right) + 2500 \cdot 0{,}003 - 600 \cdot 0{,}009.$$

$$H = 100\,01{,}1\ WE.$$

Der Heizwert läßt sich aus dem spezifischen Gewicht mit genügender Genauigkeit errechnen. Nach Kropf und Schermann erhält man den Heizwert in BTU. aus dem spezifischen Gewicht in Graden nach Baumé durch:

$$H = \frac{140}{130 + B}\ BTU.$$

Auf deutsche Werte umgerechnet wäre das:

$$H = 6600 + \frac{3111}{s}\ WE.$$

Genauer rechnet man, wie durch eine Reihe von Versuchen (s. z. B. S. 45) festgestellt wurde, mit:

$$H = 6600 + \frac{3000}{s}\ WE.$$

Also: Je höher das spezifische Gewicht, desto niedriger der Heizwert.

Für gewöhnlich wird der Heizwert eines Brennstoffes durch den Versuch festgestellt. Für die zum Betriebe von Ölmaschinen in Frage kommenden Brennstoffe bedient man sich dazu der kalorimetrischen Bombe von Berthelot (Mahler), welche in Fig. 13 dargestellt ist. Ein starkwandiges Stahlgefäß, welches außen vernickelt und innen emailliert ist, taucht in ein Wasserbad. Im Innern der Bombe wird ein Platin- oder auch Tonschälchen zur Aufnahme des zu untersuchenden Brennstoffes aufgehängt. Der übrige Raum der Bombe wird mit Sauerstoff (20 at) angefüllt. Die Entzündung des Brennstoffes erfolgt beim Durchschmelzen eines dünnen Eisendrahtes, der von einer Stromquelle von 8—10 Volt und 2 Amp. zum Erglühen gebracht wird. Der Brennstoff verbrennt und gibt dabei die entstehende Wärme an das Wasser des Kalorimeters ab, welches durch ein Rührwerk ständig bewegt wird, und dessen Temperatur man an einem Thermometer mit $\frac{1^0}{100}$ Genauigkeit durch Lupe abliest. Aus der Erwärmung des Wassers wird die entwickelte Wärme errechnet, wobei natürlich zu berücksichtigen ist, daß Bombe, Thermometer, Rührwerk und Gefäß auch Wärme aufgenommen haben. Der Wasserwert dieser Teile ist in Rechnung zu setzen.

Bei dem Verbrennungsvorgang ist in der Bombe durch den chemisch gebundenen Wasserstoff und das dem Brennstoff anhaftende Wasser eine bestimmte Menge Wasserdampf entstanden. Die Erzeugungswärme dieses Wasserdampfes, welcher nach dem Versuch wieder zu Wasser von 20—30° abgekühlt ist, ist an das Wasser des Kalorimeters wieder abgegeben und mitgemessen, während sie in der Maschine am Arbeitsvorgang nicht teilnimmt, da das Wasser als Wasserdampf entweicht.

44 V. Die Untersuchung der flüssigen Brennstoffe.

Bei Festsetzung des Heizwertes mittels der kalorimetrischen Bombe wird also jedesmal ein um die Verdampfungswärme des sich bildenden Wassers zu hohes Ergebnis in bezug auf die Ausnutzung des Brennstoffes in der Maschine gefunden. Man spricht deshalb von dem „oberen Heizwert", der in der Bombe festgestellt wird, und dem „unteren oder nutzbaren Heizwert", der gefunden wird, indem man von dem oberen Heizwert die Verdampfungswärme des in der Bombe gefundenen Verbrennungswassers abzieht.

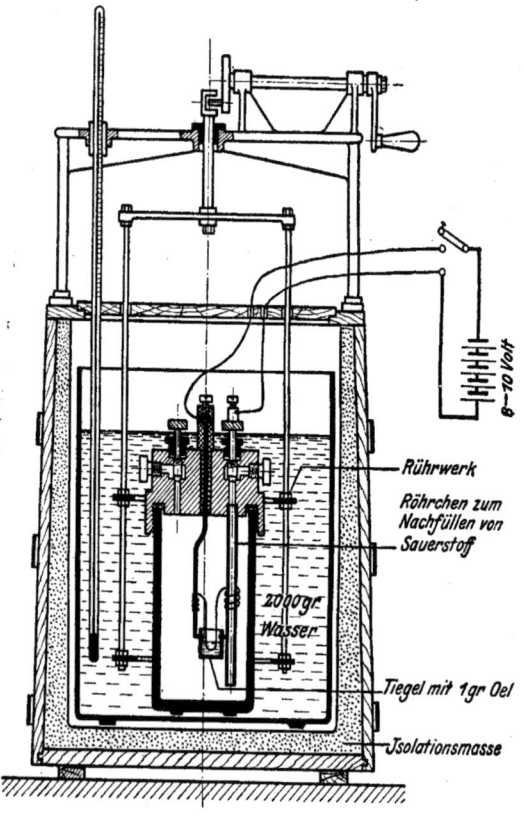

Fig. 13.

Die Untersuchung eines Treiböles hatte folgendes Ergebnis: Es wurden 1,000 g Treiböl verbrannt, außerdem verbrannte der Eisendraht mit, welcher 0,032 g wog und einen Heizwert von 1600 WE hatte.

Das Wassergefäß enthielt 2000 g Wasser. Da aber mit dem Wasser bei der Verbrennung auch die Bombe, das Gefäß, Rührwerk, Thermometer usw. erwärmt werden, ist der Wasserwert dieser Teile, d. h. das Wassergewicht, welches durch dieselbe Wärmezufuhr die gleiche Temperaturerhöhung erfährt, durch Rechnung oder Versuch ermittelt.

Der Wasserwert für das benutzte Instrument betrug 387 g, so daß in Wirklichkeit 2000 + 387 = 2387 g Wasser erwärmt wurden.

Nachdem die Temperaturen aller Teile des Apparates ausgeglichen waren, betrug die Temperatur 21,12⁰. Nach der Zündung stieg die Temperatur auf 25,60⁰, so daß die bei der Verbrennung erzeugte Wärme

$$2387 \cdot (25,6 - 21,12) = 10\,693,76 \text{ WE}$$

betrug. Davon entstanden durch Verbrennung des Eisendrahtes

$$0,032 \cdot 1600 = 51,2 \text{ WE},$$

so daß der obere Heizwert des Öles

$$H_0 = 10\,693,76 - 51,2 = 10\,642,56 \text{ WE}$$

betrug.

Die in der Bombe verbliebenen Dämpfe wurden durch Chlorcalcium hindurch abgelassen und darauf das in der Bombe befindliche Wasser verdampft. Der Wasserdampf wurde mit einer Pumpvorrichtung ebenfalls durch Chlorcalcium abgeleitet. Chlorcalcium nimmt Wasser auf; es hatte, wie durch Abwiegen vor und nach dem Versuch festgestellt wurde, 0,883 g Wasser aufgenommen, dessen Verdampfungswärme rund

$$0,883 \cdot 600 = 529,8 \text{ WE}$$

beträgt. Der untere Heizwert des Öles ist also

$$H_u = 10\,642,56 - 529,8 = 10\,112,76 \text{ WE}.$$

Das spezifische Gewicht des Öles betrug 0,85, so daß sich hieraus der Heizwert auch ergibt zu:

$$6600 + \frac{3000}{0,85} = 10\,129 \text{ WE}.$$

Stockpunkt.
(Kältepunkt, Erstarrungspunkt.)

Man bezeichnet damit die Temperatur, bei der das Öl erstarrt, also seine Flüssigkeit verliert. Durch die im Öl erstarrten Teile wird ein Verstopfen von Rohrleitungen und Ventilen hervorgerufen, und die Möglichkeit, das Öl durch Pumpen zu fördern, hört selbstverständlich auf. Häufig ist der Paraffingehalt des Öles die Ursache, daß das Öl bei ungefähr 0⁰ plötzlich erstarrt. Bei Teerölen ist es meistens Anthrazen und Naphthalin, welche bei Kälte kleine gelbe bzw. weiße Kristalle bilden. Auch Pflanzenöle, wie Palmöl, Olivenöl usw. erstarren leicht. Es soll auch hier darauf hingewiesen werden, daß ein zu hoher Wassergehalt des Öles zum Einfrieren führen kann. In allen diesen Fällen wird durch Erwärmung bzw. Umrühren des Öles die Betriebsfähigkeit wiederhergestellt. Daher sollte man dort, wo die Möglichkeit großer Abkühlung des Öles vorliegt, Anwärmevorrichtungen vorsehen.

Die Ermittelung des Stockpunktes erfolgt nach Holde[1]) in der Weise (s. Fig. 14), daß das zu untersuchende Öl in ein Probiergläschen mit einer der geforderten Temperatur entsprechenden Kältemischung getaucht und mit einem geeigneten Thermometer gemessen wird. Die

---

[1]) Prof. Dr. D. Holde, Untersuchung der Kohlenwasserstofföle und Fette. Berlin, Verlag von Julius Springer.

Kältemischung befindet sich in einem Emaillegefäß, welches wiederum in einem mit gestoßenem Eis gefüllten Behälter steht. Während der Abkühlung, die mindestens eine Stunde lang dauern soll, wird das Gläschen ab und zu angehoben und sofort darauf geneigt. Die Temperatur, bei der das Fließen des Öles beim Neigen aufhört, ist der Stockpunkt.

Als Lösungen für verschiedene Temperaturen werden von Holde angegeben:

0° Eis,
— 5° in 100 T. Wasser 13 T. Kalisalpeter + 3,3 T. Kochsalz,
— 10° „ 100 „ „ 22,5 „ Chlorkalium,
— 15° „ 100 „ „ 25 „ Salmiak.

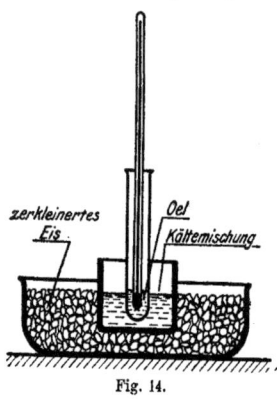

Fig. 14.

Ein einfaches Verfahren ist folgendes:

Man gibt das zu untersuchende Öl in ein Probierglas, steckt ein Thermometer hinein und hält das Glas vor ausströmende Preßluft. Das Glas kann auch mit einem feuchten Lappen umwickelt werden. Auf diese Weise erhält man — 8 bis — 10°. Ist das Öl bei dieser Temperatur noch fließend, so ist es für diesen Fall als brauchbar anzusehen. Unbrauchbare Öle, welche Wasser, Paraffin usw. enthalten, würden um 0° herum schon erstarren.

Flammpunkt.

Der Flammpunkt ist die Temperatur, bei der das Öl so viel Gas entwickelt, daß beim Nähern einer offenen Flamme die Entzündung erfolgt. Der Flammpunkt ist also auch das Maß für die Feuergefährlichkeit eines Öles. Die Verfahren zur Feststellung des Flammpunktes sind sehr verschieden und liefern daher auch stark voneinander abweichende Ergebnisse. Es ist daher zur Beurteilung unbedingt erforderlich, bei Zahlenangaben zu untersuchen, ob das angewandte Verfahren für die zu untersuchende Ölsorte und die vorliegenden Verhältnisse genau genug und brauchbar ist.

Die am häufigsten, besonders in Deutschland gebrauchten und als maßgebend angewandten Apparate zur Bestimmung des Flammpunktes sind die von Abel und Pensky-Martens. Da der Apparat von Abel für Öle mit einem bis zu 50° zu erwartenden Flammpunkt gebraucht wird, der Apparat von Pensky für Öle mit einem Flammpunkt von über 50°, also auch für Treiböle der Ölmaschinen, so soll letzterer genauer beschrieben werden.

Das zu untersuchende Öl wird bis zu einer bestimmten Marke in ein Gefäß gefüllt. Dieses Gefäß wird in einen heizbaren metallenen Heizmantel gesetzt. Als Isolation dient die zwischen Heizmantel und der äußeren halbkugelförmigen Umhüllung befindliche Luftschicht (s. Fig. 15). Das Ölgefäß ist oben mit einem Deckel verschlossen, durch welchen ein Thermometer und ein Rührwerk in das Innere des

Flammpunkt.

Gefäßes geleitet sind. Außerdem hat der Deckel eine Öffnung, die von einem Drehschieber geschlossen wird. Beim Drehen dieses Schiebers wird die Öffnung freigegeben und gleichzeitig mit derselben Bewegung eine kleine Flamme in das Ölgefäß gesenkt.

Das zu unterschende Öl muß natürlich vollkommen wasserfrei sein, da etwa entstehende Wasserdämpfe die Erreichung eines brauchbaren Ergebnisses unmöglich machen. Besondere Sorgfalt ist auf die Reinigung des Gefäßes zu verwenden. Wird dasselbe mit einer leicht flüchtigen Flüssigkeit (Benzin, Äther usw.) ausgewischt, so ist hernach mit Fließpapier nachzureiben und dann noch etwa vorhandene Spuren von Dämpfen mit trockenem Luft-

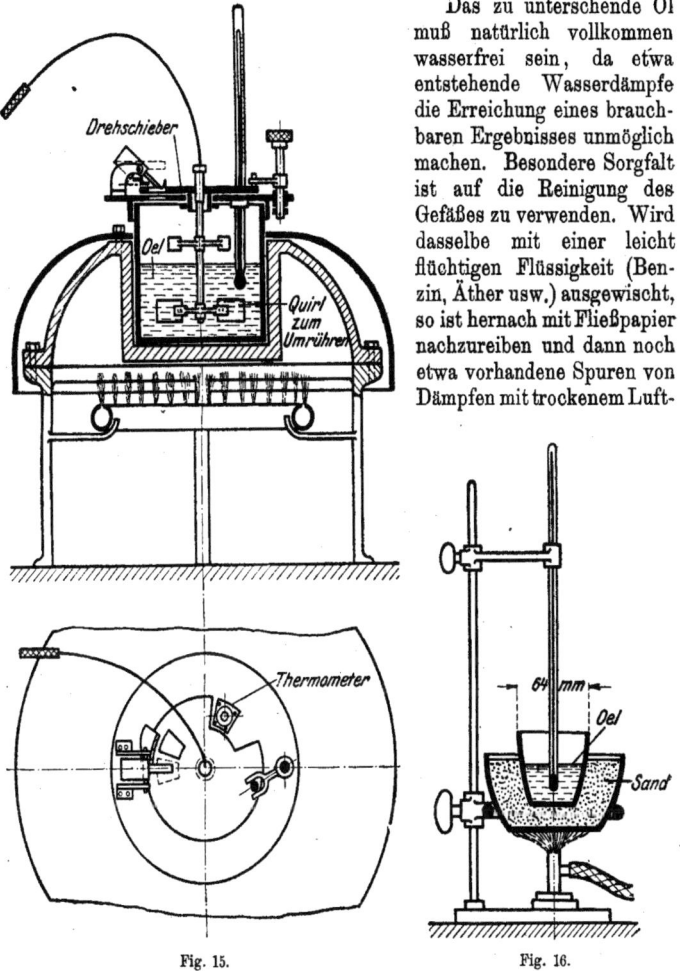

Fig. 15.   Fig. 16.

strom auszutreiben. Bei der Erwärmung des Öles ist von Grad zu Grad mit dem gemeinsamen Griff die Deckelöffnung freizulegen und das Flämmchen einzutauchen. Bei einer bestimmten Temperatur werden aus dem Öl so viel Öldämpfe entweichen, daß beim Nähern des Flämmchens eine Entflammung erfolgt. Die Temperatur, bei der dies eintritt, ist der Flammpunkt.

Ein anderes Verfahren zur Bestimmung des Flammpunktes ist das von Brenken (s. Fig. 16). Die Entzündung erfolgt durch eine kleine

Flamme, welche für einige Sekunden nicht näher als 12 mm an die Oberfläche des Öles gebracht wird. Der Nachteil dieser Methode, daß z. B. das Flämmchen von oben mit der Hand dem Öle genähert wird, wodurch leicht Willkürlichkeiten und Ungenauigkeiten vorkommen, ist durch eine Abänderung nach der Versuchsanordnung von Marcussen beseitigt. Bei dieser schwenkt man das Flämmchen zwangläufig in stets gleicher Höhe über der Ölprobe.

Es ist leicht verständlich, daß diese Verfahren im offenen Tiegel immer höhere Zahlen ergeben als die Feststellung im geschlossenen Behälter, da die sich bildenden Öldämpfe aus dem offenen Tiegel zum Teil entweichen. Sichere Ergebnisse in bezug auf Feuersgefahr geben also immer die Untersuchungen nach Pensky-Martens. Der Apparat von Pensky-Martens läßt schon ganz geringe Beimengungen von Benzin usw. erkennen, für die das Verfahren im offenen Tiegel kaum Veränderungen im Flammpunkt zeigt.

So ergaben z. B. Untersuchungen:

	Pensky-Martens	off. Tiegel	Unterschied
Diesel-Motoren-Treiböl (Erdöl)	65	87	+ 22
" "	105	120	+ 15
" "	75	103	+ 28
" "	75	107	+ 32
" "	83	105	+ 22
" (Braunkohlenteeröl)	82	87	+ 5

Brennpunkt.

Nach dem Aufflammen der Öldämpfe erlischt die Flamme wieder, die Verbrennung des Öles ist dadurch noch nicht eingeleitet. Die Temperatur, bei der die Verbrennung des Öles weitergeht, ist der Brennpunkt. Er liegt bei den meisten Ölsorten 20—30° höher als der Flammpunkt, oft sogar 50° höher. Man darf jedoch nicht vergessen, daß in großen Behältern bei Temperaturen, die dem Flammpunkt des Öles entsprechen, derart große Mengen von Öldämpfen entstehen, daß durch deren Entflammung Wärmemengen auftreten, die das Weiterbrennen des Öles bewirken. Maßgebend für die Feuergefährlichkeit ist also immer der Flammpunkt.

Zündpunkt.

Man versteht darunter die Temperatur, bei der zuerst Selbstzündung bei Atmosphärendruck eintritt. Erst neuerdings sind die Umstände und Bedingungen zur Selbstzündung von Brennstoffen zum Gegenstand eingehender Forschungen gemacht worden[1]). Anregung gab natürlich die Entwicklung der Verbrennungskraftmaschinen, als man unter Vermeidung von Zündern usw. zur Selbstzündung durch Verdichtungswärme überging (Diesel-Verfahren).

---

[1]) Zeitschrift für angewandte Chemie 1913, Nr. 37, 273. — Dr. Holm, Über Entzündungstemperaturen (Zündpunkte).
Z. d. V. d. J. 1913, S. 1578. — Dr. Constam und Schläpfer, Über Treiböle.

Zündpunkt. Siedepunkt.

Die Kenntnis des Zündpunktes ist aber natürlich auch für alle Fälle von Selbstzündung, wie sie in der Praxis bei Kohlenbunkern, gebrauchter Wischbaumwolle und besonders bei Schmierölen für HD-Luftpumpen usw. vorkommen, von der allergrößten Wichtigkeit.

Die genaue Erforschung der Zündpunkte unter verschiedenen Verhältnissen für die in Frage kommenden Brennstoffe ist erst eingeleitet. Dr. Holm hat die Zündpunkte verschiedener Brennstoffe folgendermaßen festgestellt: In einem Heräusschen Röhrenofen stand ein glasierter Porzellantiegeldeckel umgekehrt auf einem Porzellanrohr. Der Deckel ließ die Lötstelle eines Thermoelementes frei, welches die in dem Erhitzungsraum herrschende Temperatur an einem Galvanometer anzeigte. Unter ständiger Erwärmung wurden von 10 zu 10° Tropfen des zu untersuchenden Öles auf den Porzellantiegel fallen gelassen, bis bei einer bestimmten Temperatur ein Aufflammen erfolgte. So ergab sich z. B. der Zündpunkt:

für Petroleum . . . . zu 380°,
„ Gasöl . . . . „ 350°,
„ Teeröl . . . . „ 580°,
„ Schmieröl für Kompressoren . „ 410°.

Siedepunkt.

Man bezeichnet damit bekanntlich die Temperatur, bei der eine Flüssigkeit anfängt zu sieden. Die Wichtigkeit der Kenntnis des Siedepunktes wird klar, wenn man bedenkt, daß die für unsere Zwecke zur Verwendung kommenden Brennstoffe aus der fraktionierten Destillation hervorgehen. Die Grenzen des Siedepunktes nach unten und oben lassen daher einen sicheren Schluß auf die Güte des in Frage kommenden Öles zu, denn es können einesteils Mischungen mit leichter siedenden Bestandteilen vorkommen, wodurch Flammpunkt, spezifisches Gewicht usw. beeinflußt werden, andernteils können auch Beimengungen vorhanden sein, die höher sieden.

Die Destillation erfolgt nach dem Verfahren von Engler-Ubbelohde im Normalapparat nach den Beschlüssen des Dritten Internationalen Petroleumkongresses 1907 (siehe Fig. 17). Der Siedepunkt ist diejenige Temperatur, bei welcher der erste Tropfen vom Kühlerende fällt.

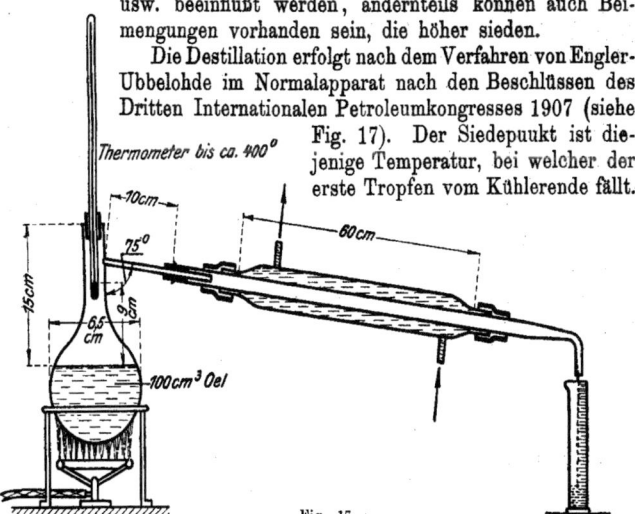

Fig. 17.

Im Betriebe erprobte Treiböle zeigten bei der Destillation folgende Zusammensetzung:

Treiböl	Siedepunkt	Es gingen über in T. v. H.				
		bis 200°	200 bis 250°	250 bis 300°	300 bis 350°	über 350°
Erdöl	195	4	28	38	24	6
„	193	2	12	40	32	14
„	197	—	20	46	28	6
Braunkohlenteeröl	204	—	20	40	24	16

Verkokungsrückstände.

Wird ein Treiböl unvollkommen verbrannt, so entsteht ein schwarzer Rückstand, der sich im Betriebe bei unvollkommener Verbrennung im Zylinder in den Ecken, Ventilen, Auspuffrohren usw. als schwarze Schmiere absetzt. Diese Schmiere wird hart und setzt die Kolbenringe fest, so daß diese am Federn gehindert werden. Hierauf sind in vielen Fällen die Brüche von Kolbenringen zurückzuführen. Desgleichen leiden die Ventildichtungsflächen, die Düsenöffnungen der Brennstoffventile verschmutzen, so daß ein großer Verkokungsrückstand zu häufigen Betriebsstörungen führen kann. Jedenfalls muß bei Verwendung eines solchen Öles der Arbeitsraum des Zylinders mit Kolben und Ventilen häufig untersucht und gereinigt werden.

Der Ölkoks läßt sich zwar nie ganz vermeiden, bei guten Ölen ist er ein Zeichen dafür, daß die Verbrennung im Zylinder mangelhaft gewesen ist, bei sorgfältiger Überwachung des Betriebes kann aber auch ein ungeeignetes Öl den Rückstand verursachen. Treiböle werden daher auf Koksbildung untersucht, indem eine bestimmte Gewichtsmenge (10÷20 g) des Öles in einem Platin- oder Porzellantiegel so lange erhitzt wird, bis keine Dämpfe mehr entweichen. Der zurückbleibende Koks betrug nach diesem Verfahren bei den durch Destillation zerlegten Ölen (s. oben), die sich im Betriebe bewährt hatten, 0,2 bis 1,2 v. H.

Der Verkokungsrückstand wird in einigen Versuchsanstalten auch so ermittelt, daß das Öl in einem Tiegel mit einem Deckel, welcher in der Mitte ein Loch hat, zum Brennen gebracht wird. Erlischt das aus dem Loch aufsteigende Flämmchen, so wird der Rückstand gewogen. Nach diesem Verfahren ergaben die Ölsorten 0,02—1,0 v. H. Koksrückstand.

Bei der Bedeutung, die der Koksrückstand für den Betrieb von Ölmaschinen hat, wäre es wünschenswert, auch für diese Untersuchung genaue und allgemein gültige Festsetzungen zu treffen.

Unverbrennliches.

Wird dieser Rückstand in dem nunmehr offenen Tiegel weiter mit stärkerer Flamme verbrannt, so bleibt zum Schluß eine unverbrennliche Asche übrig. Diese Asche ist für den Betrieb sehr störend und gefährlich, denn sie zerstört die Glätte der Laufflächen und Kolbenringe.

und setzt sich in Ventildichtungsflächen usw. Auf unverbrennliche Bestandteile müssen die Treiböle daher unbedingt geprüft werden. Die vorher untersuchten Öle hatten einen Aschengehalt von 0—0,05 v. H.

Mechanische Verunreinigungen.

Treiböle müssen natürlich frei von allen Verunreinigungen sein, da diese je nach ihrer Art die Verbrennung und den Betrieb stören können. Es handelt sich dabei um Sand, Rostblätter aus Behältern und Schmutz aller Art.

Die Verunreinigungen sind bei hellen Ölen meist schon mit bloßem Auge zu erkennen, auf jeden Fall lassen sie sich aber nachweisen, indem man eine Ölprobe mit Benzol oder einem anderen Mittel verdünnt und die Probe etwas stehen läßt. Während sich alle dickflüssigen Bestandteile des Öles lösen, bleiben die mechanischen Verunreinigungen als Bodensatz bestehen. Durch Filtrieren können die Beimengungen auch genau festgestellt werden.

Säuregehalt.

Die Ermittelung des Säuregehalts oder das Vorhandensein von Säure überhaupt kann durch eine Lackmusprobe erfolgen. Man verdünnt etwas Öl mit Benzin und gibt etwas alkoholische Lackmuslösung hinzu; wird diese beim Umschütteln rot gefärbt, so ist in dem Öl Säure vorhanden. Die Untersuchung kann natürlich auch mit Lackmuspapier erfolgen.

Die genaue Untersuchung auf Säure erfolgt in der Weise, daß man 10—20 cm^3 des zu untersuchenden Öles mit der doppelten Menge Alkohol verdünnt und dann Alkaliblau als Indikator gegen Lauge hinzugibt. Hierauf titriert man mit einer Natron- oder Kalilauge $\frac{1}{10}$ normal und stellt den Verbrauch von Lauge bis zur Rotfärbung des Indikators fest. Diese Lauge wurde zur Neutralisierung der in dem Öl vorhandenen Säure verbraucht.

Die Normallösung enthält so viel Gramm eines Körpers in 1 l Wasser oder Alkohol gelöst, als bei einwertigen Verbindungen dem Molekulargewicht M entspricht, bei n-wertigen $\frac{M}{n}$.

Eine Lösung normal (N)

enthält also . . . . . . in 1 l $\underline{39+16+1}$ oder $\underline{23+16+1}$
 56 g KOH „ 40 g NaOH

Eine Lösung $\frac{1}{10}$ normal

$\left(\frac{1}{10}N\right)$ enthält . . . . . „ 1 l 5,6 g KOH „ 4,0 g NaHO

Eine Lösung $\frac{1}{10}$ normal

$\left(\frac{1}{10}N\right)$ enthält . . . . . „ 1 cm^3 0,0056 g KOH „ 0,004 g NaOH

Die Umsetzung zwischen Säure und Lauge geht nun folgendermaßen vor sich:

$$\underbrace{\underbrace{\text{Säure}}_{H_2SO_4} + \underbrace{\text{Lauge}}_{2 \cdot KOH} = \underbrace{\text{Salz}}_{K_2SO_4} + \underbrace{\text{Wasser}}_{2\,H_2O}}_{}$$

z. B.
$$\underbrace{2 \cdot 1 + 32 + 64}_{98} + \underbrace{2(39 + 16 + 1)}_{2 \cdot 56} = \underbrace{2 \cdot 39 + 32 + 64}_{174} + \underbrace{2(2 \cdot 1 + 16)}_{36}$$
$$\underbrace{210}_{} = \underbrace{210}_{}$$

2 Moleküle Lauge binden also 1 Molekül Schwefelsäure
1 Molekül „ „ 1/2 „ „

mithin:

56 Gewichtsteile KOH binden $\frac{98}{2}$ Gewichtsteile H_2SO_4

56 „ KOH „ $\frac{80}{2} = 40$ Gewichtsteile SO_3

(Schwefelsäure-Anhydrit)
($SO_3 = 32 + 48 = 80$)

oder: 40 „ NaOH „ 40 Gewichtsteile SO_3

1 cm³ Lauge $\frac{1}{10}$ normal mit 0,0056 g KOH oder 0,004 g NaOH wird also zur Bindung von 0,004 g SO_3 erforderlich sein.

Wenn z. B. 5 cm³ Lauge verbraucht werden, so waren in den 10 cm³ Öl $0{,}004 \times 5 = 0{,}02$ g Säure als SO_3 enthalten. Das wären in Gewichtsteilen v. H. bei einem spezifischen Gewicht des Öles von 0,85:

$$\frac{0{,}02}{10 \cdot 0{,}85} \cdot 100 = 0{,}235 \text{ v. H. } SO_3.$$

Vielfach wird auch die Säurezahl von Ölen angegeben. Darunter versteht man die Menge KOH in mg, die zur Neutralisierung von 1 g Öl erforderlich ist.

Nach dem oben Gesagten binden:

56 mg KOH 40 mg SO_3,
$\frac{56}{4} = 14$ mg KOH 10 mg SO_3,

Sind also in 1 g = 1000 mg Öl 10 mg SO_3 oder 1 v. H. Säure enthalten, so entspricht dieser Säuregehalt der Säurezahl 14.

Schwefelgehalt.

Der Schwefel findet sich als Beimengung in vielen Erdölen und Teerölen. Meistens macht sich seine Anwesenheit schon durch den Geruch bemerkbar. Besonders die amerikanischen Erdöle und hier wiederum die mexikanischen haben einen bedeutenden Schwefelgehalt (bis zu 5 v. H.), außerdem die Braunkohlenteeröle (bis zu 2 v. H.). Der Schwefel verbrennt während des Arbeitsvorganges im Zylinder teilweise zu wasserfreier Schwefelsäure. Solange diese wasserfrei bleibt ist sie unschädlich. Sobald aber der bei der Verbrennung entstehende Wasserdampf unter 100° abkühlt — es entsteht, wie auf S. 35 gezeigt, bei der Verbrennung von 1 kg Brennstoff ungefähr 1 kg Wasserdampf —, bildet sich sofort Schwefelsäure, welche die Metalle angreift. Als Mittel gegen diese Anfressung wurde von Dr. Gräfe[1]) Verbleiung der Auspuffrohre oder Verkleidung mit Tonrohrstücken vorgeschlagen.

Werden die Abgase nach dem Verlassen der Maschine zur Ausnutzung ihrer Abwärme in besonderen Einrichtungen weiter abgekühlt, so ist auf die Gefährdung der Anlagen durch Anfressungen bei schwefelhaltigem Öl Rücksicht zu nehmen.

Der Schwefel läßt sich nach Prof. Dr. Holde in der Weise feststellen, daß $1 \div 2$ g Öl mit metallischem Natrium geglüht werden. Der Glührückstand wird in Wasser gelöst. Wenn Schwefel im Öl war, so erzeugt diese wässerige Lösung auf einer Silbermünze einen braunen bis schwarzen Fleck.

Zur genauen Bestimmung des Schwefelgehalts wird durch chemische Einwirkung Schwefelsäure dargestellt und der Schwefel dann durch Zusatz von Bariumchlorid ($BaCl_2$) als schwefelsaures Barium ($BaSO_4$) gefällt und gewogen. Die Schwefelsäure kann dargestellt werden, indem man ein Gemisch von 4 g Soda (Na_2CO_3) und 4 g Salpeter ($NaNO_3$) schmilzt und $0,5 \div 1$ g Öl hinzugibt[2]).

Wassergehalt.

Wasserfreie Treiböle wird man im Handel nie finden. Für die Verwendbarkeit des Öles muß nur darauf geachtet werden, daß der Wassergehalt nicht zu hoch wird. Denn abgesehen davon, daß Wasserbeimengungen das Gewicht erhöhen und über den Brennstoffvorrat täuschen, drücken sie ganz erheblich den Heizwert. Außerdem sei an dieser Stelle nochmals auf die Gefahr des Einfrierens von Rohrleitungen usw. hingewiesen.

Das Vorhandensein von Wasser kann man nachweisen, indem man das Öl mit einem Farbstoff behandelt, der wohl Wasser, aber nicht Öl färbt. Zu diesem Zwecke eignen sich z. B. alle Anilinfarbstoffe. Das Verfahren ist jedoch nur da anwendbar, wo es sich um größere Beimengungen handelt.

Das Vorhandensein von Wasser kann auch schon roh festgestellt werden, indem man Öl in einem Probierglas erhitzt. Spritzen und Stoßen des Öles lassen auf Wasserbeimengungen schließen.

Ferner kann man dem Öl Verbindungen beimengen, welche bei Anwesenheit von Wasser Gas entwickeln (Natriumsuperoxyd, Calciumkarbid usw.). Die aufsteigenden Gasbläschen zeigen dann die Anwesenheit von Wasser.

Nach Hofmann-Markusson destilliert man zur Bestimmung des Wassergehaltes 100 g Öl mit 100 g Xylol unter Hinzugabe von Bimssteinstückchen. Die Destillation erfolgt im Ölbade. Nachdem $80 \div 90$ cm³ übergegangen sind, kann man die Menge des Wassers in der Vorlage ablesen.

---

[1]) „Der Ölmotor" 1913, Nr. 2. Dr. Graefe, Einfluß des Schwefels in flüssigen Brennstoffen.
[2]) Prof. Dr. D. Holde, Untersuchung der Kohlenwasserstofföle und Fette. Berlin, Verlag von Julius Springer.

Das spezifische Gewicht.

Dasselbe gibt an, wieviel mal so schwer das Öl von 15° ist als der gleiche Raumteil Wasser von 4°. Das spezifische Gewicht läßt wichtige Rückschlüsse auf andere Eigenschaften des Öles zu.

Die Bestimmung des spezifischen Gewichtes erfolgt am einfachsten mit Hilfe eines Aräometers. Dabei muß die Temperatur des Öles genau festgestellt werden. Die Änderung des spezifischen Gewichtes mit der Temperatur und damit die Wichtigkeit der Temperaturangabe ist in dem Schaubild 18 gezeigt.

Beim Gebrauch des Aräometers muß man demselben genügend Zeit zum Eindringen in das Öl lassen. Die Ablesung erfolgt ungefähr eine Viertelstunde nach dem Eintauchen des Aräometers.

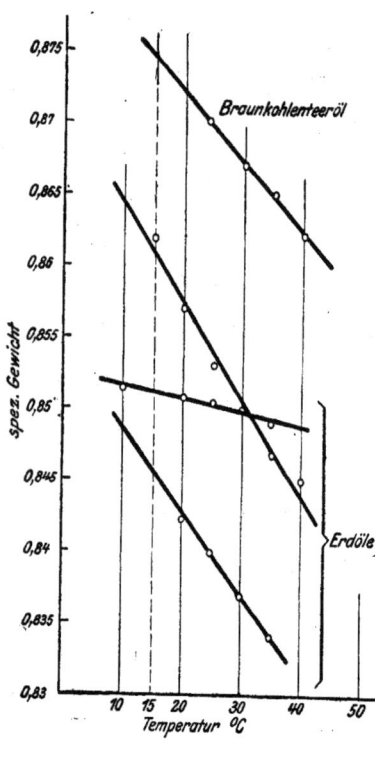

Fig. 18.

Zusammenfassung.

Bei den vorher besprochenen Untersuchungsverfahren sind einige Angaben über Eigenschaften von Ölen gemacht, welche sich im Betriebe bewährt haben. Selbstverständlich können das noch keine allgemein gültigen Grenzen für die Beurteilung der Brauchbarkeit eines Öles sein. Auch Öle mit anderen Eigenschaften können unter bestimmten Betriebsverhältnissen brauchbar sein, wie ja überhaupt letzten Endes über die Brauchbarkeit eines Öles der Versuch im Betriebe entscheidet.

Jedenfalls zeigt das bisher über die Treibmittel und ihre Untersuchung Gesagte, daß der Name und die Handelsbezeichnung eines Öles nicht auf bestimmte Eigenschaften schließen lassen, und daß selbst die Bezeichnung Diesel-Motoren-Treiböl usw. nicht sagt, daß das Öl für den vorliegenden Fall brauchbar ist. Da jede Ölsorte andere Eigenschaften hat, so ist auch das Verhalten des Öles in der Maschine verschieden, und die Lieferungsbedingungen müssen sich daher nach den jeweiligen Betriebsverhältnissen richten.

Für Schiffsbetriebe müssen dabei folgende Gesichtspunkte maßgebend sein:

Da für die Verwendung an Bord die Gewährleistung der Sicherheit der Besatzung und des Schiffes erste Bedingung ist, so muß in erster Linie die Höhe des Flammpunktes als Maß der Feuergefährlichkeit für die Brauchbarkeit des Öles entscheidend sein. 65 ÷ 70 ⁰ sollte man als untere noch zulässige Grenze annehmen. Die Höhe des Flammpunktes ist aber auch für den Betrieb der Maschine von Wert, da die Steuerung des Brennstoffventils immer wieder für das zur Verwendung gelangende Öl so eingestellt werden muß, daß der Verlauf der Verbrennung sich dem theoretischen Verfahren nähert. Öle mit hohem Flammpunkt und träger Vergasung werden eine andere Einstellung der Steuerung erforderlich machen als leicht vergasbare Öle mit niedrigem Flammpunkt; ebenso wie ein zu schweres Öl sich in einer Maschine bestimmter Bauart nicht mehr verarbeiten läßt, so wird auch ein zu leichtes Öl durch heftige Entzündungen mit nachfolgender starker Drucksteigerung schädliche Stöße und Erschütterungen der Maschine verursachen.

Nun kann aber bei Mischungen sehr verschiedener Öle der Flammpunkt nach oben oder unten je nach der Probe ausfallen, über die eigentliche Zusammensetzung des Öles gibt erst die Siedeanalyse Aufschluß; deshalb sollte man auch diese vornehmen.

Der Wert der Kenntnis des Erstarrungspunktes, ebenso des Verkokungsrückstandes, Asche- und Wassergehaltes gerade wieder für Schiffsbetriebe geht aus dem oben Gesagten hervor. Das spezifische Gewicht ist für die Gewichtsrechnung erforderlich, während der Heizwert hauptsächlich wirtschaftlichen Wert hat. Schwefel- und Säuregehalt sind für die Schonung der Maschine in den zulässigen Grenzen zu halten.

Da nun die oben angegebenen Untersuchungsverfahren verhältnismäßig einfach durchführbar sind und bis auf die Bestimmung des Heizwertes und der Elementaranalyse — für die die Kenntnis ihrer Beziehung zum spezifischen Gewicht genügt — an Bord ausgeführt werden können, so sollte man die Betriebsleiter der Schiffsölmaschinen-Anlagen durch Mitgabe von Einrichtungen in den Stand setzen, diese Untersuchung an Bord auszuführen[1]). Die Ausgaben für diese Einrichtungen sind im Vergleich zu ihrem Nutzen sehr gering. In jedem Falle sollte man aber von jedem neu gekauften Treiböl eine Probe in einer mit eingeschliffenem Glasstöpsel versehenen Flasche aufbewahren, um sie bei Unklarheiten oder Überraschungen und neuen Erfahrungen hinterher in einer Untersuchungsanstalt genauer untersuchen lassen zu können.

Gegen die Verwendung des Treiböls für Dieselmaschinen an Bord wird häufig dessen Feuergefährlichkeit genannt. Dies ist ein schwerer Vorwurf, auf welchen wir hier näher eigehen müssen. Wir müssen dabei zunächst im Vergleich mit Steinkohle daran erinnern, daß die Kohle ein Naturprodukt ist, welches nach dem Abbau allerlei Änderungen

---

[1]) An Bord größerer Schiffe läßt sich für diese Zwecke leicht ein kleiner Raum einrichten. Eine zweckmäßige Zusammenstellung von Apparaten liefern aber auch die „Vereinigten Fabriken für Laboratoriumsbedarf G.m.b.H.", Berlin N 39, in ihrem „Öluntersuchungskasten". Die Auswahl und Verpackung der Apparate und die Einrichtung des Kastens eignen sich gerade für Schiffsbetriebe. Die Vorschriften des Board of Trade schreiben die Anbordnahme von Apparaten zur Bestimmung der Entzündungstemperatur schon vor.

unter der Einwirkung von Sauerstoff und Druckentlastung ausgesetzt ist. Sobald die Kohle die Grube verläßt, nimmt sie Sauerstoff auf. Die dabei auftretende Wärme geht selbstverständlich von dem Heizwert ab, so daß die Kohle — wie ja auch die Erfahrung lehrt — beim Lagern an Güte verliert. Die Erwärmung kann so stark werden, daß die Entzündung der Kohle eintritt. Auf diese Weise entstehen die in der Schiffahrt so häufig vorkommenden und mit Recht so gefürchteten Bunkerbrände, die besonders deswegen so unangenehm sind, weil sie auch bei der sorgfältigsten und gewissenhaftesten Überwachung der Kohlen, soweit diese sich überhaupt durchführen läßt, auftreten und sehr schwer zu bekämpfen sind. Ferner tritt nach der Förderung der Kohle eine Entgasung ein. Diese Gase sind im bestimmten Mischungsverhältnis mit Luft sehr zündfähig und verursachen unter Umständen die gefährlichen Bunkerexplosionen. Das Treiböl dagegen ist ein aus der Destillation hervorgegangener Brennstoff mit unveränderlichen und genau bestimmbaren Eigenschaften. Es hat alle Veränderungen, die es unter der Einwirkung von Wärme und Sauerstoff erleiden kann, vor dem Gebrauch an Bord durchgemacht. Die Gefahr der Entzündung tritt erst mit der Erreichung einer bestimmten Temperatur ein, die dem Flammpunkt entspricht, und auch dann erst bei Anwesenheit einer offenen Flamme. Gegen diese Gefahr kann man sich aber durch Vorsichtsmaßregeln schützen. Jeder Betriebsleiter, der die Verantwortung für Kohle und für Treiböl an Bord eines Schiffes gehabt hat, wird lieber die Verantwortung für Treiböl übernehmen als für Kohle mit ihrer ständig lauernden, schleichenden Gefahr. Mit der Feststellung des Flammpunktes bei der Übernahme aus einer Durchschnittsprobe, die verschiedenen Höhenschichten des Ölbehälters oder zu verschiedenen Zeiten bei der Übernahme des Öles dem Übernahmerohr entnommen ist, kann er sich über eine etwa bestehende Gefahr Sicherheit verschaffen und sich vor Überraschungen schützen.

VI. Einteilung der Verbrennungskraftmaschinen.

Zur Verbrennung flüssiger Brennstoffe sind drei Bedingungen zu erfüllen:
1. Beschaffung der Verbrennungsluft,
2. Vergasung des Brennstoffes und Mischung mit der Luft,
3. Entzündung des Brennstoff-Luft-Gemisches.

Die Erfüllung dieser drei Bedingungen erfordert eine bestimmte Bauweise der Ölmaschine. Während die Beschaffung der Luft bei allen Maschinenarten gleich erfolgen kann, ist die Vergasung und Entzündung von der Beschaffenheit des verwendeten Brennstoffes abhängig.

Beschaffung der Verbrennungsluft. Die Verbrennungsluft kann entweder vom Arbeitszylinder selbst angesaugt werden, oder sie wird von einer besonderen Pumpe dem Arbeitszylinder zugeführt. Im ersten Falle sind für einen Arbeitsvorgang auf derselben Kolbenseite vier Hübe erforderlich (Viertakt), im anderen Falle nur zwei (Zweitakt). Alle Verbrennungsmaschinen, gleichgültig ob sie mit irgendeinem Gas oder irgendeinem erst zu vergasenden Öl als Brennstoff betrieben werden, arbeiten nach einem dieser beiden Verfahren.

	Viertakt			Zweitakt	
	Gleichraummaschine (Verpuffungsmotor)	**Gleichdruckmaschine** (Dieselmotor)		**Gleichraummaschine** (Verpuffungsmotor)	**Gleichdruckmaschine** (Dieselmotor)
1	2	3	4	5	6
Hub			Hub		
1. Ansaugen	Durch Ansaugeventil wird Gemisch von Luft und Brennstoff durch einen Vergaser vom Arbeitszylinder angesaugt und auf	reine Luft' in den Arbeitszylinder gedrückt und auf	1. Ladung und Verdichtung	Durch Spülventile oder Spülschlitze wird mit Spülpumpe (Ladepumpe) wie Viertakt	wie Viertakt
2. Verdichtung	5—8 at (ND)	30—35 at (HD) verdichtet		wie Viertakt	wie Viertakt
3. Arbeitsleistung durch Wärmezufuhr u. Ausdehnung	Brennstoff-Luft-Gemisch durch Zünder zur Verpuffung gebracht, gleichem Raum, das ganze Gemisch plötzlich verbrennt, Drucksteigerung auf ungefähr 25 at	Brennstoff von Brennstoffventil mit Preßluft durch Zerstäuber eingespritzt, Vergasung, Mischung mit Luft, Selbstzündung, Verbrennung bei gleichem Druck, da Brennstoff allmählich zugeführt, während Kolben den Verbrennungsraum vergrößert. Ausdehnung	2. Arbeitsleistung durch Wärmezufuhr u. Ausdehnung	wie Viertakt	wie Viertakt
4. Auslaß	Durch Auslaßventil werden die Verbrennungsrückstände vom Arbeitskolben herausgedrückt.		Auslaß und Spülung	Öffnen der Auspuffschlitze durch den Kolben und Ausströmen der Verbrennungsrückstände, die durch Spülpumpe ausgespült werden.	
1	2	3	4	5	6

Vergasung. Die flüssigen Brennstoffe vergasen je nach ihrer Zusammensetzung: Benzin schon bei gewöhnlicher Temperatur, Benzol schwerer und nur unter Mitwirkung von Wärme; noch stärker muß diese Erwärmung beim Petroleum sein. Diese Brennstoffe können aber alle in der Weise vergast werden, daß sie durch den Luftstrom der angesaugten Verbrennungsluft aus einer düsenförmigen Öffnung mitgerissen werden, in dieser Luft gegebenenfalls durch Mitwirkung von Wärme vergasen und sich mit der Luft vermischen, so daß ein fertiges Luft-Brennstoff-Gemisch in die Arbeitszylinder (beim Viertakt) oder die Ladepumpe (Zweitakt) gelangt. Die Ölnebel und Öldämpfe, welche beim Eintritt des Gemisches in den Zylinder noch in dem Gemisch sind, vergasen bei der Verdichtung des Gemisches durch die Verdichtungswärme.

Schwerere Öle jedoch als die vorher genannten lassen sich auf diese Weise nicht mehr vergasen, sie erfordern zu ihrer Vergasung stärkere Mittel. Nach dem Diesel-Verfahren werden diese Brennstoffe in einem Zerstäuber gelagert, wo sich das Öl unter dem Drucke hochgespannter Preßluft befindet. Sobald durch Öffnen des Brennstoffventils der Zerstäuberraum mit dem Verbrennungsraum des Zylinders verbunden wird, tritt eine starke Luftströmung nach dem Verbrennungsraum zu ein. Dieser Luftstrom zerreißt das Öl in feine Teilchen und führt es als Ölstaub mit in den Arbeitszylinder. In letzterem ist die Verbrennungsluft, welche getrennt vom Brennstoff angesaugt und verdichtet wird, durch die Verdichtung so stark erhitzt, daß die eintretenden Ölteilchen vergasen und sich dann mit der Luft mischen.

Zündung. Die Entzündung des Brennstoff-Luft-Gemisches erfolgt in der Weise, daß bei den Maschinen, welche das fertige Gemisch ansaugen (also Gas-, Benzin-, Benzol-, Petroleummaschinen usw.), dieses Gemisch von dem Arbeitskolben verdichtet wird und bei Totlage des Kolbens durch einen elektrischen Funken, der durch einen Zünder im Zylinder erzeugt wird, zur Entzündung gelangt. Die Verbrennung erfolgt dann so schnell, daß man diese Maschinen Explosions- oder Verpuffungsmaschinen nennt; noch geeigneter ist der Name Gleichraummaschine, da dem Arbeitskörper die Wärme bei gleichbleibendem Rauminhalt zugeführt wird.

Da die Entzündung erst im Totpunkt erfolgen soll, so darf die Verdichtung des Brennstoff-Luft-Gemisches eine durch die Selbstzündung bestimmte Grenze nicht überschreiten. Im Vergleiche mit dem Diesel-Verfahren ist der Verdichtungsdruck gering; daher bezeichnet man diese Maschinen auch mit Niederdruckmaschinen.

Die Zündung bei Ölmaschinen nach dem Diesel-Verfahren erfolgt durch Selbstzündung. Das Ansaugen und Verdichten reiner Luft ermöglicht höhere Verdichtungsdrücke. In der Totpunktstellung des Kolbens wird Brennstoff eingespritzt, vergast, mit Luft gemischt, und dieses Gemisch entzündet sich infolge der hohen Verdichtungstemperatur. Die Verbrennung wird dann so unterhalten, daß mit der Raumvergrößerung durch den fortschreitenden Kolben der Druck im Zylinder für die Öffnungsdauer des Brennstoffventils gleich bleibt. Daher nennt man diese Maschinen auch Gleichdruckmaschinen oder wegen ihres hohen Verdichtungsdruckes Hochdruckmaschinen.

Verbrennungskraftmaschinen.

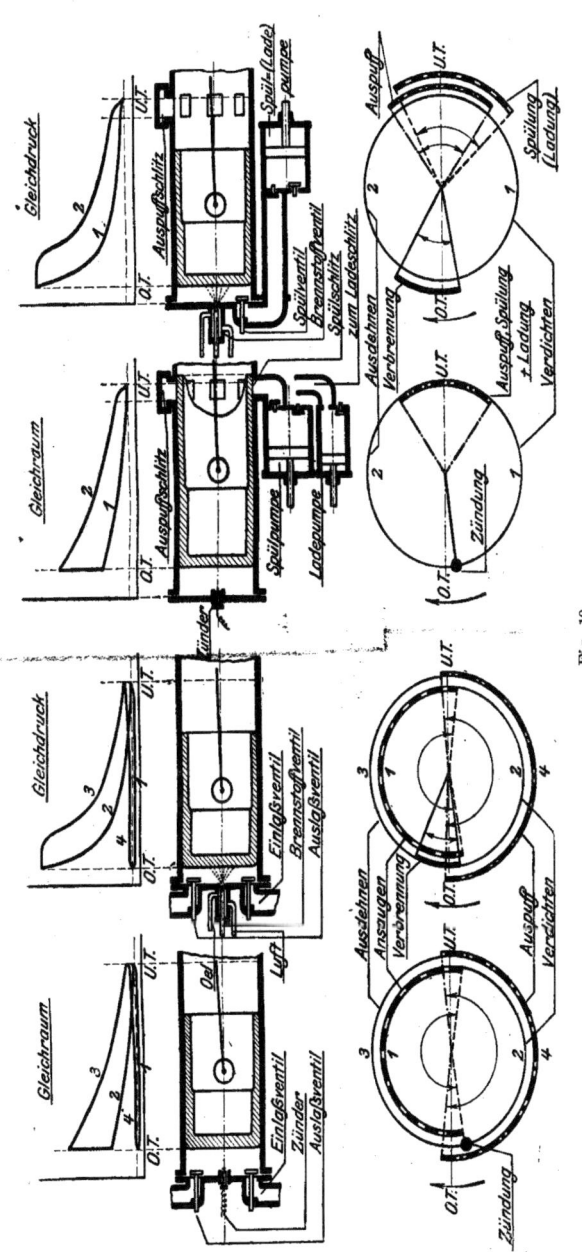

Fig. 19.

VI. Einteilung der Verbrennungskraftmaschinen.

Aus dem bisher Gesagten ergibt sich dann folgende Übersicht in bezug auf Einteilung und Wirkungsweise der

Verbrennungskraftmaschinen
(Maschinen mit innerer Verbrennung).

Liegend, schrägliegend, stehend (Hammer- oder Bockmaschine), V-Stellung. Einzylindrig, zweizylindrig (Zwilling- oder Tandem-Bauart), mehrzylindrig:

entweder

Viertakt	**Zweitakt**
Für jeden Arbeitsvorgang auf einer Kolbenseite:	
4 Hübe (2 Umdrehungen)	2 Hübe (1 Umdrehung)

nach dem Brennstoff:

Gasmaschine ← Ölmaschine → Maschine mit festem Brennstoff

nach dem Arbeitsverfahren:

Gleichraum (ND-Maschine)	Gleichdruck (HD-Maschine)
(Verpuffungsmotor)	(Einspritzmotor)
(Explosionsmotor)	
(Vergasermotor, Gemischmotor)	

und nach dem Öl:

Benzinmotor	
Benzolmotor	Schwerölmotor
Petroleummotor usw.	(Diesel-Motor)

Die Übersicht auf S. 58 u. 59 über die Ölmaschinen gibt die für die einzelnen Maschinenarten maßgebenden Kennzeichen in bezug auf Arbeitsverfahren und Bau. Daß abweichend hiervon besondere Maschinen bestehen, die sich nicht ohne weiteres hier einfügen lassen, kann die hier aufgestellten allgemeinen Gesichtspunkte nicht stören; diese Maschinenarten bilden eben Ausnahmen.

Durch den Vergleich der Spalten 2 mit 3 oder auch 5 mit 6 ergeben sich auch unter Beachtung der zugehörigen Arbeitsdiagramme, schematischen Darstellungen und Kurbeldiagramme die für Gleichraum- und Gleichdruckmaschinen unterscheidenden Merkmale. Es sei dabei darauf hingewiesen, daß die Gleichraummaschinen Vergaser und Zünder erfordern, während die Gleichdruckmaschinen dafür das Brennstoffventil haben.

Vergleicht man Spalte 2 mit 5 oder 3 mit 6, so ergeben sich die Unterschiede zwischen Viertakt- und Zweitaktmaschinen. Viertaktmaschinen haben allgemein Einsauge- und Auspuffventil im Zylinderdeckel, während bei Zweitaktmaschinen stets Auspuffschlitze bei der unteren Totpunktlage des Kolbens angebracht sind; die Spülung erfolgt durch Schlitze bei der unteren Totpunktlage oder durch Spülventile. Stets ist bei Zweitaktmaschinen eine Spülpumpe (bzw. Ladepumpe) erforderlich. Das Auspuffrohr liegt bei Viertaktmaschinen am Zylinderkopf, bei Zweitaktmaschinen am unteren Teil des Zylinders.

Die Vergasung. Die Vergasung der leichten Brennstoffe erfolgt, wie schon hervorgehoben, in einem Vergaser, welcher wieder der Beschaffenheit des Brennstoffes entsprechend gebaut sein muß.

Es soll nun die Wirkungsweise der Vergaser allgemein beschrieben und schematisch dargestellt werden, wozu wieder erwähnt werden muß, daß die Ausführung derselben durch Sonderherstellung immer auch besondere Bauarten hervorbringt. Die beim Bau und für die Wirkungsweise maßgebenden Gesichtspunkte sind jedoch immer die gleichen.

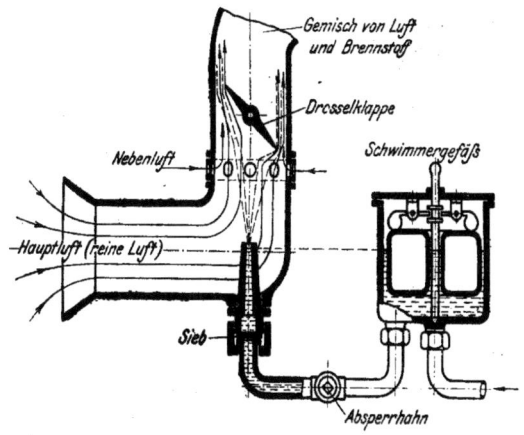

Fig. 20.

a) Benzinvergaser (Fig. 20). Benzin vergast schon bei gewöhnlicher Temperatur. Die Herstellung des Gemisches erfolgt in der Weise, daß das Benzin durch eine Düse in den von der Maschine angesaugten Luftstrom geführt wird. Die Saugwirkung des Luftstromes an der Düsenöffnung läßt den Brennstoff austreten, derselbe vergast, und es bildet sich das Gemisch.

Um die Höhe des Brennstoffes in der Düse immer gleich zu halten, ist vor dem Vergaser ein Schwimmer angebracht, der ein Nadelventil in der Zuleitung einstellt. Der Brennstoff wird vor dem Eintritt in die Düse durch ein Sieb geleitet.

Die Leistung des Motors ist natürlich von der Zusammensetzung des Gemisches abhängig. Die Regelung der Gangart des Motors muß also durch Einstellung des Vergasers erfolgen. Der Brennstoffgehalt des Gemisches, also allgemein die Güte desselben kann nicht nur durch den Absperrhahn, sondern feiner durch Änderung der Saugwirkung der angesaugten Luft eingestellt werden. Wenn man nämlich einen Teil der Verbrennungsluft nicht an der Düse vorbeiziehen läßt, so wird bei gleicher Gemischmenge die Güte desselben verändert. Die Teilung der Luft in Hauptluft und Nebenluft (Regulierluft) erfolgt durch kleine Öffnungen mit Schieber. Will man jedoch die Menge des Gemisches ändern, so benutzt man dazu eine im Ansaugekanal angebrachte Drosselklappe, die mit der Hand oder vom Regler eingestellt wird.

Diese Bauteile findet man bei den meisten Vergasern. Dazu gibt es noch Hilfsvergaser, die beim Anfahren mit geschlossener Drosselklappe etwas Gemisch oberhalb der Drosselklappe einführen. Ferner ist bei vielen Ausführungen der Tatsache Rechnung getragen, daß die Saugewirkung des Luftstromes schneller steigt als die Kolbengeschwindigkeit. Die Folge davon ist, daß bei der Höchstleistung das Gemisch zu brennstoffreich wird und die Verbrennung unvollkommen; dadurch wieder tritt Rauchbildung ein und Verschmutzen der Zünder. Die Regelung des Gemisches erfolgt dann vielfach selbsttätig durch verstellbare Düsen, indem die Öffnung derselben verringert wird. Dabei sei an dieser Stelle darauf hingewiesen, daß die Düsenöffnung eine festgesetzte Weite hat; eine Vergrößerung derselben ist gefährlich, da sie stets eine Überlastung des Motors zur Folge hat.

Benzolvergaser. Die Vergasung des Benzols oder auch der Mischung Benzolspiritus erfordert zunächst die gleichen Einrichtungen des Vergasers, jedoch muß die Vergasung durch Wärme unterstützt werden. Diese Wärme kann man den Auspuffgasen oder auch dem abfließenden Zylinderkühlwasser entnehmen, was jedoch nur während des Betriebes möglich ist. Man half sich bisher in der Weise, daß man zunächst mit Benzin anfuhr und dann nach Erwärmung des Motors auf Benzol umstellte. Bei der Wichtigkeit der Benzolverwertung für die deutsche Volkswirtschaft hat man der Verwendung des Benzols in Benzolmotoren besondere Teilnahme entgegengebracht. Im Frühjahr 1914 kam ein Preisausschreiben des preußischen Kriegsministeriums zum Austrag[1]), welches die Beschaffung eines brauchbaren Benzolvergasers bezweckte, und zwar eines solchen, der das Anfahren von Motoren lediglich mit Benzol ermöglicht. Das Ausschreiben erfüllte seinen Zweck voll. Die Erwärmung erfolgt dabei in der Weise, daß die Verbrennungsluft von dem Auspuffrohr erwärmt wird und außerdem ein Wärmemantel vorgesehen ist, der das gebrauchte und erwärmte Kühlwasser um den Vergaser herumführt. Vielfach werden auch in dem Vergaserraum Körper eingebaut, an deren Oberfläche sich die nicht sofort vergasten Benzolteilchen absetzen und dann vergasen können. Dies hat hauptsächlich Wert beim Anfahren, weil dann die Wärmequellen noch fehlen.

Petroleumvergaser. Bei Benzin, Benzol, Benzolspiritus genügt zur Vergasung eine von der Maschine selbst abgegebene Wärme; die Maschinen mit diesen Brennstoffen können also ohne fremde Wärmequelle anfahren. Bei Petroleum ist dies nicht mehr möglich, denn die Eigenart des Brennstoffes erfordert eine vorherige Erwärmung des Vergasers und vielfach der Maschine selbst. Die Abhängigkeit des Betriebes von einer fremden Wärmequelle ist ein empfindlicher Nachteil, besonders wenn es sich um größere Maschinen handelt. Zur

---

[1]) S. „Der Ölmotor" 1914, Nr. 1, S. 34.

Erwärmung kommen Lampen aller Art, erwärmte Luft usw. in Frage. Diese Wärmequellen müssen während des Betriebes bisweilen angestellt bleiben, doch genügt in den meisten Fällen dann die Wärme der Abgase oder des gebrauchten Kühlwassers zur Unterhaltung der Vergasung, und die fremde Wärmequelle ist nur zum Anfahren erforderlich.

Vergasung an heißen Flächen. Die schweren Öle können auch in der Weise vergast werden, daß man sie gegen heiße Flächen spritzt. Ein solches Verfahren ist beim Glühhaubenmotor in Anwendung. Die Fläche wird durch die Verbrennung des Brennstoffes heiß erhalten, muß aber durch eine fremde Wärmequelle vor dem Anfahren angeheizt werden (s. Fig. 21)[1]).

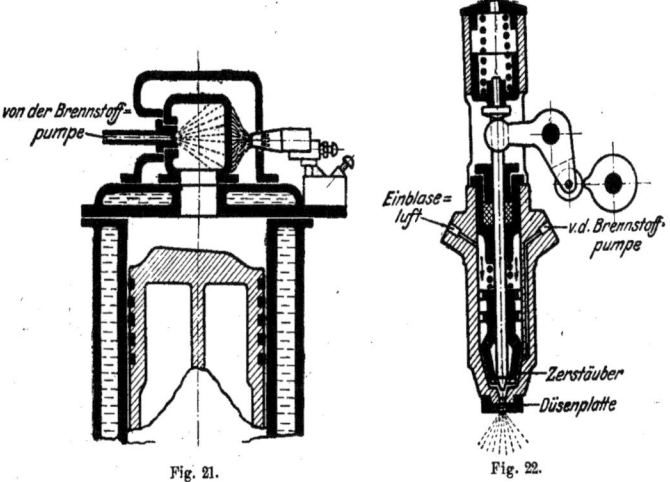

Fig. 21.   Fig. 22.

Vergasung der schweren Öle nach dem Diesel-Verfahren. Die nächste Steigerung der Mittel zur Vergasung stellt die Gemischbereitung der nach dem Diesel-Verfahren verbrannten Öle dar. Zur Vergasung dieser Öle, deren Siedepunkt bei ungefähr 200° liegt, genügen die bisher beschriebenen Verfahren nicht mehr. Die Vergasung wird in der Weise bewirkt, daß der Brennstoff durch eine Brennstoffpumpe in das Gehäuse des Brennstoffeinspritzventils gepumpt wird, wo die Ladung sich oberhalb des Ventilkegels (Dichtungsfläche der Brennstoffnadel) in einen Zerstäuber lagert (Fig. 22). Durch ein zweites Rohr wird Preßluft in das Gehäuse befördert, welche den übrigen Teil des Gehäuses ausfüllt und daher Druckwirkung auf den

---

[1]) Über Glühhaubenmotoren siehe: Jahrbuch der Schiffsbautechnischen Gesellschaft 1912, S. 173. Romberg, Der Ölmotor im deutschen Seefischereibetriebe.
Der Glühhaubenmotor nach dem Zweitakt- und Viertaktverfahren findet im Fischereibetriebe und als Hilfsmotor für Motorsegelschiffe ausgedehnte Verwendung. Er wird bis zu Zylinderleistungen von 100 PS für jeden Zylinder ausgeführt.

Brennstoff hat. Sobald die Nadel öffnet, d. h. angehoben wird, tritt Strömung ein, da die Preßluft, welche mit 40÷70 at drückt, den Verdichtungsdruck im Arbeitszylinder von 30÷35 at überwindet. Die Folge davon ist, daß der Brennstoff durch den Zerstäuber gepreßt und hier in viele einzelne Strahlen geteilt und schließlich in feinste Teile zerrissen wird. Durch eine Düsenplatte, die den Strömungsquerschnitt festlegt, tritt dieser Ölnebel in den Verdichtungsraum des Zylinders, wo die Vergasung der Ölteilchen infolge der hohen Verdichtungswärme vollständig wird. Die Mischung mit der Verbrennungsluft, die getrennt angesaugt und verdichtet wird, erfolgt ebenfalls im Verdichtungsraum.

Die Einrichtung des Zerstäubers ist sehr mannigfach, so daß eine erschöpfende Darstellung an dieser Stelle zu weit führen würde (s. S. 67).

Steinkohlenteeröl. Die Verarbeitung von Steinkohlenteeröl stellt die letzte Stufe in dieser Entwicklung dar. Steinkohlenteeröl läßt sich mit Sicherheit nur nach dem Diesel-Verfahren verarbeiten, wenn entweder die Verdichtung hoch genug getrieben oder die Vergasung im Zylinder durch die bei der Verbrennung von Gasölen entstehende Wärme unterstützt wird. Die Einrichtungen im letzten Falle sind zunächst dieselben wie die vorher beim Gasöl beschriebenen; während aber die Brennstoffpumpe Steinkohlenteeröl fördert, wird von einer kleinen Pumpe jedesmal eine geringe Menge Gasöl als Zündöl gleichzeitig mit eingepumpt. Beim Öffnen des Brennstoffventils wird dieser Zündtropfen zuerst vergasen und verbrennen, und durch die hierbei auftretende Wärme wird die endgültige Vergasung des als Treiböl dienenden Steinkohlenteeröls durchgeführt. Das nebenstehende, an einer laufenden Maschine genommene Schaubild zeigt die Verbrennungslinie (Fig. 23). Man erkennt deutlich den glatten Verlauf der Verbrennung des Zündtropfens, dann die zuerst zögernde und dann immer noch schwerfällige Verbrennung des Steinkohlenteeröls. Immerhin ist aber auf diese Weise die Verbrennung des für die deutsche Industrie so wichtigen Brennstoffes durchführbar, und hat, wie später gezeigt werden wird, gute Ergebnisse. Die Menge des Zündöles ist so zu bemessen, daß die durch seine Verbrennung erzeugte Leistung geringer als die Leerlaufsarbeit der Maschine ist; wenn das Steinkohlenteeröl abgestellt wird, muß die Maschine also nach einer gewissen Zeit stehen bleiben. Das Anfahren der Maschine erfolgt ebenfalls mit Zündöl.

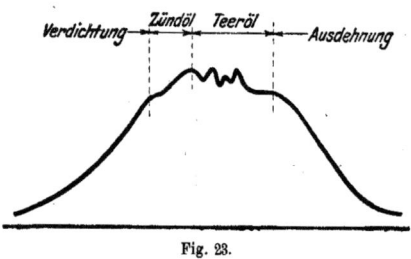

Fig. 23.

Die Zündung. Unter Beachtung dessen, was über die Zündung schon vorher gesagt ist, ergibt sich folgende Übersicht, bei der immer nur der Grundgedanke ausgeführt wird.

a) **Elektrische Zünder.** Wir sagten schon, daß die Maschinen, welche ein fertiges Brennstoff-Luft-Gemisch ansaugen und verdichten, zur Entzündung des Gemisches besondere Zünder brauchen. Diese Zünder sind so eingerichtet, daß sie im geeigneten Augenblick im Arbeitsraum des Zylinders einen elektrischen Funken erzeugen, der die Verpuffung des Gemisches einleitet. Je nach der Erzeugung des Funkens unterscheidet man Abreißzünder, bei denen ein Öffnungsfunke entsteht, und Zündkerzen, an denen beim Schließen des Stromkreises eine Funkenstrecke überbrückt wird.

Abreißzünder (Fig. 24). Von einer Stromquelle aus, die entweder ein elektrischer Sammler oder eine von der Maschine selbst angetriebene magnetelektrische Maschine ist, wird ein Stromkreis gespeist. Beim Anfahren ist der elektrische Sammler eingeschaltet, während des Betriebes der Maschine die Dynamomaschine. Wird der Stromkreis durch einen Schalter unterbrochen, so entsteht an dieser Stelle durch die Selbstinduktion ein Öffnungsfunke.

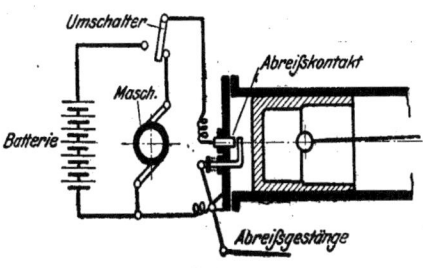

Fig. 24.

Wird die Unterbrechungsstelle in den Arbeitsraum des Zylinders gelegt, so ist die Zündmöglichkeit gegeben, sobald von außen her der Stromkreis unterbrochen wird. Diese Unterbrechung wird von der Maschine selbst so rechtzeitig vorgenommen, daß das Gemisch bei der Totpunktstellung des Kolbens entzündet ist. Die Schaltung wird gewöhnlich so ausgeführt, daß die Maschine selbst als Rückleitung dient. Auf diese Weise gebraucht man von der Stromquelle aus nur eine Leitung und eine isolierte Durchführung am Zylinder.

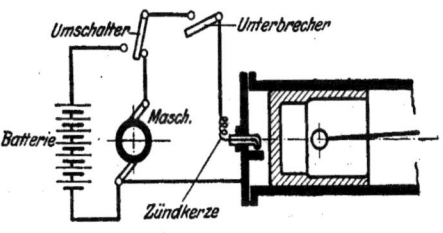

Fig. 25.

Kerzenzündung (Fig. 25). Der Stromkreis des Schaltschemas zeigt zwei Unterbrechungen. Die eine der beiden befindet sich im Arbeitsraum des Zylinders und ist so bemessen, daß sie von der in der Stromquelle herrschenden Spannung überbrückt wird, d. h., daß an dieser Stelle ein Funken überspringt. Diese Funkenbildung erfolgt, sobald die zweite Unterbrechung, welche außerhalb des Zylinders liegt, geschlossen wird. Diese Verbindung bestimmt also den Zündzeitpunkt.

Bei mehrzylindrigen Maschinen ist die zweite Unterbrechung zu einem Stromverteiler der gemeinsamen Stromquelle eingerichtet, der einmal die Zündfolge der Zylinder bestimmt, dann aber auch noch durch Verdrehung seiner Stellung in bezug auf seinen Antrieb von der Kurbelwelle aus die Möglichkeit bietet, für alle Zylinder den Zündzeitpunkt gleichzeitig zu verstellen.

b) **Zündung an heißen Flächen.** Beim Glühhaubenmotor entzündet sich das Gemisch, welches in dem Zylinder entstanden ist, an der glühenden Fläche der Haube. Die Temperatur dieser Fläche hat also einen wesentlichen Einfluß auf die Gemischbildung und Zündung. Um den richtigen Zündzeitpunkt zu erreichen, muß der Brennstoff, seiner Vergasbarkeit und der Temperatur der Glühhaube entsprechend, früher oder später eingespritzt werden. Die Temperatur der Glühhaube richtet sich nach der Häufigkeit der in der Maschine erfolgenden Zündungen, ist also bei hohen Umdrehungen höher als bei geringer Umdrehungszahl, bei Zweitaktmaschinen höher als bei Viertaktmaschinen gleicher Umdrehungszahl. Eine Reguliermöglichkeit der Temperatur ist noch gegeben durch einen einstellbaren Windschutz oder Wassereinspritzung, ferner durch Inbetriebnahme der Heizflamme, welche auch zum Anfahren benutzt wird.

c) **Selbstzündung.** Zur Erreichung der Selbstzündung ist eine dem verwendeten Brennstoff entsprechende Verdichtungstemperatur im Zylinder nötig. Die Zündtemperatur wird bei Dieselmaschinen bei einem Verdichtungsdruck von ungefähr 20 at erreicht. Die Selbstzündungstemperatur des Brennstoffes wird also auch die niedrigste Umdrehungszahl der Maschine bestimmen. Näheres darüber wird noch später gesagt werden.

VII. Das Dieselverfahren.

Nach der Durchführung einer allgemeinen Übersicht über die Verbrennungskraftmaschinen, die der Einfachheit und Klarheit wegen nur die Hauptgrundzüge gibt, ohne dabei auf Einzelheiten einzugehen, soll das über die Ölmaschine mit dem Dieselverfahren Gesagte nochmals zusammengefaßt und erweitert werden, da diese Maschine und ihre Arbeitsweise für den Schiffsantrieb in erster Linie in Frage kommt.

Kennzeichnung. Das Wesen des Dieselverfahrens besteht darin, daß der Arbeitskolben atmosphärische Luft auf $30 \div 35$ at verdichtet, und daß dieser Luft nach ihrer Verdichtung im Einwärtstotpunkte des Kolbens der Brennstoff zugeführt wird. Also nicht nur die Verbrennung selbst, sondern auch ihre Vorbereitung spielt sich im Arbeitsraum des Zylinders ab.

Die Größe des Verdichtungsverhältnisses, praktisch also hier die Höhe des Verdichtungsdruckes, ist für den Wirkungsgrad des Verfahrens mitbestimmend, insofern als dieser mit dem Verdichtungsdrucke steigt. Mit zunehmendem Höchstdruck werden aber auch die Reibungsverluste der Maschine größer, so daß die obere Grenze des Verdichtungsdruckes erreicht ist, wenn die thermischen Vorteile durch die Reibungsverluste aufgewogen werden. Bei dieser Verdichtung entstehen Temperaturen, die über den Selbstzündungstemperaturen der zur Anwendung kommenden Brennstoffe liegen; sie errechnen sich nach den Gesetzen über die adiabatische Zustandsänderung auf über 800^0 abs. Die auf diese Weise erhitzte Verbrennungsluft ist zwichen Kolben und Deckel in einem Raum eingeschlossen, der möglichst keine Nebenräume oder tote Ecken haben soll, damit beim Eintritt des Brennstoffs die Durchdringung des ganzen Luftvorrats mit Brennstoff und die Heranziehung aller Luftteilchen zur Verbrennung sicher und schnell vor sich gehen kann.

Unmittelbar am Verbrennungsraum ist das Brennstoffventil angeordnet, welches den Eintritt des Brennstoffs regelt. Der gesamte Verbrennungsvorgang, einschließlich Einführung des Brennstoffs, Mischung mit Luft, Vergasung, Entzündung und Verbrennung soll sich während der Dauer der Öffnung dieses Ventils abspielen. Dafür steht aber nur eine verhältnismäßig sehr kurze Zeit zur Verfügung. Wenn sich z. B. das Ventil 6^0 vor dem Einwärtstotpunkte des Kolbens öffnet, damit die Verbrennung bei der Totlage des Kolbens beginnt, und 30^0 Kurbelwinkel nach Überschreiten der Totlage wieder schließt, so soll sich der Verbrennungsvorgang selbst bei einer langsam laufenden Maschine von 100 Umdrehungen in der Minute in

$$\frac{60}{100} \cdot \frac{36}{360} = 0{,}06 \; sec$$

abspielen. Dabei muß die Einführung des Brennstoffes mit fortschreitendem Kolben, d. h. einer der Kolbenbewegung entsprechenden Vergrößerung des Verbrennungsraumes, so geleitet werden, daß die mit der Verbrennung einsetzende Temperaturerhöhung keine Drucksteigerung, sondern eine Verbrennung bei unveränderlichem Druck bewirkt.

Gemischbildung. Diese Forderungen werden auf folgende Weise erfüllt. Der für die Verbrennung bestimmte Brennstoff wird durch die Brennstoffpumpe in das Gehäuse des Brennstoffventils gedrückt und hier zunächst in dem Zerstäuber gelagert. Die Zerstäuber bestehen in der Regel aus einer Anzahl gelochter oder gekerbter Platten (Plattenzerstäuber), die übereinander in bestimmten Abständen gelagert sind, und an welche sich nach unten ein an der Außenseite mit Längskanälen versehener Konus anschließt, der sich in eine entsprechende konische Ausbohrung des Ventilgehäuses legt (Fig. 26),

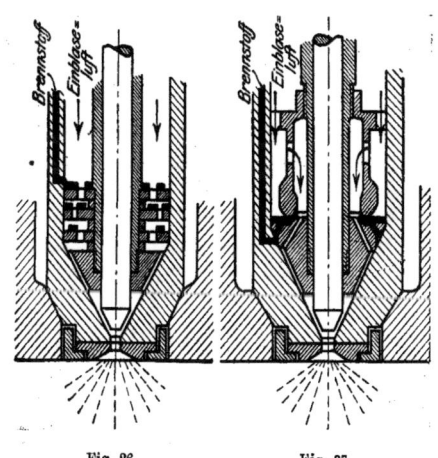

Fig. 26. Fig. 27.

oder es wird nach Fig. 27 von zwei Körpern ein Ringspalt gebildet. Die Lagerung des Brennstoffs bei geschlossenem Ventil können wir uns so vorstellen wie in den Figuren angegeben ist. Der ganze Zerstäuberraum steht unter dem Druck der Einblaseluft, welcher immer höher sein muß als der Verdichtungsdruck im Arbeitszylinder. Sobald durch Anheben der Brennstoffnadel der Zerstäuberraum mit dem Arbeitsraum des Zylinders verbunden wird, tritt daher eine Strömung ein, deren Geschwindigkeit von dem Druckunterschiede abhängt. Indem die Preßluft bei der Strömung sich durch die Lochplatten windet oder an dem Spalt vorbeistreicht, zerreißt sie das Öl in feine Teilchen, sie schabt gewissermaßen das an den Kanten haftende Öl ab, so daß, unterstützt durch die Wirbelung, eine innige Mischung von Luft und Ölstaub entsteht. Nur durch diese sehr feine Zerteilung des Brennstoffs ist es möglich, daß beim Eintritt dieses Ölnebels in die hoch erhitzte Verdichtungsluft des Arbeitsraumes das Öl der Wärme eine so große Angriffsfläche bietet, daß die Verdampfung und Vergasung in der zur Verfügung stehenden Zeit durchgeführt wird. Der Einblaseluftstrom sorgt dabei noch für eine wirksame Wirbelung, durch welche die Luft des Verbrennungsraumes schnell und vollständig von den Ölteilchen durchdrungen wird. Die Bestandteile des Brennstoffs, welche am leichtesten vergasen und damit auch zuerst zur Verbrennung gelangen, unterstützen durch ihre Verbrennungswärme die Aufspaltung der schwerer vergasenden Bestandteile.

Es ist daher günstig, wenn gleich zu Beginn der Einspritzung Öl in den Zylinder gelangt und durch seine Verbrennung die Temperatur der Zylinderladung erhöht, so daß der Wärmeverbrauch der eintretenden Preßluft gedeckt wird und die Entzündung mit Sicherheit erfolgt. Bei richtig bemessenem Zerstäuber und günstigem Einblasedruck wird gewöhnlich am Nadelsitz ein genügender Rest von Brennstoff für die Einleitung der nächsten Verbrennung verbleiben. Vielfach leitet man aber auch einen kleinen Teil des Brennstoffs durch einen besonderen Kanal unmittelbar vor den Nadelsitz, um mit Sicherheit den Einspritzvorgang mit Öl beginnen zu lassen.

Entscheidend für den guten Verlauf der Zerstäubung, Vergasung, Gemischbildung und Verbrennung ist die richtige Höhe des Einblasedrucks, der sich, wie später noch näher ausgeführt wird (s. S. 113 u. f.), nach den jeweiligen Betriebsverhältnissen richten muß.

Der Verlauf der Verbrennungslinie erklärt sich aus folgender Betrachtung:

Während der Verbrennung wird durch den Kolben, welcher von der Deckeltotlage nach auswärts geht, der Verbrennungsraum vergrößert. Bei der Besprechung der Gesetze über die Zustandsänderungen der Gase haben wir erkannt, daß mit jeder Raumvergrößerung eine Arbeitsleistung verbunden ist und daher auch ein Wärmeaufwand. Wird dem Gas von außen keine Wärme zugeführt, so wird die zur Arbeitsleistung erforderliche Wärme dem Gas entzogen werden. Temperatur und Druck desselben werden sich dann nach den Gesetzen der adiabatischen Zustandsänderung richten, d. h. Druck und Raum stehen in der Beziehung

$$p \cdot V^{\varkappa} = \text{unv.}; \text{ also } \frac{p_1}{p_2} = \frac{V_2^{\varkappa}}{V_1^{\varkappa}}$$

und ferner ist hierbei

$$\frac{V_1^{\varkappa-1}}{V_2^{\varkappa-1}} = \frac{T_2}{T_1}$$

d. h. mit größer werdendem Raum fällt die Temperatur. Da beim Dieselverfahren die Verdichtung theoretisch ebenfalls adiabatisch verläuft, so würde die Ausdehnungslinie mit der Verdichtungslinie zusammenfallen. Das Arbeitsdiagramm würde keine Fläche aufweisen, und die gewonnene Arbeit wäre gleich Null.

Zur Erzeugung von Arbeit, also Bildung einer Fläche im Arbeitsdiagramm, ist Wärmezufuhr erforderlich, damit bei der Raumvergrößerung die Drucklinie oberhalb der Adiabate liegt. Wird von der Kolbentotlage aus Wärme zugeführt, so können Wärmezufuhr und Raumvergrößerung so zueinander passen, daß eine Drucklinie

$$p \cdot V^1 = \text{unv.}$$

entsteht, also die Temperatur unverändert bleibt. Raum und Druck stehen dann im umgekehrten Verhältnis

$$\frac{p_1}{p_2} = \frac{V_2}{V_1},$$

so daß der Druck in dem Maße fällt, wie der Raum zunimmt. Da bei dieser Zustandsänderung die Temperatur unverändert bleibt, so muß bei allen Zustandsänderungen, die im Arbeitsdiagramm oberhalb der Isotherme liegen, die Temperatur steigen.

Die Wärmezufuhr kann nun so geleitet worden, daß mit fortschreitendem Kolben der Druck im Zylinder gleichbleibt; Druck und Raum also die Beziehung

$$p \cdot V^0 = \text{unv.}$$

haben. Dabei wird aber nach dem früher Gesagten die **absolute Temperatur des Gases in dem Maße steigen**, wie der Rauminhalt wächst, denn es ist nach dem Gesetz von Gay-Lussac

$$\frac{V_1}{V_2} = \frac{T_1}{T_2}$$

Der Höchstdruck im Verbrennungsraum darf nun aus praktischen Gründen den Verdichtungsdruck nicht wesentlich übersteigen, da schon der Verdichtungsdruck die Grenze ist, wo die Verluste durch Reibung die thermischen Vorteile einer höheren Verdichtung ausgleichen. Daher wird das Arbeitsdiagramm das beste sein, welches bei gleichem Flächeninhalt den geringsten Höchstdruck hat. Das ist aber bei gleichem Verdichtungsdruck und gleicher Ausnutzung des Ausdehnungsvermögens das Diagramm mit der Gleichdruck-Verbrennungslinie; letztere wird daher angestrebt.

In Wirklichkeit wird sich eine genaue Gleichdrucklinie natürlich nicht erreichen lassen, denn einmal ist die Kolbengeschwindigkeit und damit die Raumvergrößerung zu ungleichmäßig, und zweitens ist die Steuerung des Brennstoffventils bei den meisten Bauarten noch zu roh und nicht der Bewegung des Arbeitskolbens angepaßt. Der Kolben macht bei gleichförmiger Umfangsgeschwindigkeit der Kurbel eine beschleunigte Bewegung; die Raumvergrößerung wird also während der Verbrennung erst langsam, dann immer schneller erfolgen. Da der Einspritzvorgang, die Vergasung und Gemischbildung so rechtzeitig einsetzen, daß die Entzündung und damit Wärmezufuhr im Totpunkt beginnen, so wird die anfänglich langsame Raumvergrößerung eine etwas ansteigende Drucklinie verursachen, während der Druck im zweiten

VII. Das Dieselverfahren.

Teile des Verbrennungsvorganges wieder fällt. So entsteht statt der genauen Gleichdrucklinie eine etwas nach oben gewölbte Drucklinie.

Ist der Steuerantrieb des Brennstoffventils unveränderlich, so wird diese anzustrebende Drucklinie für eine bestimmte Kolbengeschwindigkeit, also auch bestimmte Umdrehungszahl erreicht werden. Jede Änderung der Umdrehungszahl wird also einen anderen Verlauf der Verbrennungslinie zeigen, und zwar wird diese um so mehr ansteigen, je langsamer der Kolben den Verbrennungsraum vergrößert, je geringer also die Umdrehungen sind; und umgekehrt wird sich bei höheren Umdrehungszahlen der Maschine eine abfallende Verbrennungslinie im Arbeitsdiagramm ergeben.

Das Nachbrennen. Mit dem Abschluß des Brennstoffventils sollte die Verbrennung aufhören. In Wirklichkeit hat man jedoch besonders bei hoher Belastung immer mit dem sogenannten Nachbrennen zu rechnen, d. h. die zuletzt eingespritzten oder schwer vergasbaren Teile des Brennstoffes verbrennen erst nach Schluß des Brennstoffventils, so daß die Ausdehnung der Verbrennungsgase besonders im ersten Teil der Ausdehnung nicht adiabatisch, sondern mit einer gewissen Wärmezufuhr erfolgt. Die gute und schnelle Vergasung und Verbrennung des Brennstoffes soll das Nachbrennen nach Möglichkeit einschränken, damit das Ausdehnungsvermögen des erwärmten Zylinderinhalts gut ausgenutzt, d. h. das Temperaturgefälle möglichst groß wird.

Abweichende Arbeitsverfahren. Von der vorstehend gekennzeichneten Arbeitsweise der Dieselmaschine gibt es eine Anzahl von Abarten, die aber alle auf das Dieselverfahren zurückgeführt werden können. Noch zahlreicher sind die Ausführungsarten.

Besonders mannigfach ist die Ausführung der Zerstäubereinrichtung und der Steuerung des Brennstoffventils, bei denen immer angestrebt wird, den Einspritzvorgang und den Luftverbrauch der Gangart der Maschine anzupassen. Besondere Erwähnung möge hier noch das Brennstoffventil mit „offener Düse" finden. Bei den oben beschriebenen Bauarten steuerte die Brennstoffnadel sowohl den Eintritt der Preßluft als auch des Brennstoffes in den Zylinder. Dabei muß dann die Brennstoffpumpe das Öl gegen den Druck der Einblaseluft in den Zerstäuberraum drücken. Um dies zu vermeiden, wird bei dem Brennstoffventil nach Fig. 28 der Brennstoff beim Ansaugehub des Arbeitskolbens vor der Düsenöffnung unterhalb der Nadel eingelagert. Die Nadel steuert also nur die Einblaseluft, während der Brennstoff mit dem Arbeitsraum des Zylinders stets in Verbindung ist. Die Durchbildung und Wirkung dieser Zerstäubereinrichtung erreicht aber nicht die der geschlossenen Düse, da das Einblasen meist zu plötzlich erfolgt, und die Verbrennung daher mit starker Drucksteigerung vor sich geht.

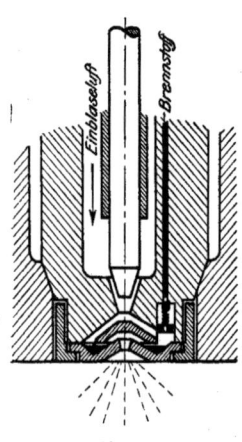

Fig. 28.

Weitere Abänderungen des vorher besprochenen Verfahrens betreffen die Vermeidung der besonderen Einblasepumpe. So ist versucht worden, beim höchsten Verbrennungsdruck einen Teil der Verbrennungsgase durch ein Rückschlagventil hindurch in eine besondere Kammer überzuschieben und diesen Druck zum Einblasen des Brennstoffs beim nächsten Arbeitsspiel zu benutzen; oder bei der Verdichtung einen Teil der Ladeluft in der gleichen Weise aufzuspeichern und den Einblasevorgang zu beginnen, wenn der Druck beim Rückwärtsgang des Kolbens im Zylinder wieder gesunken ist; ferner wird der Einblasedruck durch Vorverbrennung eines kleinen Teiles Brennstoff in einer mit dem Arbeitsraum des Zylinders durch einen Kanal verbundenen kleinen Kammer erzeugt. Andere Ausführungen erzeugen den Einblasedruck durch einen besonderen Hilfskolben oder Verdränger, welche kurz vor dem Beginn der Verbrennung durch den Arbeitskolben zur Wirkung kommen. Schließlich sei hier noch der Versuch erwähnt, den Brennstoff durch die Brennstoffpumpe unter Zwischenschaltung eines Zerstäubers unmittelbar in den Arbeitszylinder einzuspritzen.

Alle diese Arbeitsverfahren können die weiter oben aufgestellten Forderungen und das beschriebene Dieselverfahren nur unvollkommen verwirklichen. Für Schiffsmaschinen großer Ausführung kommen sie nicht zur Anwendung, daher kann hier auf die Besprechung ihrer besonderen Betriebseigenschaften verzichtet werden.

VIII. Allgemeines über die Bauweise der Schiffsölmaschine.

Aufbau. Die Ausführungen der Schiffsölmaschinen sind so mannigfach, daß es unmöglich ist, im Rahmen dieses Buches ein vollständiges Bild zu geben. Diese große Verschiedenheit der Bauweise wird dadurch erklärt, daß eine verhältnismäßig junge Industrie noch nicht zu Normalien gelangt sein kann, und daß die Ausgestaltung der Ölmaschine zu dem wirklich Brauchbaren und zu einer endgültigen Form, wie wir dies bei der Dampfmaschine für Schiffe kennen, nur durch den Wettbewerb und durch die Erfahrung im Bordbetriebe gelangen kann. Außerdem ergeben die Forderungen für bestimmte Anwendungsgebiete des Schiffsbetriebes von selbst verschiedene Bauweisen.

Die im Motorenbau übliche Bauart der schnellaufenden, gekapselten und kreuzkopflosen Maschine hat sich im Ölmaschinenbau für Schiffe dort erhalten, wo ihre Anwendung vorteilhaft ist, nämlich als Antriebsmaschine auf U-Booten und kleinen Fahrzeugen und auf großen Schiffen zum Antrieb von Dynamomaschinen und Luftpumpen.

Es ist leicht verständlich, daß Bauwerften, welche im Bau von Dampfkolbenmaschinen für Schiffe große Erfahrungen hatten, den äußeren Aufbau der Ölmaschine für den Antrieb großer Schiffe dem Dampfmaschinenbau entnahmen. Daher finden wir bei Schiffsölmaschinen für große Schiffe durchweg die Maschine mit Kreuzkopf. Die besonderen Betriebsverhältnisse der Ölmaschine waren aber selbstverständlich bei der baulichen Entwicklung in erster Linie mitbestimmend.

Die hohen Lagerdrücke verlangen für das Triebwerk Druckschmierung, bei der das Schmieröl den Lagern unter Druck zugeführt, nach dem Ablauf aus den Lagern wieder gesammelt und erneut zur Schmierung benutzt wird. Infolgedessen muß die Fundamentplatte als öldichte Kurbelwanne gebaut werden, und auch der übrige Teil des Triebwerks wird durch Fangbleche und Blechwände so weit nach außen zu verkleidet, daß keine Verluste durch Spritzöl entstehen können. Andernteils darf aber die Zugänglichkeit und Übersichtlichkeit der Maschine unter dieser Bauweise nicht leiden. Gerade die Lösung dieser Frage ist für die Betriebssicherheit von der größten Wichtigkeit, denn im Schiffsmaschinenbetriebe kommt es darauf an, Störungen durch rechtzeitiges Erkennen und Eingreifen zu vermeiden.

Zylinderzahl. Eine weitere Eigenart der Schiffsölmaschine ist die verhältnismäßig große Zylinderzahl. Der Betrieb der Maschine erfordert eine wirksame Kühlung der Wände des Verbrennungsraumes. Da mit zunehmender Zylindergröße der Verbrennungsraum schneller zunimmt als die Kühlfläche, so bot vor allen Dingen in der Anfangszeit der Entwicklung die Erhöhung der Zylinderleistung große bauliche Schwierigkeiten. Die Erhöhung der Maschinenleistung wurde daher durch Aneinanderreihen einer Anzahl vollkommen gleichartiger Zylinder bewirkt, so daß die Ölmaschine eigentlich eine Verbindung von gleichen Einzelmaschinen darstellt. Die Zylinderzahl beträgt meist sechs, doch werden auch Maschinen mit acht und zehn Zylindern gebaut, und bei Zweitaktmaschinen findet man häufig die Anordnung von vier Zylindern.

Die große Zylinderzahl ist aber auch bedingt und von Vorteil zur Lösung der Manövrierfähigkeit der Maschine, da das Anlassen durch Beaufschlagen der Kolben mit Preßluft erfolgt. Einfach wirkende Viertaktmaschinen erfordern zum Anlassen im Viertakt sechs Zylinder; das Anlassen im Zweitakt bei diesen Maschinen würde eine besondere Bauart der Steuerung erforderlich machen. Zweitaktmaschinen manövrieren dagegen einwandfrei auch mit vier Zylindern.

Ferner erreicht man mit vielzylindrigen Maschinen einen guten Gleichgang der Maschinen, der gerade wieder für den Betrieb der Schiffsmaschine von großer Bedeutung ist (s. S. 125 u. f.).

Reparaturmöglichkeit. Diese eben betonte Bauart der Schiffsölmaschine mit vielen gleichartigen Zylindern hat für den Bordbetrieb aber noch ihre besonderen Vorteile. Je größer nämlich die Zahl der gleichartigen Betriebseinheiten zur Erreichung einer bestimmten Leistung ist, desto weniger empfindlich sind Ausfälle einzelner Einheiten. Die einzelnen Zylinder einer Ölmaschine arbeiten unabhängig voneinander, so daß die Maschine auch mit einer beschränkten Anzahl von Zylindern betriebsfähig bleibt.

Mit der Zahl gleichartiger Betriebseinheiten wird aber auch die Reparaturmöglichkeit besser, da die einzelnen Bauteile nicht so groß werden und Reserveteile allgemeiner anwendbar sind. Alle Einzelteile sind Schablonenarbeit, so daß die Reserveteile an jedem Zylinder, also für jede Einzelmaschine, anwendbar sind.

Andernteils wird eine in viele Betriebseinheiten unterteilte Anlage entsprechend mehr Arbeit für die Instandhaltung und Wartung während des Betriebes erfordern. Die Ventile und ihre Steuerung verlangen während des Betriebes eine gewissenhafte Überwachung, und ihre Instandhaltung setzt die Kenntnis von bestimmten Arbeitsgängen voraus, die erlernt sein müssen. Auch die Preßschmierung der Lager darf nicht zu Sorglosigkeit verleiten, so sicher sie auch erscheint; denn Störungen sind hierbei meist folgenschwerer als bei Einzelschmierung der Lager. Zudem ist bei dieser Art der Schmierung der Lagerlose erhöhte Aufmerksamkeit zuzuwenden. Auch die Kühlung der Maschine erfordert wegen ihrer Bedeutung für die Betriebssicherheit der Maschine gewissenhafte Überwachung und infolge der zahlreichen Rohrleitungen, Gelenke und Stopfbuchsen gute Instandhaltung. Dasselbe gilt von der Luftpumpe und der Preßluftanlage, die wieder besondere Schulung des Personals verlangt.

Auf Einzelheiten soll an dieser Stelle nicht eingegangen werden. Dieser Hinweis soll aber klar machen, daß die Ölmaschine ein gut geschultes und besonders in der Anfangszeit der Entwicklung nicht zu knapp bemessenes Bedienungspersonal erfordert. Wenn im Anschluß an die oben begründete gute Reparaturmöglichkeit auf die Schwierigkeiten des Betriebes besonders hingewiesen wird, so geschieht das mit der Absicht, die maßgebenden Stellen vor der Unterschätzung der Personalfrage zu warnen. Aber ebenso wie das Personal sich im Laufe der Zeit auch auf schwere Störungen im Dampfmaschinenbetrieb, wie beschädigte dampfführende Teile, havarierte oder kochende Kessel, lecke Kondensatoren, Speisewassersorgen usw. eingestellt hat und ihnen jetzt zu begegnen weiß, so wird es sich auch bald mit den Eigenarten des Ölmaschinenbetriebes vertraut machen. Ebenso werden die laufenden Instandsetzungsarbeiten an der Ölmaschine voll aufgewogen durch Arbeiten an Kondensatoren, Dampfleitungen usw.

Regelung der Belastung. Die Belastung, für Schiffsmaschinen gleichbedeutend mit der Einstellung der Umdrehungszahl, wird durch Zumessung des Brennstoffes geregelt. Der Kolben der Brennstoffpumpe, welcher von dem Gestänge der Maschine aus bewegt wird, saugt bei jedem Hube eine bestimmte Brennstoffmenge an. Beim Druckhube des Pumpenkolbens schließt sich das Saugeventil, während das Druckventil geöffnet wird und den Brennstoff zum Brennstoffventil durchtreten läßt. Wird nun das Saugeventil am Schließen gehindert, so tritt ein Teil des Brennstoffes durch das Saugeventil zurück, und das Druckventil öffnet erst, wenn das Saugeventil geschlossen ist. Je später also das Saugeventil schließt, desto geringer ist die Brennstoffmenge, die zum Brennstoffventil gelangt, desto langsamer läuft die Maschine und desto geringer ist die Arbeitsleistung. In Fig. 29 ist dieses Verfahren schematisch dargestellt. Der Pumpenkolben wird von der Maschine aus getrieben. An dem Kreuzkopf dieses Antriebes greift ein Hebel an, der im Drehpunkte a gelagert ist. Bei b ist eine Stange mit diesem Hebel verbunden, welche bei der Bewegung des Pumpenkolbens eine bestimmte Bahn beschreibt und deshalb auch das Saugeventil c, welches beim Druckhube auf den Ansatz d der Stange schlägt, zu einer bestimmten Zeit schließen läßt. Der Zeitpunkt des Schließens des Saugeventils hängt also davon ab, ob die Bahn von d hoch oder tief liegt. Da der Kreuzkopfantrieb unveränderlich ist, so kann die Bahn von d durch Verlegung des Drehpunktes a geändert

74 VIII. Allgemeines über die Bauweise der Schiffsölmaschine.

werden. Wird *a* nach unten verlegt, so rückt *d* vom Saugeventil ab, letzteres schließt früher, und es gelangt viel Brennstoff zum Brennstoffventil; die entgegengesetzte Wirkung tritt ein, wenn *a* nach oben verlegt wird. Die Veränderung der Lage von *a* kann mit der Hand oder durch einen Regler der Maschine erfolgen. Soll die Maschine plötzlich gestoppt werden, etwa durch eine Schnellschlußvorrichtung, oder soll bei mehrzylindrigen Maschinen, bei denen jeder Zylinder seine eigene Brennstoffpumpe hat, ein Zylinder abgeschaltet werden, so kann durch die Vorrichtung *e* das Saugeventil der betreffenden Pumpe in Offenstellung festgesetzt werden.

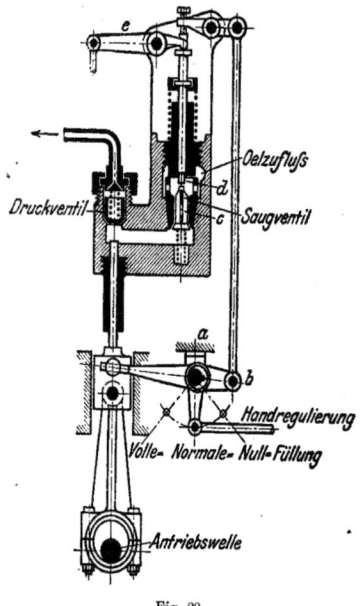

Fig. 29.

Diese Regulierungsart genügt allen Anforderungen. Bei Schiffsmaschinen kann die Umdrehungszahl bis auf 40 v. H. der Höchstdrehzahl herunter eingestellt werden, und zwar in feinsten Stufen, so daß auch die Forderung nach Veränderung der Drehzahl zu navigatorischen Zwecken von der Ölmaschine voll erfüllt wird.

Neben dieser besonders für Schiffsölmaschinen typischen Art der Regelung, während des Druckhubes einen Teil des angesaugten Brennstoffes durch das offengehaltene Saugeventil zurücklaufen zu lassen, bestehen noch andere Verfahren zur Zumessung des Brennstoffs. So wird beispielsweise der Rücklauf des Öles durch eine vom Pumpenkolben gesteuerte Öffnung geleitet oder eine Rücklauföffnung wird der Belastung der Maschine entsprechend geändert. Ferner wird bei andern Ausführungen der Druckhub des Pumpenkolbens unterbrochen oder der Druckhub wird durch Verstellung des Pumpenantriebs geändert. Das oben näher beschriebene Verfahren ist jedoch, wenn auch in vielen Sonderausführungen, das vorherrschende.

Steuerung. Die Steuerung erfolgt allgemein durch Ventile, und zwar folgendermaßen: Die Kurbelwelle treibt durch Schraubenrad und Zwischenwelle oder durch Zahnradgetriebe eine Welle, die in Richtung der Kurbelwelle vor den Zylindern liegt. Diese Welle trägt Nockenscheiben, welche beim Umlauf doppelarmige Hebel auf und nieder bewegen. Die Hebel öffnen die Ventile, welche durch Federkraft wieder geschlossen werden, sobald die Hebelrollen von den Nocken ablaufen. Die Nocken, deren Oberfläche gehärtet ist, sind auf der Nockenwelle so aufgekeilt, daß im Zylinder die früher beschriebene Arbeitsweise gesteuert wird. Bei Viertaktmaschinen macht die Nockenwelle also

Anlassen der Ölmaschine.

nur die Hälfte der Umdrehungen der Kurbelwelle, bei Zweitaktmaschinen ist die Übersetzung 1:1. Alle Ventile, mit Ausnahme des Brennstoffventils, schließen von innen nach außen (s. Fig. 30).

Anlassen der Ölmaschine. Das Anlassen der Maschine erfolgt mit Preßluft. Dazu ist an jedem Zylinder ein Ventil vorgesehen, durch welches Preßluft in den Zylinder eingelassen werden kann; die Maschine läuft also an als Preßluftmaschine an. Hat der Kolben die zur Erreichung der Zündtemperatur erforderliche Geschwindigkeit erlangt, so wird der Antrieb des Anlaßventils ausgeschaltet, während das Brennstoffventil gleichzeitig in Tätigkeit tritt. Dies wird auf folgende Weise erreicht: Wie aus Fig. 31 zu ersehen ist, kann die exzentrische Buchse, auf welcher sich die Hebel des Anlaß- und Brennstoffventils drehen, so eingestellt werden, daß einmal nur die Rolle des Anlaßventils in den Bereich des Nockenantriebes kommt, während die Rolle des Brennstoffventils abgerückt ist, oder umgekehrt. In der Mittellage sind beide Ventile ungesteuert; die Maschine kann bei dieser Hebellage also weder mit Preßluft noch mit Brennstoff betrieben werden. So ergeben sich für diesen Manöverhebel die drei Stellungen: Stopp, Anlaß und Betrieb. Das Anlaßventil läßt die Preßluft in den Zylinder eintreten, entsprechend dem Arbeitshube des Betriebes. Bei Viertaktmaschinen öffnet dann beim folgenden Hube das Auslaßventil, und die Preßluft tritt wieder aus. Soll eine Viertaktmaschine im Zweitakt an-

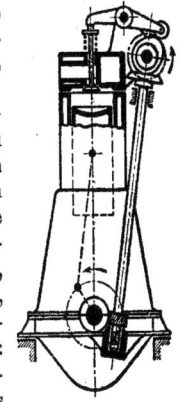

Fig. 30.

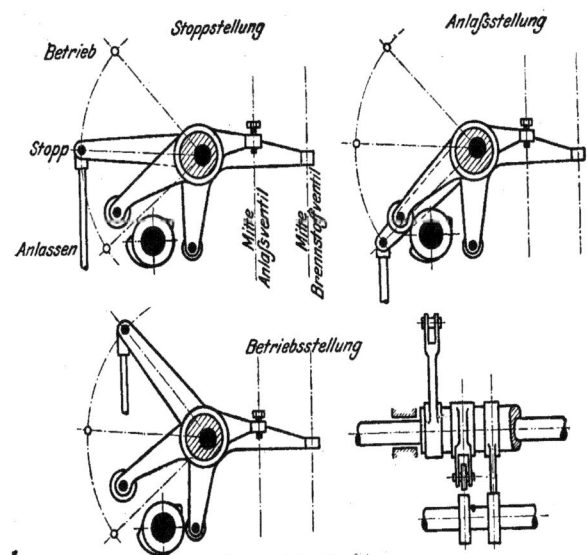

Fig. 31.

gelassen werden, so sind also für das Anlaßventil zwei um 180° versetzte Nocken auf seiner Nockenscheibe vorzusehen, während das Auslaßventil ebenfalls im Zweitakt gesteuert werden muß. Zum Anfahren der meistens sechs- oder achtzylindrigen Schiffsmaschinen genügt aber bei genügender Eröffnungsdauer des Anlaßventils das Anlassen im Viertakt.

Die Umsteuerung. Die Änderung der Drehrichtung der Maschine ohne Zwischengetriebe muß durch Veränderung des Steuerantriebes erfolgen. Die Nocken zum Antriebe der Steuerventile eines Zylinders haben in bezug auf die Kurbel eine ganz bestimmte Stellung, die zur Erzeugung eines normalen Arbeitsverlaufes im Zylinder bei einer bestimmten Drehrichtung erforderlich ist. Auf den Kurbelkreis übertragen müßte z. B. in Fig. 32 das Brennstoffventil für den Vorwärtsgang den Öffnungswinkel α haben, für den Rückwärtsgang jedoch den Winkel β, so daß die Umsteuerung des Brennstoffventils eine Veränderung des Antriebes um den Umsteuerwinkel γ bedingt. Die Umsteuerung wird bei einigen Zweitaktbauarten dadurch erreicht, daß der Antrieb der Nockenwelle durch eine Kuppelung verändert wird, so daß während des Umsteuerns die Nockenwelle in bezug auf die Kurbelwelle um diesen Umsteuerwinkel verdreht wird. So wird ein und dieselbe Nockenscheibe für den Vorwärts- und auch für den Rückwärtsgang benutzt. Bei Viertaktmaschinen verfährt man durchweg so, daß die Nockenwelle zwei getrennte Nockensätze trägt, einen für den Vorwärtsgang, den anderen für den Rückwärtsgang, und nun wird beim Umsteuern die Nockenwelle in ihrer Längsrichtung verschoben, so daß einer der Nockensätze vor den Hebelrollen der Ventile steht. Bei der seitlichen Verschiebung müssen die Hebel der Ventile angehoben werden, oder die Nocken tragen seitlich schräge Anlaufflächen, so daß die Nocken bei der Verschiebung nicht gegen die Hebelrollen stoßen können.

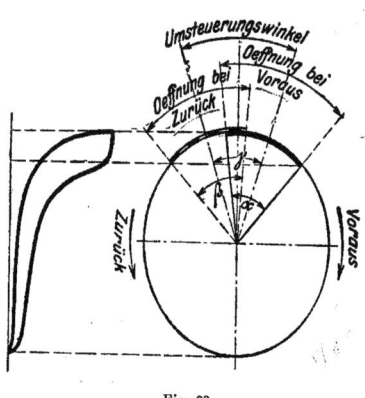

Fig. 32.

Der Verlauf eines Manövers würde sich demnach folgendermaßen gestalten:

Manöverhebel auf Stopp. Brennstoffventil wird ausgeschaltet. Maschine stoppt.

Umsteuern der Steuerung.

Manöverhebel auf Anlassen. Dadurch werden Anlaßventilhebel in den Bereich der Nocken gebracht. Es werden die Anlaßventile der Zylinder geöffnet, deren Kolben beim Abwärtsgang den beabsichtigten Drehsinn erzeugen. Anlaßluft wird gleichzeitig angestellt und erst wieder abgestellt, wenn

Manöverhebel auf Betrieb. Brennstoffventile werden eingeschaltet, gleichzeitig wird Einblaseluft angestellt.

Schmierung[1]). Bei der in dem Schema Fig. 33 dargestellten Druckschmierung für Ölmaschinen wird das Schmieröl im Kreislauf wiederholt durch die Lagerstellen gepumpt. Das Öl, welches von den Lagern seitlich abfließt oder abgeschleudert wird, gelangt in die Kurbelwanne der Maschine und von hier aus durch die Rücklaufleitung in einen

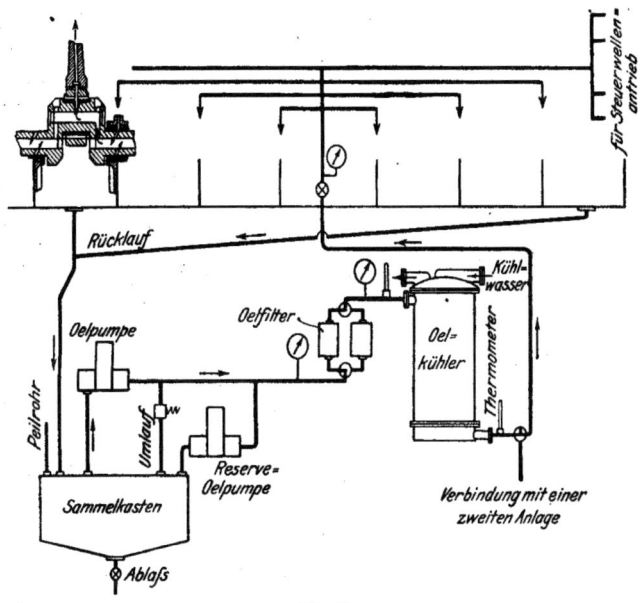

Fig. 33.

---

[1]) Über die Schmierung bestimmen die Vorschriften des Germanischen Lloyd (zu beziehen Berlin NW. 40, Alsenstr. 12 „Vorschriften für Verbrennungsmotoranlagen") folgendes:

§ 6.
Schmiervorrichtungen.

1. Die Schmierung der Kolben der Arbeitszylinder, Spülpumpen und Kompressoren muß durch Apparate erfolgen, die das Öl getrennt für jeden Zylinder fördern. Die Förderung muß auf kleinste Mengen einstellbar sein.

2. Wird für die Kurbelwellenlager Preßschmierung angewandt, so ist die gemeinsame Druckleitung reichlich zu bemessen und mit einem Sicherheitsventil, einem Manometer und einer Umlaufleitung zu versehen. Saugen die Ölpumpen aus der geschlossenen Grundplatte, die als Sammelbecken dient, so soll das Öl, bevor es wieder verwendet wird, gereinigt und eventuell gekühlt werden. Die Reinigungseinrichtung muß während des Betriebes kontrollierbar sein.

Damit vermieden wird, daß die Kurbeln durch in der Grundplatte angesammeltes Öl schlagen, ist bei Maschinen von geschlossener Bauart eine Vorkehrung zu treffen, die es erlaubt, den Ölstand stets zu erkennen und das Öl rechtzeitig zu entfernen.

Sammelkasten. Hier setzen sich die verdickten Bestandteile, Unreinigkeiten und Wasser ab und können durch ein Ventil abgelassen werden. Aus dem Sammelkasten saugen die Ölpumpen und eine Reservepumpe. Die Druckleitung der Pumpen ist durch eine Umlaufleitung mit Überdruckventil wieder mit dem Sammelkasten verbunden. Bevor das Öl erneut benutzt wird, muß es gereinigt und gekühlt werden. Das Öl wird daher zunächst im warmen Zustande durch Filter geleitet, die so geschaltet sind, daß stets einer gereinigt werden kann, während der andere in Betrieb ist. Vor und hinter der Filtereinrichtung sind Manometer angeschlossen. Dann durchfließt das Öl einen Kühler, dessen Wirkung an den Thermometern am Ölein- und Austritt beobachtet werden kann. Das Öl ist jetzt wieder für den Gebrauch geeignet. Besteht die Maschinenanlage aus zwei Maschinensätzen, so können die beiden Öleinrichtungen miteinander verbunden werden. Vor der Verteilung des Öles auf die einzelnen Schmierstellen ist noch ein Regulierventil mit nachfolgendem Manometer eingeschaltet. Das Öl tritt oben oder auch unten in die Wellenlager ein, wo ein Teil des Öles zur Schmierung dieser Lager benutzt wird und dann seitlich abfließt. Ein anderer Teil des Schmieröls tritt durch Bohrungen in die hohle Welle, gelangt vom Kurbelzapfen aus in das Kurbellager und durch die Bohrung der Schubstange hindurch in die Kreuzkopflager.

Wird das Öl gleichzeitig zur Kühlung der Kolben benutzt, so geht eine zweite Verteilerleitung mit Reguliervorrichtung vom Ölkühler aus ab. Das Kühlöl durchfließt dann in Parallelschaltung die Kolbenkühlräume und wird dann wieder in einem Ablauftrichter gesammelt, vor welchem die einzelnen Ablaufrohre Thermometer und Einstellhähne besitzen. Von dem Ablauftrichter aus fließt das Kühlöl wieder dem Sammelkasten zu.

Die Schmierung der Innenteile, wie Arbeitskolben, Spülkolben und Luftpumpenkolben, erfolgt durch Schmierpressen, deren Fördermengen genau einstellbar sind. Von diesen Pressen aus führt zu jedem Zylinder ein Druckrohr, welches das Öl bei der unteren Stellung des Kolbens an mehreren Stellen des Zylinderumfangs zwischen die Kolbenringe leitet. Diese Schmierrohre besitzen an der Einmündungsstelle kleine Rückschlagventile.

Kühlung[1]). Die Verbrennung des Brennstoffs im Zylinder der Ölmaschine ist wegen der dabei auftretenden hohen Temperaturen ohne

---

[1]) Aus den Vorschriften des Germanischen Lloyd:

§ 7.
Kühleinrichtungen.

1. Für die Wasserkühlung der Zylindermäntel und -deckel sowie der Kompressoren und Lager sind auf Schiffen außerhalb der kleinen Küstenfahrt zwei in ihrem Antrieb voneinander möglichst unabhängige Pumpen vorzusehen, von denen jede für die gesamte erforderliche Kühlleitung ausreichen muß. Für Schiffe mit zwei Motoren genügt eine gemeinsame Reservepumpe.

Für Maschinen mit Leistungen unter 200 PS darf als zweite Kühleinrichtung eine Lenzpumpe genommen werden, wenn sie so eingerichtet wird, daß sie entweder nur lenzen oder nur kühlen kann.

Dient der Motor nur als Hilfsmaschine auf Segelschiffen, so genügt stets eine Kühlpumpe.

Kühlung der Wandungen des Verbrennungsraumes nicht möglich. Daher werden die Arbeitszylinder und ihre Deckel zur Bildung von Kühlräumen doppelwandig ausgeführt, und die Kolben größerer Maschinen und ebenso die der Wärme besonders ausgesetzten Auslaßventile erhalten besondere Kühlräume, die zur Abführung der Wärme, welche den dem Verbrennungsraum zugekehrten Flächen mitgeteilt wird, von einem Kühlmittel durchflossen werden. Für Motorschiffe kommt als Kühlmittel natürlich in erster Linie Seewasser in Betracht. Für die Kolbenkühlung von Zweitaktmaschinen wird jedoch auch wegen der starken Erwärmung des Wassers und der damit verbundenen Gefahr größerer Ausscheidungen Frischwasser genommen. Da letzteres auf seegehenden Schiffen jedoch nach jedem Gebrauch zurückgekühlt werden muß und daher für den Bau und Betriebe viel Unannehmlichkeiten verursacht, so hat man mit Erfolg versucht, auch in diesem Fall mit Seewasser auszukommen. Bei Viertaktmaschinen wird zur Kühlung der Kolben auch Öl verwandt.

Aber auch die Arbeitsräume der Luftpumpen haben Kühlmäntel, und die von den mehrstufigen Pumpen geförderte Luft wird nach jeder Druckstufe in einem besonderen Kühler gekühlt.

Wenn wir dazu noch den schon erwähnten Ölkühler nehmen, ferner etwa notwendig werdende Frischwasserkühler, Kühler für Spülluft oder Kühlwasser zur Kühlung der Wellenlager, so ergibt sich für die Ölmaschine eine umfangreiche Kühlanlage.

Bei der Kühlwasserführung durch die Maschine ist Grundsatz, daß das Wasser unten eintritt und an der höchsten Stelle des Kühlraumes abgeführt wird, da auf diese Weise Luft- und Dampfbläschen am besten mit abgeführt werden.

Das Kühlwasser tritt von außenbords durch ein Bodenventil und einen Zwischenhahn in einen Siebtopf, wo sich die Unreinigkeiten abscheiden sollen, und dann in die Kühlwasserpumpe. Letztere ist gewöhnlich eine Kolbenpumpe mit Überdruckventil und Umlaufleitung. An ihre Druckleitung ist eine Reservepumpe angeschlossen, und bei

---

2. Das abfließende Kühlwasser ist an den höchsten Stellen der Kühlräume abzuführen und muß durch Thermometer oder von Hand auf seine Endtemperatur geprüft werden können; der Abfluß sollte bei größeren Anlagen für jede Kühlstelle getrennt sichtbar angelegt sein.

Kommt das Kühlwasser von außenbords und wird wieder dahin zurückgepumpt, so ist das Saugrohr am Schiffsboden mit einer Absperrvorrichtung und das Ausgußrohr an der Bordwand mit einem Rückschlagventil zu versehen. In der Saugeleitung ist ein Reinigungssieb anzubringen.

Das Kühlwasser muß aus den Kühlräumen und den Leitungen an den tiefsten Stellen abgelassen werden können; die Kühlräume sind an geeigneten Stellen mit Reinigungslöchern zu versehen.

3. Die Kühlräume der Kompressoren müssen, außer wenn sie freien direkten Ablauf mit reichlich weiten Rohren haben, mit Vorkehrungen gegen Drucküberschreitung — Sprengplatten oder Sicherheitsventilen von ausgiebigem Querschnitt usw. — versehen sein.

§ 8.
Abgaseleitungen.

1. Das Auspuffrohr ist so anzulegen, daß es keine Feuersgefahr bietet. Die wirksamste Kühlung ist die Wasserkühlung. Inwieweit sie oder gute Isolierung angewandt wird, hängt von den Umständen ab.

Anlagen mit zwei Maschinen, von denen jede ihre besondere Kühlpumpe hat, sind die Kühlwasserleitungen noch zweckmäßig miteinander verbunden.

Die Druckleitung verzweigt sich für die verschiedenen Zwecke und vereinigt sich hernach wieder in einem gemeinsamen Ausguß mit einer Absperrvorrichtung nach außenbord. Das Kühlwasser für die Arbeitszylinder tritt am unteren Teile des Zylindermantels ein, kühlt zunächst den Arbeitszylinder und tritt dann in den Kühlraum des Deckels über. Die Zuführung des Kühlmittels zu den Kolben erfolgt durch Posaunenrohre unmittelbar oder durch Gelenkrohre zum Kreuzkopf und von hier durch die hohle Kolbenstange zum Kolbenkühlraume.

An den Austrittsstellen des Kühlwassers aus den Kühlräumen der einzelnen Zylinder sind meistens Thermometer und Einstellhähne angebracht. An geeigneten Stellen befinden sich Handlöcher zum Reinigen der Kühlräume. In allen Kühlräumen, in denen Seewasser mit verschiedenen Metallen in Berührung kommt, ist Zinkschutz anzubringen. Dieser Zinkschutz wird vielfach an der Innenseite der Handlochdeckel befestigt. Alle Kühlräume und Leitungen müssen sich durch geeignete Ablaßvorrichtungen entwässern lassen und mit Entlüftungsvorrichtungen versehen sein.

Luftanlage. Der Betrieb der Ölmaschine in der bisherigen Ausführung ist von Preßluft zum Einblasen des Brennstoffs und zum Manövrieren abhängig. Bei Schiffsmaschinen hängt von der Bereitschaft dieser Luftanlage daher auch die Sicherheit des Schiffes ab. Die Vorschriften des Germanischen Lloyd bestimmen darüber folgendes:

§ 2.
Anlaßeinrichtungen.

1. Für das Anlassen der Motoren sind Einrichtungen zu treffen, die genügend **zuverlässig** arbeiten und die Bedienungsmannschaft nicht gefährden. Das Ingangsetzen durch unmittelbares Eingreifen in das Schwungrad ist unzulässig.

2. Werden Motoren mit Druckluft in Gang gesetzt, so müssen für die **Druckluftbehälter** 2 Auffülleinrichtungen vorhanden sein, von denen die eine in einem von der Hauptmaschine unabhängigen Kompressor bestehen muß. Der unabhängige Kompressor darf bei Maschinen bis 125 PS von Hand angetrieben werden, wenn seine ausreichende Leistungsfähigkeit nachgewiesen wird. Auf Seeschiffen mit voller Segeleinrichtung und auf Binnenschiffen genügt bei Maschinenleistungen bis 75 PS an Stelle des unabhängigen Kompressors eine Reserveluftflasche von etwa 0,5 des unter 5 berechneten Anlaßvolumens.

Auf Seeschiffen außerhalb der kleinen Küstenfahrt mit Ausnahme der Schiffe mit voller Segeleinrichtung muß die eine der erforderlichen Einrichtungen derart beschaffen sein, daß sie zur Ingangsetzung keiner Druckluft bedarf. Ist indessen zu ihrer Ingangsetzung Druckluft erforderlich, so ist außerdem ein Notkompressor vorzusehen.

Bei Zweischraubenschiffen brauchen nur diejenigen Auffülleinrichtungen vorhanden zu sein, die für einen Motor erforderlich sind.

3. Mit dem **unabhängigen Kompressor** müssen bei Handbetrieb mindestens ein oder mehrere Behälter von zusammen $^1/_5$ des unter 5 errechneten Gesamtvolumens in angemessener Zeit (30—60 Minuten) auf den erforderlichen Anlaßdruck gebracht werden können.

4. Bei Gleichdruckmaschinen wird empfohlen, in die Anlaßluftleitung eine Absperrvorrichtung einzubauen, die beim Umschalten auf Brennstoff zwangläufig von der Manövriervorrichtung betätigt wird.

5. Der **Gesamtinhalt aller Druckluftbehälter** für Anlaßluft soll wenigstens betragen:
bei Gleichdruckmaschinen

$$J = \frac{0{,}525 \cdot V \cdot n}{P - 15} \text{ in Litern,}$$

bei Explosionsmaschinen

$$J = \frac{0{,}175 \cdot V \cdot n}{P - 5},$$

worin

$V =$ Luftfüllungsvolumen eines Zylinders in cm³ entsprechend einer Öffnungsdauer des Anlaßventils über dem Kurbelwinkel ohne Sicherheitsüberdeckung gemessen, bei unendlich langer Pleuelstange,
$P =$ höchster Betriebsdruck der Anlaßluftbehälter in kg/qcm,
$n =$ Anzahl der mit Anlaßvorrichtungen versehenen Zylinder, (bzw Zylinderseiten bei doppeltwirkenden Maschinen).

Bei Zweischraubenschiffen genügt für beide Maschinen zusammen das 1,4fache und bei Maschinen, die selbst nicht umgesteuert werden, das 0,6fache des vorstehend errechneten Luftquantums.

§ 11.
Druckluftbehälter.

1. Behälter, die Druckluft zum Einblasen des Brennstoffes, zum Anlassen und Umsteuern der Motoren und zum Betriebe von Hilfsmaschinen enthalten, sind auf das sorgfältigste aus S.-M.-Flußeisen herzustellen, das den in Abschnitt 1 § 2 C der Materialvorschriften enthaltenen Bedingungen für Kesselbleche entsprechen muß. Nahtlose Mäntel müssen diejenige Dehnung aufweisen, die in Abschnitt 1 § 3, 1 der Materialvorschriften für Dampfrohre angegeben ist.

Das Flußeisenmaterial für geschweißte Behälter sollte keine höhere Festigkeit als 41 kg/qmm haben.

2. Die **Materialprüfung** und die **Druckproben** (§ 9 a) sind durch Beamte des G. L. vorzunehmen. Die Zeichnungen sind dem Vorstande einzureichen (§ 1, 1 c).

3. Werden die Behälter **geschweißt**, so soll, wenn es die Blechdicke zuläßt, die überlappte Schweißung der Keilschweißung vorgezogen werden. Die Stumpfschweißung sowie die elektrische oder autogene Schweißung (mit der Sauerstoff-Azetylen- oder Sauerstoff-Wasserstoffflamme) sind für die Verbindung der einzelnen Teile untereinander nicht zulässig.

4. Geschweißte oder nahtlos hergestellte Behälter sind in einem Glühofen auszuglühen.

5. Die **Dicke des Mantels** ist bei der Anwendung von Nietung nach den für die Kessel gültigen Regeln zu bestimmen, jedoch ist ein Zuschlag von 1 mm nicht erforderlich.

Für nicht genietete Behälter gilt die Formel

$$s = \frac{p \cdot D}{C},$$

worin

$s =$ Blechdicke,
$p =$ zulässiger Arbeitsdruck (Überdruck) in kg/qcm,
$D =$ größter lichter Durchmesser des Behälters in mm,
$C = 1200$, wenn die Längsnaht geschweißt ist,
$C = 1500$, wenn der Mantel nahtlos hergestellt ist.

Die Wandstärke soll jedoch in keinem Falle geringer als 6 mm sein.

Bei nahtlosen Behältern aus Material von höherer Festigkeit als 45 kg/qmm sind Wandstärken und Prüfungsbedingungen mit dem G. L. besonders zu vereinbaren.

6. Die Dicke flacher Böden ist nach der Formel

$$s = \frac{D}{73}\sqrt{p}$$

zu bestimmen, worin

s, D und p dieselbe Bedeutung wie vorher haben.

7. Die Behälter sind so einzurichten, daß sie im Innern besichtigt werden können. Für Behälter bis zu 2,5 m Länge ist an einem Ende eine Öffnung, für Behälter über 2,5 m eine Öffnung an jedem Ende oder eine Teilung in der Mitte vorzusehen. Die lichte Weite der Öffnungen, die nicht im Mantel, sondern in den Böden liegen müssen, soll 50% des Behälterdurchmessers bis zur Größe eines Mannloches betragen, jedoch nicht kleiner als 120 mm im Durchmesser sein. In jedem Fall genügt aber eine Öffnung, ohne Rücksicht auf die Länge des Behälters, wenn sie die Größe eines Mannloches hat.

Die Dichtung der Flanschen kann durch Nut und Feder mit eingelegten Kernleder-, Kupfer- oder Kupferasbestringen geschehen.

8. Die Behälter sind so unterzubringen, daß die innere Besichtigung leicht ausgeführt werden kann. Bei horizontaler Anordnung sollen sie möglichst in der Längsrichtung des Schiffes mit einer Neigung von wenigstens 10° angeordnet werden. Sie sind an ihrer tiefsten Stelle mit einer Entwässerungsvorrichtung zu versehen. Bei Lagerung in der Querrichtung ist eine entsprechende größere Neigung zu wählen, oder es sind Entwässerungen an beiden Enden anzubringen.

9. Jeder für sich abschließbare Behälter, der getrennt von den übrigen mit Druckluft gefüllt werden kann, erhält ein Sicherheitsventil und ein Manometer, oder es sind an der gemeinsamen Zuleitung ein Manometer und ein Sicherheitsventil und an jedem Behälter eine Sprengplatte anzuordnen, die bei dem in § 9, 1a vorgesehenen Probedruck in Tätigkeit tritt. Mehrere zu einer Gruppe zusammengefaßte Behälter gelten hierbei als ein Behälter. Stehen mehrere Behälter miteinander in Verbindung, und können nicht voneinander abgeschlossen und nur gemeinsam aufgefüllt werden, so ist für sie zusammen mindestens ein Sicherheitsventil und ein Manometer anzuordnen.

Das Schema einer Druckluftanlage mit einer dreistufigen Luftpumpe ist in Fig. 34 gezeigt. Die Luft wird durch ein Sieb und eine Regulierklappe oder einen Regulierschieber eingesaugt, stufenweise verdichtet, und hinter jeder Druckstufe gekühlt und gereinigt. Das Druckrohr jeder Stufe und der Wassermantel eines jeden Kühlers sind mit Überdruckventilen oder Sprengplatten versehen; diese Sicherheit muß bei den Kühlern mit Rücksicht auf etwa auftretende Undichtigkeiten der Luftleitung im Kühler vorhanden sein, damit der nur für den Kühlwasserdruck gebaute Behälter in einem solchen Falle nicht zerstört wird. Nach dem Austritt aus jedem Kühler wird die Luft in einem Abscheider von Öl und Wasser gereinigt; die so gekühlte und gereinigte Luft wird von der nächsten Stufe angesaugt und hier bei weiterer Drucksteigerung wieder erwärmt und durch das Schmieröl der Pumpe wieder verunreinigt, so daß sie nach dem Verlassen dieser Stufe wieder gekühlt und gereinigt werden muß. Das gleiche Spiel wiederholt sich bei weiterer Verdichtung in der dritten Stufe, aus der die Luft nach Kühlung und Reinigung mit dem gewünschten Druck, der durch den Eintrittsquerschnitt am Regulierschieber der ersten Stufe eingestellt wird, in die Einblaseluftflasche tritt.

Von der Einblaseluftflasche aus gelangt die Einblaseluft durch einen Einblasedruckregler und ein Absperrventil in eine Verteilerleitung, von

Brennstoffunterbringung und Brennstoffleitung.

der aus Zweigrohre unter Zwischenschaltung von Rückschlagventilen zu den einzelnen Brennstoffventilen führen.

Die Anlaßluft wird von der Pumpe aus in die Anlaßluftflaschen gedrückt oder von der Einblaseluftflasche aus nach den Anlaßluftflaschen übergeschleust. Bei Bedarf während des Betriebes muß also die Luftpumpe neben der Einblaseluft noch diesen Überschuß liefern. Ebenso wie die Einblaseluftflasche können auch die Anlaßluftgefäße entwässert werden. Von den Anlaßluftgefäßen aus wird die Anlaßluft durch Absperrventile und ein Druckminderventil zu den einzelnen Anlaßventilen geleitet.

Es war schon bei der Erklärung des Manövervorganges (siehe S. 76) darauf hingewiesen, daß durch eine Verblockung mit dem Manöverhebel die Luftleitungen nur während der Dauer des tatsächlichen Luftbedarfs angestellt sind, sonst werden die Leitungen durch den Manöverhebel abgestellt und vielfach auch selbsttätig entlüftet.

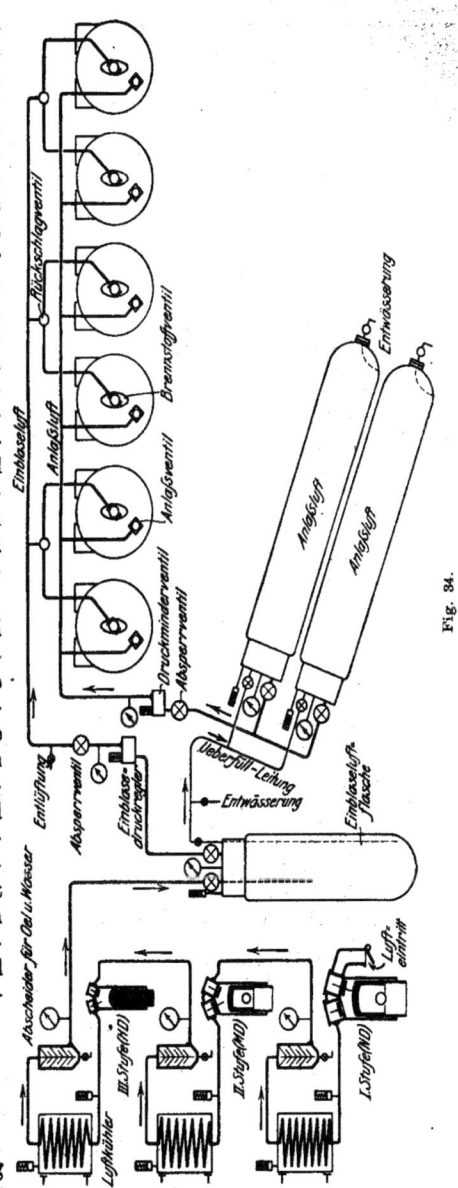

Fig. 34.

Brennstoffunterbringung und Brennstoffleitung.

Die Aufbewahrung und Zuführung des Brennstoffes wird in erster Linie der Sicherheit des Schiffes und den Eigenarten flüssiger Brennstoffe Rechnung tragen müssen. Daß die

84 VIII. Allgemeines über die Bauweise der Schiffsölmaschine.

Feuergefährlichkeit der für Schiffsölmaschinen nach dem Dieselverfahren verwendeten Brennstoffe nicht so groß ist, wie vielfach noch angenommen wird, ist schon weiter vorn (s. S. 55) betont. Von den Vorschriften der Versicherungsgesellschaften seien die des Germanischen Lloyd nachstehend wiedergegeben, die auch das Wesentliche über die Treibölanlage für Dieselmotoren enthalten.

§ 12.
Aufbewahrung des Betriebsstoffes.

1. Freistehende Vorratsbehälter sollen **möglichst außerhalb des Motorraumes** angeordnet oder, wenn darin befindlich, so aufgestellt und eingerichtet sein, daß sie nicht vom Motor und seinen Rohrleitungen sowie von Hilfskesseln oder Heizöfen erwärmt werden und ein Entweichen des Betriebsstoffes oder feuergefährlicher Gase in den Raum ausgeschlossen ist. Die Behälter von solchen Betriebsstoffen, deren Entflammungspunkt unter 30° C liegt, müssen außerhalb des Maschinenraumes untergebracht sein.

Die Vorratsbehälter müssen nach allen Seiten hin so abgesteift sein, daß sie ihre Lage nicht ändern können. Sie dürfen mit keinem ihrer Teile zur Versteifung des Schiffskörpers herangezogen werden und müssen lösbar befestigt sein. Sie sollten sowohl zum Entleeren eingerichtet als auch zur Vornahme innerer Besichtigungen mit geeigneten Öffnungen versehen werden. Die Anbringung von Befestigungsringen und -haken oder anderen Dingen an den Behältern oder deren Armatur, soweit sie nicht zur Befestigung des Behälters selbst dienen, ist nicht gestattet.

Kleinere Behälter sind möglichst aus Kupfer, Messing oder galvanisiertem Eisenblech herzustellen und müssen in den Nähten genietet und gelötet oder geschweißt sein. Für Benzin bestimmte Behälter sollten, wenn aus Messing oder Kupfer hergestellt, innen verzinnt, und wenn aus Eisen bestehend, verbleit werden. Die Behälter sind, wenn erforderlich, ihrer Größe und der Höhe des Betriebsdruckes entsprechend mit inneren Versteifungen und Schlagplatten zu versehen.

Das Füllen der Behälter darf nur von Deck aus oder von außenbords durch ein besonderes Füllrohr stattfinden, während ein zweites Rohr die Luft und Gase in die freie Luft entweichen läßt. Geschieht das Füllen auf kleinen Booten mittels Trichters, so darf das besondere Luftrohr fehlen, doch muß der Trichter auf dem Behälter aufgeschraubt werden können.

Erhalten die Behälter gläserne Standrohre, so sind diese absperrbar einzurichten und mit Schutzvorrichtungen zu versehen. Die Absperrvorrichtungen müssen von Deck aus betätigt werden können, wenn der Entflammungspunkt des Betriebsstoffes unter 30° C liegt.

2. Über die Ausführung und Prüfung der Ölvorratsbehälter, die einen **Teil des Schiffskörpers** bilden, siehe Abschnitt 12 und 21 der Bauvorschriften für Seeschiffe.

3. Im Doppelboden dürfen nur etwa 80% des überhaupt mitgeführten Betriebsstoffes untergebracht werden; die restlichen 20% müssen so aufbewahrt sein, daß sie durch Außenhautbeschädigung nicht verloren gehen können, und sollen immer zuletzt gebraucht werden.

§ 3.
Zuführung des Betriebsstoffes.

1. Die Speiseleitung vom Betriebsstoffbehälter zum Motor muß gegen mechanische Beschädigung nach Möglichkeit gesichert und **am Behälter mit einer Absperrvorrichtung** versehen sein. Diese Absperrvorrichtung muß auch vom Deck aus betätigt werden können, wenn der Entflammungspunkt des Betriebsstoffes unter 30° C liegt.

2. Die **Verbindungsrohre** sind, soweit es ihre Verlegung erlaubt, in möglichst großen Längen herzustellen. Lötungen dürfen nur mit Hartlot geschehen. Die Rohre sind, soweit es zur Erzielung einer elastischen Verbindung notwendig ist, mit Schleifen oder Krümmungen zu versehen.

Die Verbindung der Rohre unter sich geschieht in Leitungen für Petroleum, Benzin usw. mittels konisch dichtender Verschraubungen, die stets zugänglich sein müssen; bei Schwerölen sind auch Flanschenverbindungen zulässig außer bei der Druckleitung zwischen Brennstoffpumpe und Zylinder.

3. Die Zuführung des Betriebsstoffes zu den Arbeitszylindern muß unabhängig von einer etwa vorhandenen Handregulierung der Fördermenge bei Überschreitung der normalen Tourenzahl durch einen **Sicherheitsregler**, der nicht durch Riemen angetrieben sein darf, eingestellt werden können.

4. Die Leitungen zwischen den Druckventilen der Brennstoffpumpen und den Einspritzventilen an den Zylindern müssen mit einer besonderen Handpumpe oder sonstwie in zuverlässiger Weise aufgefüllt und zu diesem Zwecke **entlüftet** werden können.

5. Bei **Gleichdruckmaschinen** sind die Pumpen zur Förderung des Betriebsstoffes so anzubringen, daß die Zugänglichkeit zu den Ventilen, besonders zu den Druckventilen, von denen zwei an jeder Pumpe vorhanden sein sollten, auch während des Betriebes gewahrt bleibt. Für jeden Zylinder ist in der Regel eine besondere Brennstoffpumpe vorzusehen. Geschieht dies ausnahmsweise nicht, und werden zwei oder mehrere zu einer Gruppe zusammengefaßte Zylinder von einer Pumpe bedient, so muß eine betriebsfertige Reservepumpe vorhanden sein.

Bei einer gemeinsamen Pumpe für mehrere Zylinder muß die Fördermenge in der Druckleitung zu jedem Brennstoffventil von Hand regulierbar und diese Reguliereinrichtung gegen unbefugten Eingriff gesichert sein.

Die Zuleitung zur Pumpe erhält eine Reinigungseinrichtung, die derart sein muß, daß sie auch während des Betriebes nachgesehen bzw. ausgewechselt werden kann.

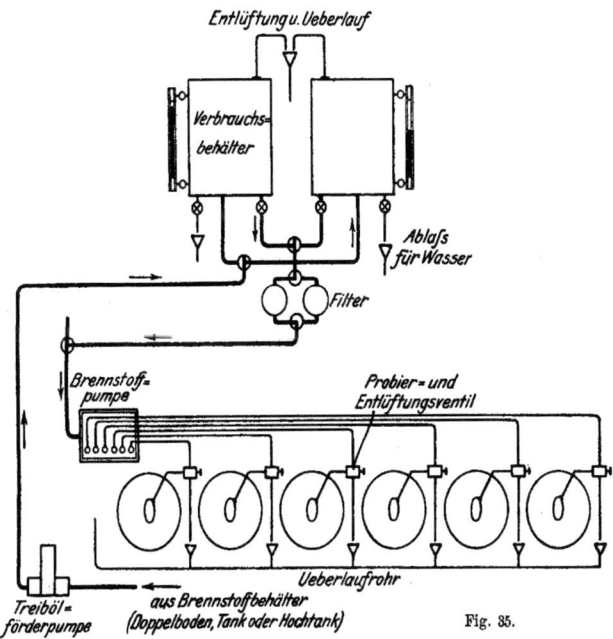

Fig. 35.

In Fig. 35 ist eine Treibölanlage im Schema dargestellt. Die Treibölförderpumpe, welche auch zum Umpumpen von Treiböl, zur Übernahme und Abgabe gebraucht werden kann, füllt einen Verbrauchsbehälter auf, während der andere in Betrieb ist. Der Brennstoff fließt durch einen Filter den Brennstoffpumpen zu, von wo aus für jeden Arbeitszylinder ein Druckrohr abgeht. Vor dem Anfahren der Maschine müssen die Druckrohre mit Brennstoff aufgefüllt werden, damit die Zylinder rechtzeitig Zündung erhalten und nicht unnötig lange mit Preßluft arbeiten, da dies meistens zu Fehlmanövern führt. Dazu sind die Brennstoffpumpen mit einem zweiten Pumpenkolben versehen, welcher mit der Hand bewegt wird. Man pumpt dann so lange mit der Handpumpe, bis an den geöffneten Entlüftungsventilen dicht vor den Brennstoffventilen Treiböl austritt. Das Ventil wird dann wieder geschlossen. Beim Verlegen der Treibölleitungen ist darauf zu achten, daß die Bildung von Luftsäcken in den Rohrleitungen vermieden wird.

IX. Instandhaltungsarbeiten.
Vorsichtsmaßregeln, Druckproben.

Für die Instandhaltungsarbeiten an Ölmaschinen gelten sinngemäß auch die Vorsichtsmaßregeln, welche in Maschinenbetrieben allgemein zu beachten sind. Daher ist beim Öffnen von Innenräumen immer vorher dafür zu sorgen und festzustellen, daß diese Innenräume weder Druck noch brennbare Gase enthalten. Vor allen Arbeiten ist die Ölmaschine, um aus dem Arbeitsraum und den an ihn angeschlossenen Rohrleitungen den Druck abzulassen, bei geöffneten Indikatorventilen und abgestellter Druckluft zu drehen; der Manöverhebel muß dabei einmal auf „Betrieb", dann bei erneutem Drehen auf „Anlassen" gelegt werden, die Umsteuerung dem Drehsinn entsprechend; mit dieser Einstellung der Steuerung werden Viertaktmaschinen der Wirkungsweise entsprechend mindestens zweimal für jede Lage des Manöverhebels, Zweitaktmaschinen einmal gedreht. Durch diese Vorsichtsmaßregel kann jeder Innendruck durch die Indikatorventile ausströmen. Das Innere von Preßluftflaschen, Luftpumpen usw. ist vor dem Aufnehmen dieser Teile ebenfalls mit der Außenluft in Verbindung zu bringen.

Beim Aufnehmen von Deckeln und Flanschen werden zunächst nicht alle Muttern ganz entfernt, sondern einige bleiben im gelösten Zustande so lange auf ihren Schrauben, bis die Deckel oder Flanschen von der Packung gelöst sind.

Wo kein Tageslicht vorhanden ist, verwende man nach Möglichkeit elektrische Beleuchtung. Für Ölbehälter und alle Innenräume, welche brennbare Gase enthalten könnten, immer elektrische Beleuchtung oder Sicherheitslampen.

Das Nachsehen der Innenräume vor dem Dichtsetzen muß unmittelbar vorher erfolgen.

Die Sicherheit der einzelnen Teile der Anlage gegen ihren Betriebsdruck wird durch Druckproben geprüft, die im Bedarfsfalle und nach größeren Instandsetzungen zu wiederholen sind. Die Vorschriften des Germanischen Lloyd für Verbrennungsmotoranlagen besagen darüber folgendes:

Vorsichtsmaßregeln, Druckproben. 87

§ 1.
Allgemeines.

1. —

2. Die Motoranlagen sind wie die Dampfmaschinenanlagen (siehe § 4 der Klassifikationsvorschriften) in den für das Schiff vorgeschriebenen Zeitabschnitten einer **speziellen Besichtigung** zu unterwerfen, bei der sie in allen Teilen geöffnet und gründlich untersucht werden müssen.

Dazwischen sind sie alljährlich einer einfachen Besichtigung zu unterziehen, bei der es dem Ermessen des Besichtigers überlassen ist, zu bestimmen, welche Teile zu einer eingehenderen Untersuchung freigelegt oder geöffnet werden sollen.

Hinsichtlich der Wellenbesichtigung gelten die Bestimmungen des § 4a der Klassifikationsvorschriften, und über die periodischen Druckproben der Druckluftbehälter ist das Nähere in § 9 dieser Vorschriften gegeben.

§ 9.
Druckproben.

1. Es müssen einer **Wasserdruckprobe** unterworfen werden:

a) die Zylinder der Motoren und Kompressoren mit den zugehörigen Deckeln, die Druckluftentöler, die Kühlschlangen der Kompressoren, die Brennstoffpumpen, Brennstoffventile und Druckluftbehälter bei einem Betriebsdruck von

$p \geq 10$ kg/qcm einem Probedruck von $1{,}5 \times p$ kg/qcm
$p < 10$ „ „ „ „ $p + 5$ kg/qcm

b) die Spülzylinder, die Spülluftleitungen und -aufnehmer einem Probedruck von 2 kg/qcm,

c) alle Kühlräume einem Probedruck von $1{,}5 \times$ Betriebsdruck des Kühlwassers, mindestens aber mit 4 kg/qcm,

d) freistehende Vorratsbehälter, aus denen der Betriebsstoff mittels Überdruckes zur Maschine geleitet wird, mit dem doppelten Betriebsdruck, andere Behälter mit 0,3 kg/qcm. Ausbeulungen dürfen beim Abdrücken nicht entstehen. Über die Druckproben von Öltanks, die einen Teil des Schiffskörpers bilden, siehe Abschnitt 21 der Bauvorschriften für Seeschiffe.

Die Druckproben unter a) bis c) sind bei Leistungen unter 150 PSe je nach den Umständen nur auf besonderes Verlangen des Besichtigers auszuführen.

Die Druckproben der Arbeitszylinder brauchen sich nur über das erste Drittel des Hubes zu erstrecken.

Wird der Auspuff zwecks Leistungserhöhung gedrosselt, oder liegen sonstwie besondere Verhältnisse vor, so ist der Probedruck zu b) mit dem Vorstande des G. L. zu vereinbaren.

2. Die **Höhe der Betriebsdrücke** ist vom Werk anzugeben und wird nach Fertigstellung der Anlage gelegentlich der Maschinenprobe vom Besichtiger kontrolliert.

3. Die Druckproben der Druckluftbehälter sind alle vier Jahre zu **wiederholen**. Bei Behältern, die vor 1912 aufgestellt sind und innen nicht besichtigt werden können (siehe § 11, 7), ist die Prüfung alle zwei Jahre auszuführen.

Im folgenden werden einige Instandhaltungsarbeiten behandelt, soweit sie für den Fachmann, der mit der Instandhaltung von Maschinenanlagen allgemein vertraut ist, von Interesse sind und die besonderen Eigenarten der Schiffsölmaschine betreffen.

Verbrennungsraum. Für die Häufigkeit der Untersuchungen und der Reinigung des Verbrennungsraumes ist in erster Linie die Beschaffenheit des Treiböles und des Schmieröles und die Güte der

Verbrennung maßgebend. Genau so wie man im Dampfkesselbetriebe die Feuerungsanlage bei Verwendung von schlechter Kohle mit viel Rückständen häufiger reinigt, so muß man auch bei Ölmaschinen aus der Kenntnis des Triböles und der Beobachtung des Betriebes den Zeitpunkt für die Untersuchung und Reinigung des Verbrennungsraumes festsetzen. Bestimmte Zeitpunkte lassen sich dafür nicht angeben, diese muß der Betriebsleiter selbst bestimmen. Selbstverständlich wird er gut tun, bis zur Erlangung genügender Erfahrungen und eines sicheren Urteils diese Arbeiten häufiger vorzunehmen, als zu warten, bis die Folgen zu großer Verschmutzung dazu zwingen. Bei Ölmaschinen ist immer zu berücksichtigen, daß auch die Steuerventile mit ihren empfindlichen Dichtungsflächen im Verbrennungsraum arbeiten. Etwaige feste Rückstände aus der Verbrennung des Öles — und wenn sie noch so gering sind —, ferner Koks und Ruß führen schließlich zu Beschädigungen und unzulässigen Abnutzungen an den Kolbendichtungen, Laufflächen und Ventilen.

Eine vorläufige Untersuchung und Reinigung des Verbrennungsraumes ist beim Auswechseln oder durch Herausnahme eines Ventils möglich, läßt sich also in verhältnismäßig geringer Zeit durchführen. Man untersucht dabei besonders die Kolbenböden dort, wo der Zündstrahl des Brennstoffventils hintrifft und die Verbrennungsrückstände sich leicht festsetzen. Durch Abkratzen und Auswischen lassen sich diese Rückstände leicht entfernen, wobei darauf zu achten ist, daß die abgekratzten oder abgesprungenen Koksteilchen nicht in die Kolbenfuge fallen. Die Laufflächen des Zylinders werden auf Riefen untersucht. Dabei wird auch der Schmierzustand des Zylinders festgestellt. Nach dem Befund dieser Untersuchung stellt man die Zylinderschmierung ein, zu geringe Schmierung hat Riefen zur Folge, zu starke Schmierung Koksbildung.

Zu einer genaueren Untersuchung und Reinigung des Verbrennungsraumes wird der Zylinderdeckel abgenommen und der Kolben ausgebaut. Es ist, wie bei allen derartigen Untersuchungen des Betriebes für den Betriebsleiter von besonderem Wert, den Verbrennungsraum und den ausgebauten Kolben unmittelbar nach dem Aufnehmen zu besichtigen, da diese Untersuchung die besten Schlüsse auf die Güte des Betriebes gestattet. Die Verschmutzung des Kolbenbodens und der Düsenplatte gibt auch ein Maß für die Güte der Verbrennung und die Geeignetheit des Öles. Starke Ölschmiere an den Kolbenringen läßt auf zu reichliche Schmierung oder mangelhafte Wirkung der Ölabstreifringe schließen, deren Abnutzung dabei gleich festgestellt wird. Die Kolbenringe werden auf Lose und Spannfähigkeit untersucht, ob sie durch Koks oder verhärtete Ölschmiere sich festgesetzt haben, wie sie getragen haben, und ob Riefen oder Grat vorhanden sind.

Die Einführungsstutzen für das Schmieröl sind zu reinigen und die Schmierrohre für die Zylinderschmierung durchzublasen oder, wenn erforderlich, vorher auszuglühen.

Zeigen die Laufflächen Riefen oder Ansatz, so werden sie geglättet. Die Kolbenringe werden ausgebaut und gereinigt, Ölschmiere und Koks an den Ringen und in den Ringnuten können mit Petroleum gelöst werden. Der Kolbenboden wird nach der Reinigung genau (mit Lupe) auf Rißbildung untersucht. Der Kolbenkühlraum wird bei Wasserkühlung auf Ablagerungen, bei Ölkühlung auf Ölkoks, der hier besonders stark sein kann, untersucht und gereinigt.

Nach der Reinigung und Bearbeitung werden die Bohrung der Laufbuchse und der Durchmesser des Kolbens an mehreren Stellen des Hubes und dort wieder in Quer- und Längsrichtung festgestellt. Bei kreuzkopflosen Maschinen muß immer mit einem Verschleiß in der Schwingebene der Schubstangen gerechnet werden. Die zulässige oder die erforderliche Lose richtet sich nach der Größe und Bauart der Maschine und ist von der Baufirma anzugeben.

Ist die Laufbuchse einseitig ausgearbeitet, so wird sie ausgebohrt oder besser ganz ausgewechselt, da eine ausgebohrte Laufbuchse einen neuen und passenden Kolben verlangt. Verschiedene Zylinderbohrung wird aber besonders im Bordbetriebe durch die Notwendigkeit verschiedener Reserveteile für Kolben und Kolbenringe ungünstig.

Neue Kolbenringe werden vor dem Einbau in den Zylinder eingepaßt, und es wird dabei festgestellt, ob sie an der Stoßstelle das richtige Spiel besitzen; es beträgt je nach der Zylindergröße 2—4 mm. Nach dem Einsetzen der Ringe in den Kolben wird auch die Lose der Ringe in den Ringnuten festgestellt. Die oberen Ringe, welche am heißesten werden, erhalten 0,1—0,2 mm Spiel, die unteren Ringe sollen leicht passen. Alle Ringe sind auf gutes Federn zu prüfen. Beim Einsetzen sind die Haltestifte der Ringe zu beachten, die Gewähr dafür bieten, daß die Teilfugen der Ringe gegeneinander versetzt sind. Auch ist auf das richtige Einsetzen der Ölabstreifringe zu achten. Sie sollen,

Fig. 36.

besonders bei kreuzkopflosen Maschinen, das von dem Kurbelgetriebe hochgeschleuderte Öl wieder nach unten abstreifen. Sie gleiten infolge ihrer Form beim Aufwärtsgang über das Öl hinweg und streifen es beim Abwärtsgang von der Lauffläche ab. Daher muß beim Einsetzen darauf geachtet werden, daß der zylindrische Teil sich unten befindet (s. Fig. 36). Die Ölabstreifringe müssen erneuert werden, wenn der zylindrische, also aufliegende Teil durch Abnutzung über 0,5 der ganzen Höhe wird. Vor dem Einbau ist der Kolben gut einzuschmieren. Die Ringe werden durch Spannblech oder Leitbleche eingeführt.

Der allseitige gute Abschluß des Kolbens in der Laufbuchse ist für den Betrieb sehr wichtig, da Undichtheit des Kolbens sowohl bei der Verdichtung Druck entweichen als auch bei der Verbrennung die heißen Verbrennungsgase zwischen der Dichtungsfläche durchtreten läßt. Durch diese Strömung heißer Gase wird auch die Schmierung des Zylinders während des Betriebes gestört. Die Untersuchung des Kolbens auf guten Abschluß erfolgt durch Preßluft (s. S. 94).

Neue Kolben, Ringe und Laufbuchsen sollte man nach Möglichkeit erst bei niedriger Drehzahl einfahren und damit erst auf Vollast gehen, wenn man Gewißheit für gutes Arbeiten hat.

Der Kühlraum des Deckels und des Zylindermantels werden gereinigt, wenn nötig durch Öffnen der Kernlochverschraubungen. Dabei sind auch die Zinkschutzplatten zu reinigen und unter Umständen zu erneuern. Der Deckel muß besonders an den Ventildurchführungen auf Rißbildung untersucht werden. Die Dichtungsflächen für die Ventileinsätze sind gut zu reinigen.

Beim Zusammenbau ist besonderer Wert darauf zu legen, daß der Verdichtungsraum, d. h. der Abstand des Kolbens in der oberen Totlage vom Zylinderdeckel, sein ursprüngliches und richtiges Maß erhält. Über den Einfluß dieses Maßes auf die Güte des Arbeitsverfahrens ist in den einleitenden Betrachtungen schon hingewiesen. Eine geringe Veränderung der Stärke der Deckelpackung oder der Stellung des Kolbens durch Lagerarbeiten beeinflußt das Verdichtungsverhältnis und damit Enddruck und Endtemperatur des Verdichtungshubes.

Die Größe des Verdichtungsraumes wird zunächst durch Ausmessen mit Öl oder Wasser festgestellt. Man setzt dazu den Arbeitskolben in die obere Totpunktlage und dichtet ihn mit Talg gegen die Zylinderwand ab. Dann füllt man durch eine Ventilöffnung Öl oder Wasser literweise ein. Nach dem Ausmessen tut man gut, den Abstand zwischen Kolben und Deckel an einer bestimmten Stelle zu messen, da man später dieses Maß unmittelbar zur Einstellung des Verdichtungsraumes benutzen kann. Man läßt dazu beim Drehen der Maschine einen Bleipfropfen, der durch eine Ventilöffnung in den Zylinder hineingehalten wird, an dieser Stelle zusammendrücken. Soll der Verdichtungsraum verändert werden, so geschieht dies durch Veränderung der Zwischenlagen zwischen Schubstange und Kurbellager. Es empfiehlt sich hier, wie auch in allen anderen Fällen, bei größeren Instandsetzungen die Veränderung des Verdichtungsraumes, welche durch Nacharbeiten der Lager usw. entsteht, gleich festzustellen und schon beim Zusammenbau zu berücksichtigen.

Ventile. Für die Instandsetzung und den Ersatz der Ventile der Steuerung ist es zweckmäßig, für ein während des Betriebes unklar gewordenes Ventil ein vollständiges Reserveventil einzusetzen und hinterher das unklare Ventil instand zu setzen, um es für wiederum notwendig werdenden Ersatz bereitzuhalten. Dadurch wird eine Betriebsstörung sehr abgekürzt, und außerdem bleiben die Teile des Ventils zusammen, welche schon gemeinsam gearbeitet haben. Außerdem wird durch dieses Verfahren die „Ermüdung" des Materials nicht so früh eintreten.

Bei allen größeren Instandsetzungen werden die Federn der Ventile bei der erforderlichen Vorspannung durch Belastung geprüft, ob sie noch genügende Spannkraft besitzen. Sie können nachgespannt werden, bis sie bei der Zusammenpressung um den Ventilhub von der Vorspannung aus nicht mehr genügend Lose zwischen den einzelnen Windungen besitzen. Beim Einschleifen großer Ventile, wie Einlaß-, Auslaß- und Spülventile, ist es zu empfehlen, die Gehäuse durch Einsetzen in eine besondere Spannvorrichtung in denselben Belastungszustand zu bringen, den sie auch im Deckel des Zylinders während des Betriebes einnehmen. Die Ventilsitze dieser Ventile sind meist an das Ventilgehäuse angesetzt, damit bei Abnutzung durch Nachschleifen und Nachdrehen das Gehäuse selbst weiter verwendet werden kann.

Die Abdichtung der Ventilgehäuse im Zylinderdeckel erfolgt durch eingeschliffene Flächen, welche konisch oder flach sein können, im letzteren Falle wird auch vielfach ein Kupferring als Packung eingelegt. Beim Nachschleifen und besonders beim Glätten und Nachdrehen dieser Dichtungsflächen ist darauf zu achten, daß die Ventile nicht zu weit in den Zylinder hineinragen. Über besondere Arbeiten an den einzelnen Ventilen ist noch folgendes zu sagen:

Brennstoffventil. Verschmutzte Zerstäuber und Düsenplatten verursachen schlechte Zerstäubung. Daher sind diese Teile gegebenenfalls zu reinigen. Die Öffnungen der Düsenplatten dürfen nicht mit scharfen und harten Gegenständen aufgerieben werden, sondern sind mit einem Messingdraht durchzustoßen.

Die Brennstoffnadel soll besonders vorsichtig behandelt werden und vor Verbiegen und Schrammen an dem in der Führung gleitenden Teil geschützt werden. Man soll sie daher nicht hinlegen, sondern in einen Holzeinsatz stellen oder hängen. Die Dichtungsfläche wird, wenn das Ventil verschmutzt ist, nur mit Brennstoff auf dem Sitz gerieben; das Einschleifen ist nur nötig, wenn der Sitz beschädigt ist, und wird mit feinster Schleifmasse ausgeführt.

Von besonderer Wichtigkeit ist die Nadelstopfbuchse. Die Nadeln sollen sich in der Stoffbuchse leicht und schließend bewegen lassen. Sie sollen nicht während des Betriebes, sondern nur bei Stillstand nachgezogen werden, wobei gleich festzustellen ist, ob sie durch das Nachziehen nicht zu schwergängig geworden sind oder gar klemmen. Als Packungsmaterial für die Nadelstoffbuchse, welche gegen den Druck der Einblaseluft und Brennstoffpumpe abdichten muß, sind die verschiedensten Weichpackungen erprobt worden und auch in Gebrauch; sehr gut hat sich eine Verpackung mit Bleispänen bewährt. Die Bleipackung wird in der Weise hergestellt, daß man die Brennstoffnadel umgekehrt oder auch eine besondere Packungsnadel in die Stoffbuchse einführt und dann lange Bleispäne, welche mit Zylinderöl getränkt und bündelweise zusammengedreht werden, um die Nadel herum in den Packungsraum legt. Hier wird sie mit einer Packungshülse eingestampft, wobei die Hülse ständig gedreht wird, damit die Nadel hernach genau konzentrisch in der Packung sitzt. Auf die Bleipackung legt man hernach einen Schlußring aus Vulkabeston. Dann wird die Nadel richtig eingesetzt und mit Zylinderöl so lange geschliffen, bis sie sich in der Packung leicht und schließend bewegen läßt. Die Bleipackung erscheint beim Durchblicken durch die Nadelführung als eine glatte Bleihülse. Um festzustellen, ob die Nadel auch zentrisch sitzt, wird die Nadel mit Ruß oder Bleistiftstrichen auf den Sitz gedrückt, wobei ein Drehen der Nadel vermieden werden muß.

Auslaßventil. Die Auslaßventile leiden am meisten durch unreine Verbrennung und beim Durchlassen der heißen Auspuffgase. Sie müssen daher besonders beobachtet und häufig untersucht werden, denn ihr Zustand gibt auch den besten Anhalt für die Güte der Verbrennung. Geringe Undichtigkeiten, welche dadurch entstehen, daß feste Verbrennungsrückstände von dem Ventil festgeklemmt und eingeschlagen werden, vergrößern sich sehr leicht und bald durch die Durchströmung der Verbrennungsgase so weit, daß der Ventilkegel verbrennt, wodurch dann die Verdichtung unmöglich wird und der Zylinder aussetzt. Dies kann durch rechtzeitiges Reinigen oder Nachschleifen des Ventils in vielen Fällen vermieden werden.

Auch der Kühlraum des Gehäuses oder Kegels des Auslaßventils ist häufig zu untersuchen; besonders ist darauf zu achten, daß das Einsteckrohr der Kegelkühlung nicht abgefressen ist, und daß der Zinkschutz noch in Ordnung ist.

Beim Einsetzen der Auslaßventile sollte man die Befestigungsschrauben nicht zu stark anziehen, da die Erwärmung des Ventilgehäuses während des Betriebes die Befestigung noch vervollständigt.

Anlaßventil. Bei diesem Ventil ist besonders darauf zu achten, daß die Spindelführung leichtgängig ist, damit das Hängenbleiben des Ventils in geöffneter Stellung vermieden wird (s. S. 102). Daher wird auch die Dichtung durch Stoffbüchse mit Packung vermieden, und die Stahlspindel wird in einer Bronzebuchse geführt, die das Festfressen der Spindel bei längerem Stillstand des Ventils — es wird ja nur zum Anfahren gebraucht — vermeiden soll. Die Spindel muß daher auch genügend Lose haben (0,5 mm). Beim Anlaßventil findet man daher außer der Steuerung zum Öffnen des Ventils vielfach noch einen besonderen Schließnocken, der die Wirkung der Ventilfeder einleiten und unterstützen soll.

Beim Einbau des Ventils muß darauf geachtet werden, daß das Gehäuse und die anschließenden Luftleitungen frei von Öl sind, da hierdurch bei undichtem Ventil usw. leicht Ölexplosionen entstehen können. Daher wird das Gehäuse nicht nur unten im Zylinderdeckel gegen den Verbrennungsraum hin abgedichtet, sondern meist auch noch mit einer Weichpackung in der oberen Wand des Deckels, damit auch während des Betriebes kein Öl durchsickern kann.

Einstellen der Steuerung.

Das Einstellen der Rollenlose. Die Einstellung der Steuerung beginnt mit der Feststellung der Lose zwischen den Nockenscheiben und Hebelrollen. Das Maß dieser Lose hängt von dem Bau und den Betriebsverhältnissen der Maschine ab. Allgemein läßt sich darüber folgendes sagen:

Der Rollenabstand darf nicht zu gering sein, da sonst beim Wachsen der Ventilspindeln durch die Wärme während des Betriebes die Rollen auf die Nockenscheiben gedrückt werden, dauernd mitlaufen, heiß werden und fressen. Schließlich wird ein weiteres Wachsen der Ventilspindeln dazu führen, daß die Ventile nicht mehr schließen, wodurch das Aussetzen des ganzen Zylinders erfolgt. Dieser Fall ist besonders bei den Auspuffventilen von Viertaktmaschinen leicht möglich. Beim Undichtwerden der Ventile wird die Spindel durch die austretende Stichflamme besonders stark erwärmt, so daß der Ventilkegel bald abbrennt. Bei diesen Ventilen ist also auf eine genügende Rollenlose besonders zu achten. Die Abnahme der Rollenlose in Millimetern beim Warmwerden der Maschine zeigen folgende Messungen, die an den Hebelrollen der Auslaßventile einer sechszylindrigen Maschine von 800 PS festgestellt wurden:

Einstellen der Steuerung.

Kalt . .	0,95	0,95	0,95	0,95	0,95	0,95
Warm . .	0,40	0,65	0,45	0,40	0,35	0,70
	0,55	**0,3**	**0,5**	**0,55**	**0,6**	**0,25**

Würde z. B. die Rollenlose bei Zylinder I nur 0,5 mm betragen haben, so wäre im Betriebe die oben erwähnte Störung eingetreten.

Bei den Einlaßventilen ist die Verringerung der Lose erklärlicherweise nicht so erheblich.

Während des Betriebes kann man die Rollenlose nachprüfen, indem man die Rollen mit dem Finger berührt; sobald die Rolle nicht am Nocken aufliegt, muß sie sich festhalten lassen können. Das Maß für das Wachsen der Spindeln, also die unbedingt erforderliche Rollenlose muß gleich bei der Erprobung der Maschine festgestellt werden und wird auch von den Baufirmen für jede Maschine angegeben.

Die Rollenlose darf aber auch andererseits nicht zu groß sein. Jedes Ventil muß einen bestimmten Eröffnungswinkel in bezug auf den Kurbelkreis haben. Ein zu großer Rollenabstand wird aber, wie aus Fig. 37 hervorgeht, sehr bald zu einer ungenügenden Eröffnungsdauer der Ventile führen. Bei den Brennstoffventilen, deren Hebel geknickt sind, weil die Brennstoffnadel von außen nach innen zu abdichtet, verursacht die Erwärmung der Nadel eine Vergrößerung der Rollenlose, wodurch die Eröffnungsdauer des Ventils abnimmt.

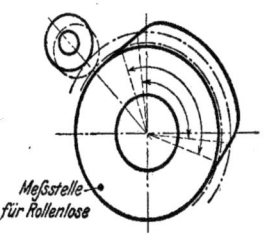

Fig. 37.

Diese Tatsachen zeigen, daß die endgültige und genaue Einstellung der Steuerung nur bei warmer Maschine durch indikatorische Untersuchung erfolgen kann.

Zur Einstellung der Rollenlose nach dem Einschleifen von Ventilen auf das richtige Maß werden von den einzelnen Firmen verschiedene Mittel angewendet.

Die Rollenlose selbst wird mit Hilfe von Paßblechen (Spion) festgestellt und darf nicht zu nahe an der Nockenerhöhung gemessen werden, sondern an dem kreisrunden Teil der Nockenscheibe, zweckmäßig immer an derselben Stelle, und zwar 180° zur höchsten Nockenerhebung.

Das Aufzeichnen des Kurbeldiagramms. Nach dem Einstellen der Rollenlose wird das Kurbeldiagramm festgestellt, d. h. es wird die Eröffnung und das Schließen der einzelnen Ventile in bezug auf die Kurbelstellung beim Drehen der Maschine ermittelt (s. Fig. 38 und 39).

Das Öffnen oder Schließen der Einlaß-, Auslaß- oder der Spülventile wird dann als erfolgt angenommen, wenn die Rolle des Hebels auf dem Nocken fest wird oder diesen losläßt.

Die Öffnungsdauer des Brennstoffventils wird durch Abblasen mit Preßluft gefunden. Dabei wird bei abgestelltem Brennstoff, jedoch mit angestellter Einblaseluft, die Maschine bei geöffneten Indikatorventilen gedreht, so daß das Öffnen des Ventils an dem Geräusch der in den

Zylinder tretenden Einblaseluft erkannt werden kann. Die Steuerung wird auf „Betrieb" und „Voraus" gelegt, sämtliche Indikatorventile werden geöffnet, damit die etwa durch undichte Brennstoffnadeln in den Zylinder tretende Preßluft entweichen und nicht als Anfahrluft wirken kann. Im letzteren Falle können leicht Beschädigungen entstehen. Aus diesem Grunde hält man auch nur 10÷15 at Luftdruck in der Einblaseleitung. Der Drehsinn der Maschine muß dabei selbstverständlich immer der gleiche bleiben, um die Lose und Verdrehung der Übertragung so mitzumessen, wie es der laufenden Maschine entspricht. Wenn beim Drehen der Maschine Luft aus einem Indikatorventil tritt, so wird die Eröffnung des Ventils nach Winkelgraden oder als Bogenlänge auf der Drehscheibe oder Kupplung vermerkt. Die Luft wird abgestellt und dann beim Weiterdrehen durch häufiges vorsichtiges Öffnen des Absperrventils der Einblaseluft geprüft, wann das Brennstoffventil schließt.

Gleichzeitig läßt sich dabei auch feststellen, ob die Brennstoffnadeln dicht halten. Bei undichter Brennstoffnadel wird die durchtretende Preßluft am Indikatorventil des Zylinders hörbar sein. Umgekehrt kann man durch geringen Überdruck im Zylinder die übrigen Ventile und den Kolben des Zylinders durch Abhören prüfen.

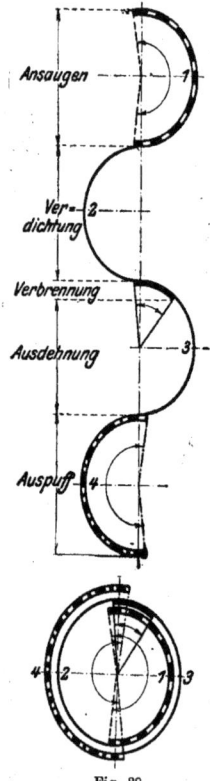

Fig. 38.

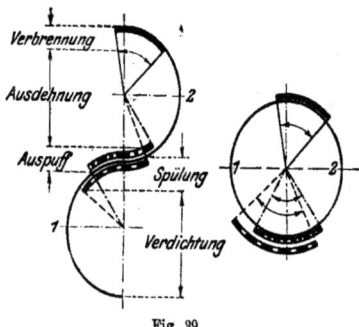

Fig. 39.

Ebenfalls ist beim Abblasen der Zylinder die Zündfolge zu prüfen. Für sechszylindrige Maschinen mit sechsfach gekröpfter Kurbelwelle sind allgemein zwei Gruppen zu je drei Zylindern üblich. Die Zündung erfolgt nun abwechselnd in diesen beiden Gruppen. Da bei Zweitaktmaschinen der einzelne Zylinder bei jeder Umdrehung zündet, bei Viertaktmaschinen aber erst bei jeder zweiten Umdrehung, so beträgt der Kurbelwinkel im ersten Falle 60°, im zweiten Falle 120°. Die Zündfolge ergibt sich dann für sechszylindrige Maschinen wie in Fig. 40a angegeben, für achtzylindrige Maschinen ergeben sich sinngemäß die Stellungen 40b, für vierzylindrige nach Fig. 40c.

Einstellen der Steuerung. 95

Wenn die Eröffnung der Ventile nicht ungefähr den erforderlichen Kolbenstellungen entspricht, so muß der Zusammenbau der Steuerantriebswellen untersucht werden. Es sei hier auf eine genaue Zeichnung der Zahnräder hingewiesen, die zweckmäßig nach Fig. 41 erfolgt.

Die Messung ergab für die Brennstoffventile bei einer sechszylindrigen Zweitaktmaschine z. B. folgende Werte:

Zylinder I II III
Rollenlose 0,7 0,55 0,5 mm
Zylinder IV V VI
Rollenlose 0,45 0,5 0,4 mm

Da die Rollenlose bei Zylinder I erheblich von den übrigen abweicht, wurde sie durch Nachstellen von 0,7 auf 0,4 mm gebracht.

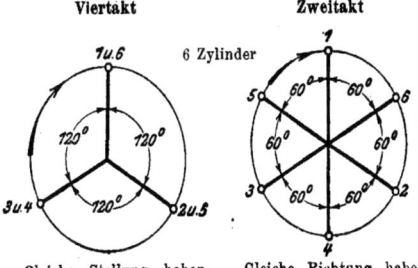

Fig. 40a.

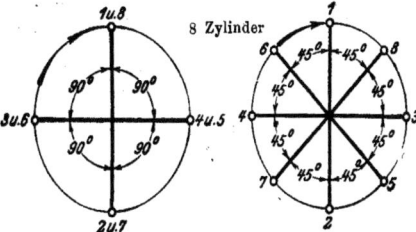

Fig. 40b.

Beim Abblasen der Maschine ergab sich in bezug auf den oberen Totpunkt in Millimetern auf der Drehscheibe gemessen:

Zylinder	I	II	III	IV	V	VI	
Eröffnung	60	18	73	70	0	55	mm vor OT
Schließen	355	306	340	340	400	363	„ nach „
Gesamteröffnung:	415	324	413	410	400	418	

Bei Zylinder II ist die Gesamteröffnung zu gering. Dieser Zylinder würde im Betriebe in der Leistung hinter den anderen Zylindern zurückbleiben. Da gleichzeitig die Rollenlose bei Zylinder II größer ist als bei den übrigen Zylindern, so wurde durch Verringerung der Rollenlose um 0,1 mm auf 0,45 die Gesamteröffnung auf

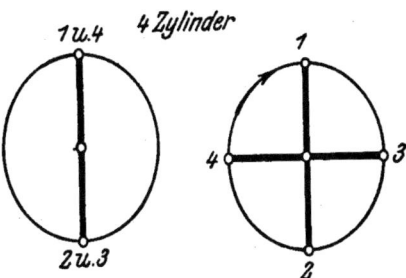

Fig. 40c.

410 mm gebracht, wobei gleichzeitig die Eröffnung vor dem OT von 18 auf 50 mm stieg, der Schluß des Ventils nach OT auf 360 mm.

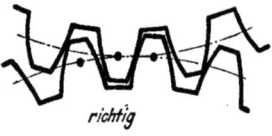

richtig

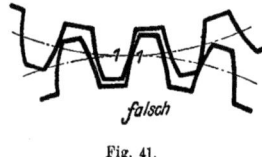

falsch

Fig. 41.

Das Brennstoffventil des Zylinders V wird zu spät geöffnet. Da die Gesamteröffnung und die Rollenlose normal sind, so muß hier eine Verstellung des Nocken vorgenommen werden. Durch Versetzen desselben um 2 mm auf der Nockenscheibe im Drehsinn öffnete das Ventil 60 mm vor OT und schloß 340 mm hinterher. Das Maß für die Verschiebung des Nocken läßt sich rechnerisch ermitteln. Ist b das Bogenstück auf der Drehscheibe in Millimetern, um welches die Eröffnung geändert werden soll, so ist bei Zweitaktmaschinen, wo die Nockenscheibe mit dem Durchmesser d die gleiche Winkelgeschwindigkeit wie die Drehscheibe mit dem Durchmesser D hat, der Nocken im Drehsinn zu versetzen um:

$$x = \frac{b \cdot d}{D},$$

bei Viertaktmaschinen um:

$$x = \frac{b \cdot d}{2D}.$$

Die Steuerung des Brennstoffventils ist also jetzt folgendermaßen eingestellt:

Zylinder	I	II	III	IV	V	VI	
Rollenlose	0,4	0,45	0,5	0,45	0,5	0,4	
Eröffnung	60	50	73	70	60	55	mm vor OT
Schließen	355	360	340	340	340	363	„ nach „
Gesamteröffnung:	415	410	413	410	400	418	

Wenn das Kurbeldiagramm fertig gezeichnet ist, wird es unter Zuhilfenahme eines erprobten Steuerdiagramms beurteilt.

Auf eine Vorsichtsmaßregel bei Arbeiten an der Steuerung sei an dieser Stelle hingewiesen: Wenn der Antrieb der Steuerscheibenwelle ausgebaut ist, so darf die Maschine nicht gedreht werden, sofern nicht die Umsteuerung so liegt, daß alle Hebelrollen außerhalb des Bereiches der Nocken sind, denn sonst können beim Drehen der Maschine etwa geöffnete Ventile, die sich jetzt nicht mit bewegen, durch die Kolben beschädigt werden.

Brennstoffpumpe. Von der guten Arbeitsweise dieser Pumpe hängt der Betrieb der Maschine ganz wesentlich ab. Abgesehen von natürlichem Verschleiß, leidet sie eigentlich nur durch unreinen Brennstoff, und auch nur dadurch werden die Ventile undicht. Daher ist es sehr wichtig, daß der Brennstoff vor dem Eintritt in die Pumpe ein Sieb durchfließt, welches von Zeit zu Zeit untersucht und gegebenenfalls gereinigt wird. Undichte Pumpenventile verursachen eine ungleichmäßige

Zylinderleistung; dies macht sich besonders bei geringer Belastung durch unregelmäßigen Gang der Maschine bemerkbar und ist daher für den Gleichgang der Maschine und die Beanspruchung der Welle besonders bei Schiffsmaschinen sehr nachteilig. (Siehe auch S. 125 u. f.)

Die Untersuchung der Ventile erfolgt am besten in der Weise, daß man zunächst die Druckventile ausbaut, das Gehäuse wieder schließt und nun von der Einblaseflasche her Preßluft durch das betreffende Brennstoffventil hindurch in die Pumpe gibt, wozu etwa noch vorgeschaltete Rückschlagventile herausgenommen werden müssen. Das Saugeventil darf dann keine Preßluft durchlassen. Dann setzt man die Druckventile ein und gibt wieder Preßluft. Bei dicht haltenden Druckventilen läßt sich das Saugeventil mit dem Finger aufdrücken, und es darf dabei keine Preßluft nach der Saugeleitung hin austreten. Bei der Erprobung des Saugeventils wird natürlich auch der Pumpenkolben in seiner Führung untersucht. Die Ventile dürfen nur mit feinster Schleifmasse nachgeschliffen werden, unnötiges Nachschleifen sollte man vermeiden.

Die Pumpenstempel untersucht man auf Verschleiß in der Führung. Zu starkes Anziehen der Stopfbuchse verursacht starken Verschleiß des Pumpenstempels, so daß sehr bald Undichtigkeiten auftreten. Als Packung verwendet man Exzelsiorschnur, Seidenasbest oder Planitmetall. Neuerdings wird der Pumpenstempel ohne besondere Packung in einer langen Bronzebuchse geführt, in die er eingeschliffen wird. Als Ersatzteile hält man hier wieder den Stempel mit der eingeschliffenen Führung vorrätig.

Das Antriebsgestänge der Pumpe und besonders das Steuergestänge der Saugeventile wird auf Lose in den Gelenken untersucht. Zu große Lose muß beseitigt werden, da sie die Wirkungsweise der Pumpe nachteilig beeinflußt.

Erst nachdem alle erforderlichen Arbeiten an der Pumpe ausgeführt sind, werden die Pumpen auf gleiche Fördermenge und damit gleiche Leistung der Arbeitszylinder eingestellt, wobei gleich bemerkt werden soll, daß die endgültige und genaue Einstellung gleicher Zylinderleistung nur durch indikatorische Untersuchung möglich ist (s. S. 117 u. f.). Der Arbeitsweise der Pumpe entsprechend erfolgt das Einstellen folgendermaßen: Der Pumpenkolben wird in den Einwärtstotpunkt gestellt, so daß er den Druckhub beendet hat, der Handhebel für die Brennstoffregulierung am Maschinistenstande auf Nullfüllung. Jetzt muß der Druckstempel der Brennstoffeinstellung das Saugeventil grade berühren, ohne es jedoch zu öffnen, d. h. wenn der Kolben den Druckhub beendet hat, so hat das Saugeventil grade geschlossen und war bei Nullfüllung während des ganzen Hubes geöffnet.

Treibölbunker und Behälter setzen nach einer bestimmten Zeit, die von dem verwendeten Brennstoff abhängt, am Boden eine gummiartige, zähe Schicht an. Diese läßt sich durch Abkratzen entfernen; gegebenenfalls kann man mit Petroleum nachwischen. Bei diesen Arbeiten ist jedoch mit Rücksicht auf das Personal für eine gute Lüftung Sorge zu tragen; offenes Licht muß unbedingt vermieden werden.

Luftanlage. Die Untersuchung der Luftpumpe erstreckt sich hauptsächlich auf die Kolben und Ventile. Diese Teile leiden neben dem Verschleiß hauptsächlich unter zu reichlicher Schmierung oder ungeeignetem Schmieröl, denn bei den in den Pumpen auftretenden hohen Temperaturen bildet sich sehr leicht Ölkoks, welcher die Kolbendichtungsringe festsetzt und schließlich den Bruch verursacht oder ein Klemmen der Ventilführungen und Undichtwerden der Ventile herbeiführt. Daher sind die Ventile häufig zu untersuchen und zur Instandsetzung gegen die Ersatzventile auszuwechseln, und die Kolben sind von Zeit zu Zeit, immer aber bei größeren Überholungen auszubauen.

Unmittelbar nach dem Ausbau der Kolben ist wieder der Schmierzustand festzustellen, und die Kolbenringe sind auf Verschleiß, Lose und Federung zu untersuchen. Da die Kolben der Hochdruckstufe geringen Durchmesser haben, so werden sie meistens aus einzelnen Teilen zusammengesetzt, damit die Ringe beim Ausbau und beim Einsetzen nicht übermäßig gespreizt zu werden brauchen.

Beim Einbau neuer Ringe werden diese wieder vorher in den Zylinder eingepaßt, damit der Stoß genügend Spiel bekommt. Wird beim Reinigen der Pumpenteile Petroleum oder sonst ein leichtflüchtiges Öl benutzt, so müssen diese Teile zur Vermeidung späterer Explosionsgefahr vor dem Einbau gut getrocknet werden. Von größter Wichtigkeit ist es, beim Zusammenbau das Spiel zwischen Kolben und Deckel genau einzustellen, besonders wenn Lagerarbeiten vorgenommen worden sind. Der zwischen Kolbentotlage und Deckel erforderliche Abstand wird von der Baufirma angegeben und richtet sich nach dem Druck, der in dem betreffenden Zylinder erzeugt werden soll.

Die Ventile dürfen nicht mit scharfem Werkzeug gereinigt werden. Eingeschlagene Ventile und schlappe oder gebrochene Federn sind auszuwechseln; zum Einschleifen der Ventile verwendet man feine Schleifmasse und Öl. Beim Einsetzen der Ventile achte man darauf, daß die Druckschraube im Deckel des Ventilgehäuses zunächst zurückgeschraubt wird. Erst nachdem der Ventileinsatz eingebaut und der Gehäusedeckel angezogen ist, wird der Ventileinsatz mit der Druckschraube in seinen Sitz gedrückt.

Der gute Abschluß der Ventile läßt sich mit Preßluft feststellen, dessen Höhe der Druckstufe entsprechend gewählt wird; das Druckventil der Hochdruckstufe darf z. B. keine Luft durch das geöffnete Gehäuse des Saugeventils dieser Stufe durchtreten lassen usw. Bei dieser Untersuchung läßt sich auch gleichzeitig der gute Abschluß der Kolben durch Druckluft feststellen.

An den Sicherheitsventilen der Luftanlage sind die Federn und Ventilsitze zu untersuchen; die Führungen der Ventile sind auf Gangbarkeit zu prüfen.

Luftkühler. Die Kühlrohre sind an der Wasserseite von den Abscheidungen des Seewassers zu reinigen. Die an der Luftseite der Rohre sich bildende Ölschicht, welche den Wärmedurchgang sehr stark hindert und daher die Wirkung des Kühlers beeinträchtigt, wird am besten durch Auskochen mit einer Sodalösung entfernt; hinterher werden die Rohre mit Dampf oder Luft gut durchgeblasen. Das Kühlgehäuse wird gereinigt und seine Überdruckvorrichtung nachgesehen. Der Zinkschutz wird von Zinkasche befreit oder, wenn nötig, erneuert;

beim Einbau des Zinkschutzes ist besonders auf eine gute metallische Verbindung zu achten, da hiervon die Schutzwirkung abhängig ist.

Die Lufträume der Kühler lassen sich auf Dichthalten untersuchen, indem man den Kühlraum öffnet, dann den der Druckstufe entsprechenden Druck in den Luftraum des Kühlers einläßt und nun den Kühler abhorcht.

Ölabscheider. Der Einsatz wird mit einer Sodalösung ausgekocht und gut gereinigt. Die Entwässerungsventile sind durch den häufigen Gebrauch und die dabei auftretende Strömung starker Abnutzung unterworfen und müssen daher häufig nachgesehen und instand gesetzt werden.

Luftgefäße. Sie sind im Innern zu reinigen und an den Stellen, wo sich Wasser ansammelt, auf Rostbildung zu untersuchen. Auf die Lage und Befestigung der Entwässerungsrohre im Innern der Behälter muß besonders geachtet werden. Über die Druckprobe der Luftgefäße siehe S. 87.

Kontrollapparate. Bei allen größeren Instandsetzungen benutze man die Gelegenheit, Manometer, Thermometer, Umdrehungsanzeiger usw. mit zuverlässigen und genauen Kontrollapparaten zu vergleichen und gegebenenfalls in Ordnung zu bringen.

X. Der Betrieb der Ölmaschine.

Klarmachen der Maschine.

Die Kühlleitungen und die Kühlräume werden, wenn sie wegen Frostgefahr oder Instandsetzungsarbeiten entleert waren, zunächst aufgefüllt. Ausguß, Bodenventil, Zwischenhahn, die Schalthähne und Reguliervorrichtungen werden geöffnet oder richtig eingestellt, und die Entlüftungsvorrichtungen werden geöffnet. Die Kühlräume werden dann mit der Kühlpumpe oder Reservekühlpumpe durchgepumpt, wobei durch Nachfühlen an den Entlüftungen festgestellt wird, ob alle zu kühlenden Teile Wasser enthalten. Ist im Wasserumlauf eine Anwärmevorrichtung vorgesehen, so kann mit dem Vorwärmen der Arbeitszylinder begonnen werden.

Schmierölleitung und Schmierung. Die Schmierölfilter werden angestellt oder ausgewechselt. Aus den Sammelkästen ist Wasser und Schlamm abzulassen; dann werden die Sammelkästen bis zur Hälfte aufgefüllt. Wenn die Ventile und Hähne der Schmierölleitung in Betriebsstellung eingestellt sind, wird die ganze Leitung mit der Schmierölpumpe oder der Reservepumpe bei stillstehender Maschine auf Druck (ungefähr 2 at) gebracht und dabei nachgesehen, ob alle Lager Öl erhalten und ob die Leitung dicht hält.

Die Schmierpressen für die Arbeitszylinder und Luftpumpenzylinder werden aufgefüllt und durch die Handkurbel bewegt, damit die Laufflächen etwas Öl bekommen.

Alle Teile, welche nicht an die Druckschmierung angeschlossen sind, werden von Hand geschmiert. Etwa vorhandene Ringschmierlager werden aufgefüllt, aber nur so weit, daß der obere Teil des Schmierringes von Öl frei bleibt; der Schmierring wird durch Bewegen auf Leichtgängigkeit geprüft. Die Federteller der Ventile (besonders der Auslaßventile) werden eingeölt, wozu eine Mischung von Schmieröl und Brennstoff im Verhältnis 1:1 geeignet ist. Dabei werden alle Ventile mit einem besonderen Schlüssel oder mit einem Hebel aus Hartholz auf leichtes Öffnen und Schließen geprüft.

Alsdann wird die Maschine gedreht, nachdem vorher noch das Manövrier- und Umsteuergestänge durch Auslegen nach beiden Seiten probiert ist. Die Maschine wird so oft gedreht, daß einmal mit dem Manöverhebel auf „Betrieb" und einmal auf „Anlassen" alle bewegten Teile und besonders die Ventile beobachtet werden können; auf das einwandfreie Schließen der Anlaßventile ist dabei besonders Wert zu legen. Beim Drehen der Maschine sind die Indikatorventile geöffnet, um festzustellen, ob etwa Wasser ausfließt; in diesem Falle wird durch vorsichtiges Weiterdrehen das Wasser aus den Indikatorventilen herausgedrückt; das im Verdichtungsraum zurückbleibende Wasser kann bei Totstellung des Kolbens durch Anheben des Brennstoffventils mit Preßluft ausgeblasen werden.

Nach dem Drehen der Maschine wird die Drehvorrichtung ausgerückt. Erst dann wird Brennstoff und Preßluft angestellt.

Brennstoff. Aus den Betriebsbehältern wird Wasser und Bodensatz abgelassen, die Ölstandsgläser der Behälter werden angestellt und die Beleuchtung dafür eingeschaltet. Dann werden die Behälter gefüllt. In der Leitung zur Brennstoffpumpe werden die Ventile und Hähne in Betriebsstellung gebracht und die Filter gereinigt und angestellt. Das Reguliergestänge der Pumpe wird untersucht und probiert und dann auf „Normallast" eingestellt. Um beim nachfolgenden Anlassen der Maschine Brennstoff im Brennstoffventil vorrätig zu haben und damit ein sicheres Anspringen der Maschine zu erreichen, werden die Druckleitungen der Brennstoffpumpe mit der Handpumpe so weit aufgefüllt, bis an den Probierventilen vor den Brennstoffventilen keine Luft mehr austritt, sondern der Brennstoff im geschlossenen Strahl herausquillt.

Bei diesem Vorpumpen von Brennstoff ist wohl zu beachten, daß dadurch nur die Leitung bis zum Brennstoffventil gefüllt und nicht übermäßig viel Brennstoff in den Zerstäuber eingelagert werden darf, denn dies hat beim Anfahren heftige Zündungen mit starker Drucksteigerung zur Folge.

Anlaß- und Einblaseluft. Die Ventile dieser Leitungen dürfen nicht zu schnell geöffnet werden, da sonst der durchtretende Preßluftstrom am anderen Ende der Leitung eine Verdichtung und starke Erhitzung hervorruft. Anlaß- und Einblaseluftflaschen werden entwässert und unter Beobachtung der Manometer angestellt. Für das Anlassen der Maschine muß der Einblasedruck der Flasche mindestens 50 at betragen, da der Zylinder zur Vermeidung von Rückzündungen nach dem Brennstoffventil hin dem Verdichtungsdruck entsprechend ungefähr 40 at Einblasedruck verlangt. Unter Umständen müssen also die Einblaseluft- und auch die Anlaßluftflaschen vorher noch aufgepumpt werden.

Das Anlassen der Maschine.

Der Vorgang beim Anlassen und Manövrieren ist schon früher (s. S. 75 u. 76) beschrieben.

Die Zahl der Manöver, welche mit einem bestimmten Vorrat an Anlaßluft ausgeführt werden kann, ist zunächst von dem zum Anlassen der Maschine erforderlichen Druck abhängig. Je höher nämlich dieser Anlaßdruck ist, desto größer ist auch der Verbrauch an Luft, wenn gleiche Räume damit gefüllt werden. Bei besonders angetriebenen Luftpumpen großer Anlagen wird man natürlich während des Manövers die verbrauchte Luft immer wieder ersetzen können. Trotzdem muß aber auch hier der Verbrauch der Anlaßluft so weit als eben möglich eingeschränkt werden; denn abgesehen von dem zur Luftbeschaffung erforderlichen Arbeitsaufwand ist der Luftverbrauch auf die Sicherheit des Manövers und die Beanspruchung des Zylinders von großem Einfluß. Die Zündung beim Anfahren ist bekanntlich von der Erreichung einer bestimmten Temperatur abhängig. Je häufiger Anlaßluft in die Zylinder gelassen wird und sich hier ausdehnt, desto kälter werden die Zylinder, und desto unsicherer wird die Zündung. Es ist auch leicht einzusehen, daß die auf diese Weise abgekühlten Zylinder bei nachfolgendem Betriebe schädlichen Wärmeänderungen ausgesetzt sind. Daher wird der geübte Maschinist nur so lange mit Anlaßluft fahren, wie zur Erreichung der Zündung unbedingt notwendig ist; er muß allerdings genügend Gefühl besitzen, um beurteilen zu können, wann dieser Zeitpunkt gekommen ist, da sonst bei nicht eintretender Zündung eine Verzögerung in der Ausführung des Manövers durch die Wiederholung eintritt. Aus diesem Grunde sind auch die Zylinder der Schiffsölmaschinen fast immer in zwei Gruppen eingeteilt, und während alle Zylinder mit Anfahrluft anlaufen, wird zunächst nur die eine Hälfte kurz nach dem Anspringen zur Zündung gebracht, während die anderen Zylinder mit Anfahrluft weiterlaufen, bis die erste Gruppe einwandfrei zündet; oder bei doppelt wirkenden Maschinen fährt nur die obere Seite mit Preßluft an, während die unteren Kobenseiten gleich Zündung aufnehmen; bei anderen Ausführungen schließlich wird beim Anfahren mit der Anlaßluft auch gleichzeitig Brennstoff angestellt, und die Einspritzung beginnt selbsttätig, sobald der Druck im Zylinder eine bestimmte Höhe erreicht hat.

Der zum Anlassen erforderliche Druck der Anlaßluft richtet sich nach dem inneren Widerstand der Maschine und nach ihrer Belastung. Eine größere Belastung der Maschine sollte beim Anlassen überhaupt vermieden werden. Für Schiffsmaschinen liegen die Verhältnisse insofern günstig, als die anfängliche Belastung beim Drehen der Schraube und liegendem Schiff nur gering ist; jedoch bedeutet das Zurückgehen mit der Maschine, während das Schiff noch Fahrt voraus hat, eine erhebliche Beanspruchung der Zylinder. Hinsichtlich des inneren Widerstandes, der Reibung der Maschine wäre zu betonen, daß neue oder nachgepaßte Lager, neue Kolbenringe, Laufbuchsen usw. das Anfahren erschweren und daher höheren Anlaßdruck erfordern. Die Reibung ändert sich aber auch erheblich mit der Temperatur der Maschine, da eine kalte Maschine durch größere Zylinderreibung und Zähigkeit des Schmieröls einen größeren inneren Widerstand besitzt. In Fig. 42 ist der Kraftverbrauch zum Drehen einer 850 PS Maschine im kalten und warmen Zustande aufgezeichnet. Aus diesem Grunde und zur Schonung der Zylinder ist es auch für große Maschinen empfehlenswert, vor dem Anfahren die Maschine in der Weise vorzuwärmen, daß mäßig erwärmtes Wasser im Kreislauf durch die Kühlräume gepumpt wird.

Aus dem Gesagten geht hervor, daß selbst bei einer bestimmten Maschinenanlage die Zahl der Manöver und der erforderliche Anfahrdruck nicht ein für allemal angegeben werden können, vielmehr immer von dem Zustande der Maschine und der Geschicklichkeit des Maschinisten abhängig sind.

Der Einblasedruck muß beim Anlassen unbedingt höher sein, als der Verdichtungsdruck im Zylinder werden kann, weil sonst beim Umstellen auf Brennstoff, wenn also das Brennstoffventil gesteuert wird, die bei der Verdichtung erhitzte Luft aus den Zylindern in den Zerstäuberraum des Brennstoffventils zurückströmt und hier schon die Entzündung des Öles verursacht.

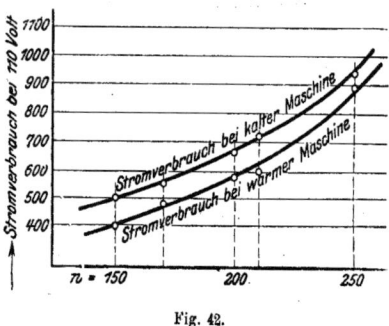

Fig. 42.

Eine ähnliche Betriebsstörung, jedoch unter viel heftigeren Erscheinungen, tritt beim Hängenbleiben der Anlaßventile ein. In diesem Falle strömt fortgesetzt Anlaßluft durch das offen gebliebene Anlaßventil in den Zylinder, in welchem dann der Verdichtungshub mit hohem Druck beginnt und unzulässige Höchstdrücke im Zylinder erzeugt. Der hohe Druck kann zwar durch das Sicherheitsventil des Zylinders abgelassen werden, trotzdem aber wird immer ein Rückstrom der heißen Luft in die Anlaßleitung, wo Ölreste zur Entzündung gelangen können, oder nach dem geöffneten Brennstoffventil stattfinden. Beim Auftreten derartiger Störungen ist die Maschine sofort zu stoppen.

Nach wiederholten Fehlmanövern muß die Maschine besonders vorsichtig angelassen werden, da sich dann von den Fehlmanövern her reichlich Brennstoff im Ventil und in den Zylindern befindet.

Das erstmalige Anlassen der Maschine nach dem Klarmachen ist als ein entscheidender Augenblick aufzufassen. Bei angehängten Pumpen für Luft, Öl und Kühlwasser, welche vorher nicht einzeln erprobt werden konnten, sind die Reserven dafür klar zu halten. Sobald die Maschine anspringt, sind die Kontrollinstrumente zu beobachten, damit Unregelmäßigkeiten nicht erst zu Störungen führen. Bei angehängten Kolbenpumpen ist beim Anfahren für genügende Öffnung des Schnüffelventils zu sorgen, damit im Pumpenraum ein Luftkissen vorhanden ist; sonst kann es leicht vorkommen, daß gerade beim plötzlichen Anspringen der Maschine die Pumpen zerstört werden.

Wenn die Umstände es eben gestatten, ist es ratsam mit der Maschine nicht gleich nach dem Anfahren auf volle Belastung zu gehen, vielmehr soll man Drehzahl und Belastung allmählich steigern und erst auf volle Belastung gehen, wenn die Zylinder durchgewärmt und die Lager eingelaufen sind; dies dauert je nach der Bauart und Größe der Maschine bis zu $^1/_2$ Stunde.

Die Sicherheit und Schnelligkeit des Manövers mit Ölmaschinen entsprechen allen Anforderungen und erfüllen die gleichen Bedingungen wie Kolbendampfmaschinen. Zwar ist die Manövrierfähigkeit von dem Vorhandensein eines bestimmten Preßluftvorrats abhängig, doch darf man dabei nicht vergessen, daß der Preßluftvorrat auch die sofortige Betriebsbereitschaft der Maschine in sich schließt, während bei Dampfanlagen erst viele Stunden vor dem Anfahren Dampf aufgemacht werden muß.

Das Abstellen der Ölmaschine.

Es ist zu empfehlen, vor dem endgültigen Abstellen der Maschine die Leistung allmählich herabzumindern, wenn es auch nicht unbedingt erforderlich ist.

Nach dem Stoppen der Maschine werden die Luftleitungen abgestellt und der Druck daraus abgelassen. Die Luftbehälter werden abgestellt, die Abscheider bläst man aus und fängt dabei folgerichtig mit dem *HD*-Abscheider an. Nach dem Stoppen werden zweckmäßig die Manometer der Luftpumpe beobachtet, ob die Zeiger gleichmäßig zurückgehen; steigt eins, so sind die Ventile nach der höheren Stufe undicht.

Die Leitungen für den Brennstoff und die Schmierung werden abgestellt.

Dann wird die Drehvorrichtung eingerückt, und die Maschine wird bei geöffneten Indikatorhähnen gedreht, um das Ablassen des Druckes aus allen Innenräumen der Maschine sicherzustellen. Dabei werden die Manöverhebel einmal auf „Betrieb" und dann auch auf „Anlassen" gelegt. Hierbei werden Viertaktmaschinen je zweimal, Zweitaktmaschinen je einmal herumgedreht.

Die Kolbenkühlung bleibt noch kurze Zeit (10÷15 Minuten) in Betrieb, da die Kolben noch sehr warm sind und die Zylinder schneller abkühlen. Dieses Nachkühlen wird mit dem Drehen der Maschinen verbunden. Dann wird auch die Kühlleitung abgestellt.

Wenn die Drehvorrichtung eingeschaltet und die Maschine ohne Druck ist, werden alle Lager, Laufbuchsen usw. nachgefühlt, um den Erwärmungszustand festzustellen.

Bei Frostgefahr werden die Kühlleitungen und Kühlräume entwässert. Bei längerer Liegezeit des Schiffes wird die Maschine täglich mit der Ölpumpe und Schmierpresse etwas geölt und gleichzeitig gedreht.

Die Überwachung der Maschine während des Betriebes.

Die Schmierung. Bei der Schmierung gleitender Maschinenteile handelt es sich immer darum, zwischen den gleitenden Flächen eine Schmierschicht zu bilden, damit die trockene Reibung zwischen den Metallen in Flüssigkeitsreibung übergeführt wird[1]).

---

[1]) Siehe auch: Prof. Ubbelohde, „Petroleum" VII, 1912: Zur Theorie der Reibung geschmierter Maschinenteile.

Bei einem bestimmten Lagerdruck ist die Möglichkeit, eine solche Schmierschicht zu bilden, abhängig von der Zähflüssigkeit des Schmiermittels; denn je dünnflüssiger dies ist, desto leichter wird es zwischen den Laufflächen fortgedrückt, so daß trockene Reibung entsteht. Anderteils wird ein zu dickflüssiges Öl in dünner Schicht leicht abreißen oder überhaupt nicht als zusammenhängende Schicht zwischen die Lagerflächen gedrückt werden können. Daraus geht hervor, daß streng genommen jedes Lager Öl von bestimmter Beschaffenheit verlangt.

Da Ölmaschinen durchweg mit hohem Lagerdruck arbeiten, so wendet man meistens Druckschmierung an, bei der das Schmieröl den Lagern unter Druck zugeführt wird[1]). Das Öl wird im Kreislauf durch die Maschine gepumpt und gelangt mehrmals durch die Lager.

Bei jedem Durchgang durch die Lager erwärmt sich das Öl, und da es mit steigender Temperatur dünnflüssiger wird, muß es, um beim nächsten Durchfluß die zur Schmierung erforderliche Zähflüssigkeit zu besitzen, nach jedem Kreislauf gekühlt werden. Als Maß der Zähflüssigkeit dient der Vergleich des Fließvermögens von Wasser von 20°, der in einem Flüssigkeitsmesser (Viskosimeter) von Engler vorgenommen wird (s. Fig. 43). Dabei wird festgestellt, wieviel mal so lange 200 cm³ Öl von bestimmter Temperatur gebrauchen, um aus einer Öffnung auszufließen als Wasser von 20°. Die Veränderlichkeit des Fließvermögens mit der Temperatur bei einigen im Betriebe bewährten Ölsorten ist im Schaubild 44 dargestellt[2]). Diese Werte können auch zur Beurteilung der Brauchbarkeit eines Öles dienen.

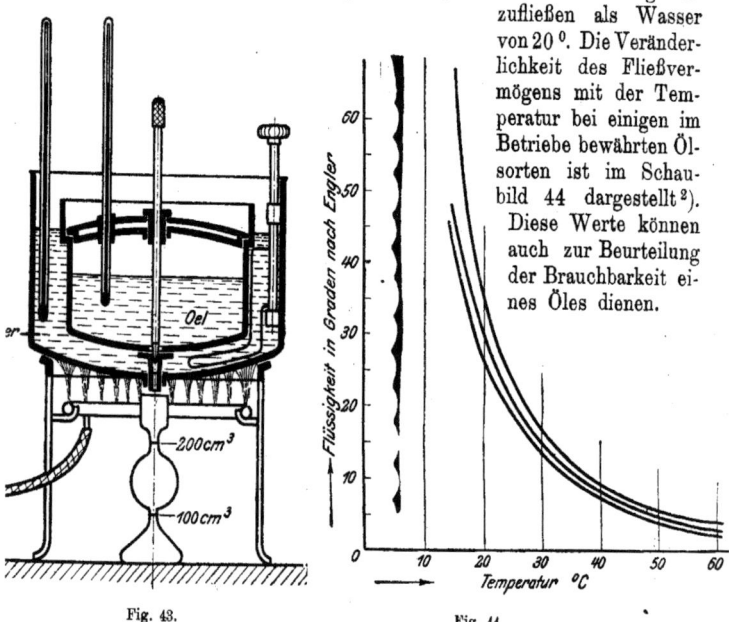

Fig. 43. Fig. 44.

---

[1]) Über die Erzeugung von Öldruck durch besondere Formgebung der Lager und Schmiernuten siehe: „Jahrbuch der Schiffsbautechnischen Gesellschaft", 1917, Prof. Gümbel, Einfluß der Schmierung auf die Konstruktion.

[2]) Siehe auch: Dr. R. von Dallwitz-Wegener, „Über neue Wege zur Untersuchung von Schmierölen". Berlin und München 1919. Verlag Oldenbourg.

Das Durchpressen des Öles durch die Lager und das Zerreiben desselben in feiner Schicht in den Lagern setzt seine Schmierfähigkeit allmählich herab. Es bildet sich in dem Öl ein dicker Satz, der von Zeit zu Zeit aus dem Sammelkasten abgelassen und durch reines Öl ersetzt werden muß. Hiermit soll man nicht zu lange warten; denn diese dicke Emulsion läßt sich schwer durch die Lager drücken und macht die Lager sehr schnell blind, d. h. die Laufflächen bekommen ein mattgraues Aussehen, ein Zeichen dafür, daß das Lagermetall abnutzt. Der dabei entstehende Metallstaub verursacht eine weitere Verschmutzung des Öles. Es muß der viel verbreiteten Ansicht entgegengetreten werden, als habe die Druckschmierung mit der wiederholten Benutzung des Öles lediglich den Zweck der Ölersparnis. Besonders bei neuen Lagern soll man häufig reines Öl zusetzen, damit die Lager den sogenannten Lagerspiegel bekommen und die Reibungsverluste in den Lagern möglichst gering werden. Allzu große Sparsamkeit in der ersten Betriebszeit rächt sich immer durch nachfolgenden höheren Schmierölverbrauch. Ferner darf die Druckschmierung nicht zu Sorglosigkeit in bezug auf Lagerwartung verleiten, denn gerade hier können Lagerstörungen die ernstesten Folgen haben. Der Öldruck ist fraglos ein Zeichen für die Wirksamkeit der Schmierung; es darf aber nicht übersehen werden, daß verstopfte Filter, durch Ölschlamm verengte Leitungen oder Lager, bei denen die Schmiernuten durch zu starke Erwärmung dichtgeschoben sind, zunächst gerade eine Drucksteigerung in der Ölleitung verursachen, während zu lose Lager und zu warmes Öl andererseits den Öldruck herabsetzen.

Die Überwachung der Temperatur der Lager durch Nachfühlen ist bei geschlossener Bauart der Maschine und bei gekapselten Schnellläufern erklärlicherweise beschränkt. Man sollte aber beim Bau von Schiffsölmaschinen die Möglichkeit der Überwachung der Lager berücksichtigen. Bei plötzlich auftretendem Klopfen von Lagern sind die Lager selbst als auch die zugehörigen Kolben zu untersuchen, da beim Heißlaufen und Fressen der letzteren die starke Reibung sich auch in den Lagern des Gestänges äußert. Bei schnell laufenden Maschinen mit Gehäuse fühlt man zweckmäßig die Gehäusewandungen nach, welche durch das im Innern dagegen geschleuderte Öl eine bestimmte Temperatur annehmen; doch ist zu beachten, daß dabei kalte Wandungen gerade ein Zeichen für mangelhaften Schmierzustand sein können, da verstopfte oder schlecht geschmierte Lager kein angewärmtes Öl fortschleudern.

Die Lagerlose, den Öldruck und die Temperatur des Öles so zueinander abzustimmen, daß die Lager gut laufen, kann nicht ein für allemal erfolgen und ist besonders bei Schiffsbetrieben mit langen ununterbrochenen Reisen und häufig wechselnder Kühlwassertemperatur immer neu zu erproben, besonders dann, wenn die Schmierölsorte gewechselt wird oder neues Öl an Bord genommen wird. Erfahrungswerte dienen dabei als Anhalt, müssen aber nach den oben aufgeführten Gesichtspunkten gerade in Schiffsbetrieben immer wieder geprüft werden.

Das Wesen der Druckschmierung bringt es auch mit sich, daß der Lagerlose und dem Zustande der Lager besondere Beachtung geschenkt wird. Beim Nachziehen der Lager ist aber einmal zu berücksichtigen, daß der Verdichtungsraum zwischen Kolben und Zylinderdeckel nicht geändert werden darf, und daß beim Verstellen der Wellenlager die Welle nicht durch Anziehen der Oberschalen durchgebogen wird, sondern durch Unterlegen der Unterschale ihre alte Lage beibehält. Bei den verhältnismäßig geringen Abständen von Wellenlager zu Wellenlager wird eine solche Durchbiegung sehr gefährlich, sie darf daher auch nicht durch zu große Lagerlose eines Wellenlagers entstehen. Seitlich müssen die Wellenlager und besonders die Kurbellager zur Berücksichtigung der Wärmedehnung der ganzen Maschine größere Lose haben. Die Verschiebung der Welle wird durch ein Paßlager verhindert, welches in der Nähe des Steuerwellenantriebes angebracht ist und seitlich Anlageflächen besitzt.

Zwischen Zweitakt- und Viertaktmaschinen besteht hinsichtlich der Lagerbeanspruchung insofern ein Unterschied, als die Beanspruchung der Lager bei Zweitaktmaschinen während der ganzen Umdrehung dem Arbeitsdiagramm entsprechend nach unten gerichtet ist, während bei Viertaktmaschinen durch Massenwirkung und Saugehub ein Druckwechsel eintritt; auch ist das Drehmoment der Viertaktmaschine ungleichförmiger als bei Zweitaktmaschinen.

Seewasser im Schmieröl ist sehr schädlich. Es kann durch Kühlwasser der Maschine oder durch Undichtigkeit der Ölkühler in die Maschine gelangen. Beim Durchströmen der Schmierstellen bildet es mit dem Schmieröl eine dicke Emulsion, wodurch ein höherer Schmierölverbrauch entsteht. Da es anfangs noch als Wasser durch die Lager- und Wellenbohrungen tritt, so bildet es hier sehr bald Roststellen, die vor allen Dingen in den Wellenbohrungen sehr hartnäckig sind und kaum wieder gänzlich beseitigt werden können. Der Rost wird immer wieder das Öl verschmutzen und so blinde Lager und hohen Ölverbrauch verursachen. Daher ist auf Anwesenheit von Seewasser im Öl besonders zu achten und gegebenenfalls möglichst sofort Abhilfe zu schaffen. Das Eindringen von Wasser in den Ölumlauf macht sich bald dadurch bemerkbar, daß die Füllung des Sammelkastens auffallend zunimmt.

Dasselbe Schmieröl wird aber noch zu verschiedenen anderen Zwecken verwandt und muß auch hier ganz bestimmte Eigenschaften haben, um seinen Zweck ohne Betriebsstörungen zu erfüllen.

Wo die Arbeitskolben der Maschine mit Öl gekühlt werden, wird dem Kreislauf durch die Lager der des Kühlöles für die Arbeitskolben parallel geschaltet. Während Frischwasser als Kühlmittel für die Kolben besondere Kühler, Förderpumpen usw. erfordert, kann bei Verwendung von Schmieröl als Kühlmittel durch Parallelschaltung der beiden Kreisläufe derselbe Kühler usw. benutzt werden. Die Erwärmung des Öles in den Kolbenkühlräumen ist dabei erheblich höher als die des Öles in den Lagern. Die Temperatur des Öles kann hier so erheblich werden, daß Koksausscheidungen stattfinden, welche die Rohrleitungen verstopfen, das Schmieröl verunreinigen und vor allen Dingen eine Kruste an den Kühlflächen des Kolbenbodens bilden, da dort die Koksbildung vor sich geht. Diese Koksschicht verhindert dann den Wärmedurchtritt und hat Überhitzung und Verbrennung des Kolbenbodens zur Folge. Dieselben Erscheinungen können selbstverständlich auftreten, wenn das

Schmieröl aus der Kurbelwanne gegen die heißen Zylinder oder Kolben spritzt und dort in dünner Schicht anhaftet. Das Schmieröl für die Arbeitszylinder und die Luftpumpenzylinder ist erklärlicherweise noch höheren Temperaturen und damit noch mehr der Gefahr zu reichlicher Koksausscheidung ausgesetzt. In den Zylindern bildet der Koks mit dem Öl eine Schmiere, die sich hinter die Kolbenringe setzt, hier hart wird und bald zum Bruch von Kolbenringen führt. Ferner sind die zahlreichen Störungen an den Luftpumpenventilen hierauf zurückzuführen. Das Öl bildet an den Führungen dieser Ventile oder an den Dichtungsflächen Krusten, die ein Hängenbleiben oder Undichtwerden der Ventile zur Folge haben. Die Verwendung des Öles zum Kühlen von Kolben und Schmieren der Arbeitszylinder und Luftpumpenzylinder verlangt demnach, daß der Verkokungsrückstand des Öles nicht zu hoch ist. Die Feststellung des Verkokungsrückstandes erfolgt auf die gleiche Weise wie beim Treiböl auf S. 50 beschrieben. Nach diesem Verfahren wurde der Verkokungsrückstand von bewährten Schmierölen zu 1,5÷3,5 v. H. festgestellt. Das oben beschriebene Verfahren ist fraglos roh und großer Willkür unterworfen. Es wäre wünschenswert, daß bei der Wichtigkeit der Kenntnis des Verkokungsrückstandes bei Schmierölen das Verfahren einheitlich und fest geregelt würde.

Die Zylinderschmierung erfordert auch ein Öl, dessen Flammpunkt so hoch liegt, daß das Öl nicht zu schnell verbrennt; denn dadurch würden die Zylinderflächen trocken werden. Im Arbeitszylinder verbrennt fraglos ein Teil des Schmieröles bei der Verbrennung des Treiböles mit. Das Schmieröl erzeugt durch unvollkommene Verbrennung den üblen Geruch in den Auspuffgasen.

Im Luftpumpenzylinder entstehen ebenfalls sehr hohe Temperaturen durch die Verdichtung der Luft. Wird der Zylinder zu reichlich geschmiert, so wird der Verdichtungsraum durch das in demselben sich ansammelnde Öl so klein, daß zu starke Erwärmung auftritt, die zunächst zur Koksbildung, dann aber auch zur Selbstzündung des Öles führen kann. Ferner wird das Öl bei mangelhafter Kühlung der Pumpe und zu starker Erwärmung mit der Luft ein zündfähiges Gemisch bilden. Auf diese Weise entstehen die gefährlichen Explosionen in den Luftpumpen, die meistens zu ernsten Beschädigungen führen.

Wir sehen, daß das Schmieröl für die einzelnen Verwendungszwecke bestimmte Forderungen in bezug auf Zähflüssigkeit, Koksgehalt, Flammpunkt und Zündpunkt zu erfüllen hat. Bei Anwendung verschiedener Öle würde eine Verwechslung der Ölsorten immer ernste Betriebsstörungen zur Folge haben. Außerdem wird durch Verwendung mehrerer Ölsorten der Betrieb stets verwickelt. Daher verwendet man bei Ölmaschinen ein Einheitsöl, welches alle oben erkannten Bedingungen erfüllt. Dasselbe Öl wird dann also zur Lagerschmierung und unter Umständen auch zur Kolbenkühlung benutzt, daneben aber auch zur Schmierung der Arbeitszylinder und Luftpumpen.

Einheitliche Festsetzungen über die von Schmierölen zu fordernden Eigenschaften gibt es nicht; die Bedingungen richten sich auch immer nach den besonderen Betriebsverhältnissen. Als brauchbar haben sich Öle erwiesen, deren Zähflüssigkeit in dem Schaubild 44 dargestellt ist.

108 X. Der Betrieb der Ölmaschine.

Die Werte sind im Apparat von Engler ermittelt. Das Öl trat im Betriebe mit 25⁰ in den Kreislauf ein, verließ die Lager mit 40⁰, die Kolben mit 50⁰. Der Flammpunkt bewährter Öle lag immer über 180⁰, so daß dies als untere Grenze zu gelten hätte. Der Verkokungsrückstand betrug 1,5÷3,5 v. H. Das spezifische Gewicht dieser Öle bei verschiedener Temperatur ist im Schaubild 45 dargestellt. Die Selbstzündungstemperatur eines Kompressorschmieröles hat Dr. Holm zu 410⁰ festgestellt[1]). Es ist selbstverständlich, daß das Öl frei sein muß von mechanischen Verunreinigungen und Säure.

Als Schmieröle für Ölmaschinen kommen die schwereren Destillate des Erdöles in Frage. Auch vom Schmieröl gilt dasselbe wie vom Treiböl: man soll das Öl vor dem Gebrauch auf die oben behandelten Eigenschaften untersuchen, um sich vor Überraschungen zu schützen. Das letzte Urteil gibt jedoch auch hier der Versuch im Betrieb.

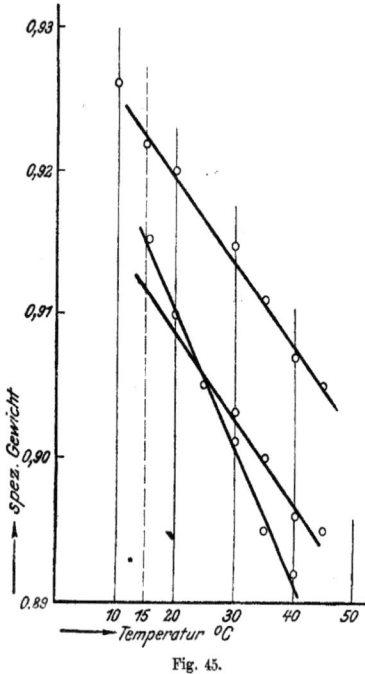

Fig. 45.

Kühlung. Die Kühlung der Maschine ist nicht nur für den Betrieb, sondern auch für die Lebensdauer der Maschine von größter Wichtigkeit. Ungleichmäßige Erwärmung der Gußteile der Maschine hat immer Wärmespannungen zur Folge, welche die Maschinenteile erheblich mehr beanspruchen als der Arbeitsdruck und besonders unregelmäßig geformten und starkwandigen Bauteilen gefährlich wird[2]). Zur Überwachung der Kühlung sind an den in Frage kommenden Stellen zwar Manometer und Thermometer angebracht, doch sollte man sich nicht nur hierauf verlassen, sondern auch die gekühlten Teile und den Ablauf der Kühlung nachfühlen. Denn es ist zu bedenken, daß kaltes Kühlwasser nicht immer auf eine gute Kühlung schließen läßt, sondern bei starker Schmutzablagerung oder Anhaften von Ausscheidungen des Seewassers an den Kühlflächen von mangelhafter Wärmeaufnahme durch das Kühlwasser herrühren kann. Bei Verwendung von Seewasser ist zu beachten, daß dieses bei ungefähr 130⁰ schwefelsaure und kohlensaure Kalke ausscheidet, welche eine haftende Schicht auf den Kühlflächen bilden und die Wärme sehr schlecht leiten. Ebenso verhindern

---

[1]) „Zeitschrift für angewandte Chemie" 1913, Nr. 37.
[2]) Siehe Jahrb. d. Schiffsbautechnischen Gesellschaft 1912. Prof. Junkers: Studien und experimentelle Arbeiten zur Konstruktion meines Großölmotors.

Die Überwachung der Maschine während des Betriebes. 109

Luftsäcke oder Dampfbläschen den Wärmedurchgang. Daher darf das Kühlwasser in den Kühlräumen nicht zur Verdampfung kommen, und der Entlüftung der Kühlräume ist schon beim Klarmachen der Maschine besondere Beachtung zuzuwenden. Der Kühlwasserdruck wird je nach der Anlage bis zu 3 at gehalten, während für die Temperatur des abfließenden Kühlwassers von den Baufirmen meistens 50° im Höchstfalle zugelassen werden. Feststehende, für alle Fälle brauchbare Werte lassen sich aber auch hier nicht aufstellen.

Der Druck des Kühlwassers wird mit dem Umlaufventil der Pumpe eingestellt. Bei den einzelnen Kühlstellen, wie Zylinder, Kolben usw., wird die Durchflußmenge des Kühlwassers und seine Temperatur durch Drosselhähne oder Ventile eingestellt. Steigt die Temperatur bei einem Zylinder zu hoch, so kann die Kühlung dieses Zylinders durch Kneifen der Drosselhähne der anderen Zylinder verstärkt werden. Nimmt jedoch die Temperatur der Maschine allgemein stark zu, ohne daß es gelingt, sie herabzusetzen, so ist die Leistung der Maschine zu verringern. Tritt durch Störung der Kühlung Wassermangel ein, so daß die Maschine heiß wird, so muß gestoppt werden, auf keinen Fall darf man in die durch Wassermangel erhitzte Maschine plötzlich kaltes Wasser einpumpen, da hierdurch leicht Risse in den Gußteilen entstehen.

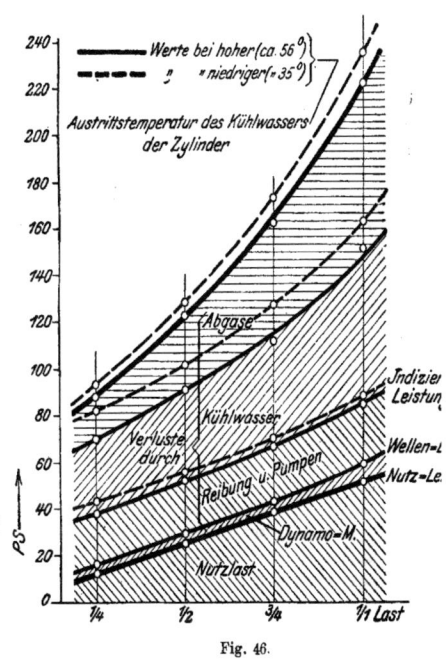

Fig. 46.

Andernteils dürfen die Zylinder auch nicht zu kalt gehalten werden, da sie sich mit abnehmender Temperatur zusammenziehen und die Reibung vergrößern. Wenn trotz hinreichender Schmierung die Kolben brummen, so kann der Grund dafür in zu kalten und daher zu engen Zylindern gesucht werden, schon eine mäßige Erhöhung der Kühlwassertemperatur bringt in vielen Fällen Abhilfe.

Der Einfluß der Kühlwassertemperatur auf die Wärmeverteilung in der Maschine ist aus der Fig. 46 ersichtlich, welche das Ergebnis eines Versuches darstellt.

Der Versuch wurde in der Weise durchgeführt, daß bei einer Versuchsreihe eine Austrittstemperatur des Kühlwassers von durchschnittlich 35°, bei einer zweiten Versuchsreihe 56° gehalten wurde. Jede Versuchsreihe bestand aus vier Belastungsstufen.

X. Der Betrieb der Ölmaschine.

Die Maschine, Durchführung des Versuches und Berechnung der Ergebnisse ist die gleiche wie bei Aufstellung der Wärmeverrechnung S. 143.

Wir ersehen aus Fig. 46, daß die Nutzleistung und Wellenleistung bei beiden Versuchsreihen gleich sind und in regelmäßiger Abstufung von $^1/_1$ bis $^1/_4$ der Belastung geändert wurden.

Für die gleiche Belastung war aber bei niedriger Abflußtemperatur eine höhere indizierte Leistung erforderlich, denn die Verluste durch Reibung sind infolge des geringeren Zylinderdurchmessers im Zylinder größer, als wenn durch Verwendung höherer Abflußtemperatur, also geringerer Kühlung und höherer Wandtemperatur, der Zylinder weiter ist.

Auch bei den Verlusten durch Kühlwasser ergibt sich bei Verwendung niedriger Abflußtemperatur ein höherer Wert.

Die abgeführte Wärme läßt sich errechnen aus der Kühlwassermenge, der spezifischen Wärme und der Temperaturzunahme, die das Wasser im Kühlraum erfährt. Der Wärmedurchgang bei gleicher Kühlfläche, gleichem Baustoff, gleicher Wandstärke und in derselben Zeit steigt aber mit dem Temperaturunterschied, der auf den beiden Seiten der Wandung herrscht. Daraus ergibt sich aber schon, daß eine hohe Kühlwassertemperatur einen geringen Wärmeverlust für das Arbeitsverfahren bedeutet.

Für die Durchführung des Arbeitsverfahrens kommen dazu aber noch Fragen, die nur der Versuch mit Sicherheit beantworten kann.

Bei hoher Kühlwassertemperatur werden auch die aus dem Zylinder austretenden Verbrennungsgase mit höherer Temperatur als bei sonst gleichen Verhältnissen austreten, und daher wird die mit diesen Gasen abgeführte Wärme größer sein; die beim Saugehub in den Zylinder gelangende Verbrennungsluft wird bei gleichem Raum ein geringeres Gewicht und damit weniger Sauerstoff haben (daher Kühlung der Ladeluft der Zweitaktmaschine).

Die Abgasverluste sind bei niederer Abflußtemperatur geringer, jedoch kann dieser Vorteil die vorher genannten beiden Nachteile nicht ausgleichen.

Das Ergebnis ist daher, daß bei gleicher Nutzleistung und Wellenleistung und unter sonst gleichen Verhältnissen **bei hoher Abflußtemperatur des Kühlwassers** weniger Aufwand an Energie (Brennstoff) erforderlich ist als bei niedriger Abflußtemperatur, weil

1. **die Reibungsverluste geringer sind**, denn die Zylinder sind durch größere Erwärmung weiter,
2. **die im Kühlwasser abgeführte Wärme geringer ist.**

Diese beiden Vorteile überwiegen den Nachteil, daß die Verluste durch Abgase größer sind als bei Betrieb mit niedriger Kühlwassertemperatur.

Luftanlage. Der Betrieb der Luftanlage erfordert weitgehende Beachtung der inneren Vorgänge der Anlage. Bei der Beschaffung der Druckluft durch die Pumpe kommt es darauf an, die Luft zu verdichten, ohne daß sie dabei durch Temperatursteigerung den Betrieb gefährdet. Würde die Verdichtung adiabatisch, also ohne Kühlung, vor sich gehen, so würden sich bei einem bestimmten Verdichtungsverhältnis

Enddruck und Endtemperatur nach den auf S. 15 angegebenen Formeln ergeben.

Das würde aber bei den hier in Frage kommenden Drucksteigerungen vom Ansaugedruck der atmosphärischen Luft auf einen Enddruck bis zu 90 at Temperatursteigerungen zur Folge haben, welche den Betrieb durch Materialerwärmung unmöglich machen würde. Das zur Schmierung der Innenteile benutzte Schmieröl würde dabei zur Selbstzündung kommen und die Luftanlage bei der Explosion zerstören.

Aus diesem Grunde schon unterteilt man die Verdichtungsarbeit in mehrere Stufen, deren Anzahl, zwei bis vier, sich nach dem verlangten Enddruck richtet. Nach jeder Stufe wird dann die Luft wieder gekühlt (s. auch Fig. 34 u. S. 82).

Aber auch die Luftpumpenzylinder werden mit einem Kühlmantel umgeben, da die Kühlung während der Verdichtung eine Verringerung des Arbeitsaufwandes zur Folge hat. Wie aus Fig. 47 hervorgeht, wird nach der Ansaugearbeit die Verdichtung bei adiabatischem Verlauf einen schnelleren Druckanstieg zur Folge haben, als wenn durch Wärmeentziehung der Verlauf der Verdichtungslinie unterhalb der Adiabate liegt (s. auch Fig. 2 u. S. 14 u. 15), so daß der Druck, bei welchem sich die Druckventile öffnen und das Überschieben der geförderten Luft beginnt, bei nicht gekühlter Verdichtung früher erreicht wird. Daher wird die Arbeitsfläche, also auch der Arbeitsaufwand, bei der Verdichtung mit Wärmeentziehung (z. B. Isotherme) kleiner als bei adiabatischer Verdichtung.

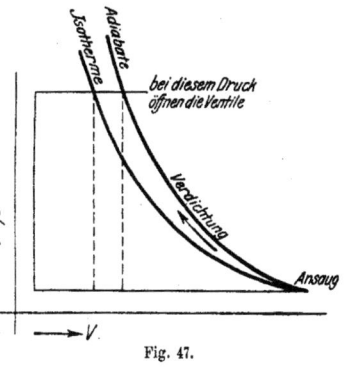

Fig. 47.

Ferner nimmt bei gekühlter Verdichtung die Luft nach der Verdichtung nicht einen so großen Raum ein. Unter sonst gleichen Verhältnissen wird also bei gleichem Enddruck die Fördermenge der Luftpumpe bei mangelhafter Kühlung abnehmen.

Die wirksame Rückkühlung der Luft muß daher während des Betriebes durch Thermometer und durch Beobachtung des Kühlwassers überwacht werden.

Wird ein Kühler heiß, so kann die Ursache auch an einer Undichtheit der Luftrohre innerhalb des Kühlers liegen, da die Preßluft die Kühler ausbläst. Die Sicherheitsvorrichtung oder der geöffnete Lufthahn des Kühlers wird Klarheit darüber geben. Mangelhafte Kühlung kann aber ihren Grund darin haben, daß die Luftrohre auf der Außenseite durch Ausscheidungen des Kühlwassers oder auf der Innenseite durch Ablagerungen von Schmieröl, welches sich grade bei der Kühlung ausscheidet, überzogen sind; dadurch wird die Wärmeleitung verringert.

Die Schmierung der Kolben darf nicht übertrieben werden, da das Öl bei zu starker Erwärmung mit der Luft ein zündfähiges Gemisch bildet, immer aber zu Verschmutzungen der Pumpe führt und dadurch besonders die Ursache für das Undichtwerden der Ventile wird. Das in die Luft gelangende Öl und die mit der Luft angesaugte Feuchtigkeit werden von Zeit zu Zeit aus den Abscheidern ausgeblasen. Ebenso werden diese Abscheidungen aus den Luftflaschen entfernt. Wenn beim Ausblasen der Luftflaschen längere Zeit keine Unreinigkeiten mit austreten, so kann der Grund darin liegen, daß innerhalb der Flaschen die Ausblaserohre, welche zur tiefsten Stelle der Flasche führen, beschädigt sind.

Die richtige Arbeitsweise der Luftpumpe kann dadurch geprüft werden, daß man den Ansaugeschieber ganz öffnet; die Manometer der einzelnen Stufen müssen dann den vorgeschriebenen Druck anzeigen. Wird der Druck in einer Stufe überschritten, so arbeiten die Ventile der nächst höheren Stufe schlecht.

Erreicht die Pumpe nicht den erforderlichen Druck, so können die Ventile der ND-Stufe undicht sein, oder aber der Ansaugequerschnitt ist durch den Schieber oder Verschmutzung verengt. Die Untersuchung der Ventile und Kolben auf gute Abdichtung ist schon früher angegeben (s. S. 98).

Steuerung und Verbrennung. Wenn die Steuerventile und ihr Antrieb in der früher beschriebenen Weise (s. S. 92) eingestellt sind, so wird sich diese Einstellung beim Warmwerden der Maschine durch Änderung der Rollenlose ändern; dieser Tatsache ist von vornherein Rechnung zu tragen (s. S. 93). Während des Betriebes ist daher ab und zu festzustellen, ob die Rollen gegenüber den Steuerscheiben Lose haben. Wenn eine Rolle dauernd mitläuft, d. h. dauernd auf der Steuerscheibe aufliegt, so muß zur Vermeidung größerer Störung des Betriebes das Ventil gleich in Ordnung gebracht werden, da es sonst doch bald zur Unterbrechung des Betriebes zwingt.

Die Führungskolben und Gelenke der Steuerung der Ventile sind ab und zu mit einer Mischung von Brennstoff und Schmieröl zu schmieren.

Schlägt und klappt ein Ventil während des Betriebes, so hakt es entweder infolge Verschmutzung, Trockenheit oder zu geringer Lose in seiner Führung, oder die Ventilfeder ist durch Ermüdung schlapp geworden oder gar gebrochen.

Undichte Ventile erwärmen sich durch die rücktretenden Verbrennungsgase stark und zeigen Rauchbildung.

Besondere Aufmerksamkeit erfordert das Brennstoffventil und seine Nadelstopfbuchse. Undichte Nadelstopfbuchsen lassen unter Umständen so viel Einblaseluft entweichen, daß die Einblaseluftpumpen den Druck nicht mehr halten können; immer aber ist der Verlust an Einblasedruck mit unnützem Arbeitsaufwand verbunden und sollte aus diesem Grunde schon vermieden werden. Die Stopfbuchse der Brennstoffnadel hält man am besten so, daß sie während des Betriebes gerade etwas Ölschaum bildet. Sie darf während des Betriebes nach Möglichkeit nicht nachgezogen werden oder nur mit großer Vorsicht, da hierbei leicht die Nadel klemmen und dann in geöffneter Stellung hängen bleiben kann. In diesem Falle strömt so lange Einblaseluft in den Zylinder, bis beim Verdichtungshub der Druck im Zylinder durch den hohen Anfangsdruck den Einblasedruck überwiegt. Die heiße Luft strömt dann aus dem Zylinder nach dem Zerstäuberraum des Brennstoffventils und verursacht hier die Entzündung des Brennstoffs, wodurch oft eine Beschädigung der Maschine eintritt. Macht sich während des Betriebes ein Klemmen der Nadel bemerkbar, so kann man die Nadel, welche zu diesem Zwecke meist mit einem Vierkant versehen ist, während des Betriebes hin und her drehen.

Das Merkmal eines guten Betriebes und der richtigen Arbeitsweise der Maschine ist der farblose Auspuff. Das Ergebnis der vollkommenen Verbrennung in der Ölmaschine sind immer farblose Gase: Kohlensäure, Wasserdampf und Stickstoff (s. S. 35).

Der Grad der Vollkommenheit der Verbrennung kann durch Untersuchung der Abgase festgestellt werden. Dem Sauerstoffgehalt der Luft entsprechend müßten die Abgase bei vollkommener Verbrennung = 21 v. H. Kohlensäure enthalten. Dieser Anteil wird selbstverständlich nicht erreicht, denn neben Kohlensäure befinden sich immer noch Kohlenoxydgas und freier Sauerstoff in den Abgasen. Die Untersuchung der Abgase findet in der Weise statt, daß man aus einem bestimmten Raumteil (100 cm^3) Abgase die einzelnen Bestandteile dieser Gase durch Absorptionsflüssigkeiten bindet und dann an der Raumverringerung feststellt, wieviel Raumteile der einzelnen Gase in den Abgasen enthalten sind. Als Absorptionsmittel nimmt man

für CO_2 . . . Kalilauge,
„ CO . . . Kupferchlorür,
„ O . . . Pyrogallussäure.

Geeignete Untersuchungsapparate sind bei den einschlägigen Fabriken zu haben[1]).

Wo der Auspuff gefärbt ist, befinden sich also neben diesen Gasen noch unverbrannte Kohlenwasserstoffe darin. Bei übermäßiger Zylinderschmierung können diese zwar bis zum gewissen Grade auch vom Schmieröl herrühren, aber meistens handelt es sich bei unklarem Auspuff um eine schlechte Verbrennung des Brennstoffes. Die Ursache ist verschieden. Es kann schlechte Zerstäubung und Vergasung vorliegen, schlechte Mischung mit Luft oder aber Luftmangel; verstopfte und verschmutzte Düsenplatten und Zerstäuber, undichte Ventile, insbesondere Brennstoffnadeln, zu geringer Einblasedruck, oder bei Zweitaktmaschinen zu wenig Spülluft werden die Verbrennung verschlechtern und damit unreinen Auspuff verursachen. Mit dunkler werdendem Auspuff steigt auch dessen Temperatur, was gleichbedeutend mit Wärmeverlust für das Arbeitsverfahren ist. Der Betrieb läßt sich sogar mit der Auspufftemperatur der Maschine überwachen, insofern bei einwandfreier Verbrennung zu jeder Belastung einer Maschine eine bestimmte Temperatur gehört. Wo diese Temperatur steigt, ohne daß die Belastung gesteigert wurde, ist etwas in Unordnung.

In Fig. 48a bis c ist ein Versuch dargestellt, der die Verschlechterung des Auspuffes bei gleichzeitiger Temperaturerhöhung zeigt, wenn

1. der Einblasedruck verringert wird, dieser also nicht der Belastung entspricht. Die Zerstäubung des Brennstoffes wird mangelhaft, so daß ein Teil des Brennstoffes nicht mehr zur vollständigen

---

[1]) Eine Zusammenstellung und Beschreibung solcher Apparate findet sich bei Prof. J. Brand, Technische Untersuchungsmethoden zur Betriebskontrolle. Berlin 1913, Verlag von Julius Springer.

Vergasung und Verbrennung gelangt. Die mit den Auspuffgasen abziehende Wärme geht für die Arbeitsleistung verloren, so daß die Leistung der Maschine abnimmt (Fig. 48a).

2. Wird die Verbrennungsluft verringert, bei Zweitaktmaschinen der Spüldruck herabgesetzt, so verbrennt der Brennstoff trotz guter Zerstäubung und Vergasung nicht, weil der dazu erforderliche Sauerstoff fehlt. Die Leistung der Maschine nimmt selbstverständlich der geringeren Wärmeerzeugung entsprechend ab. Auch unreine Verbrennungsluft, Abgase im Einlaßraum der Maschine haben die gleiche Wirkung (Fig. 48b).

3. Die Umkehrung bestätigt den Versuch. Wird nämlich die Brennstoffzufuhr vermehrt, ohne den Zerstäubungsdruck (Einblasedruck) und die Verbrennungsluft (Spüldruck) zu erhöhen, so steigt die Leistung der Maschine nicht dem Brennstoffzuwachs entsprechend, sondern von einem bestimmten Überschuß ab verläßt ein Teil des Brennstoffes die Maschine unverbrannt mit den Auspuffgasen (Fig. 48c).

Zusammenfassend erkennen wir:

Brennstoffzufuhr, Einblasedruck und Verbrennungsluft (Spüldruck) stehen in einem ganz bestimmten Verhältnis, welches bei Belastungsänderung immer wieder eingestellt werden muß, bis der Auspuff klar ist.

Die Notwendigkeit der Überwachung der Verbrennung nach diesen Gesichtspunkten erklärt sich folgendermaßen. Aus der früher gekennzeichneten Arbeitsweise der Dieselmaschine (s. S. 67) geht hervor, daß mit steigender Drehzahl der Maschine die Zerstäubung, Vergasung und Gemischbildung immer schwieriger wird, da die für diese Vorgänge zur Verfügung stehende Zeit geringer, die bei jedem Arbeitshub eingespritzte Brennstoffmenge jedoch größer wird. Die Dieselmaschine verlangt immer einen erheblichen Luftüberschuß, damit die Verbrennung in der zur Verfügung stehenden Zeit durchgeführt werden kann. Die Schwierigkeit der Gemischbildung mit zunehmender Drehzahl kann bei Viertaktmaschinen nur durch wirksamere Zerstäubung und Mischung, also Erhöhung des Einblasedrucks überwunden werden, da die mit jedem Kolbenhub angesaugte Luftmenge nahezu unveränderlich ist; bei Zweitaktmaschinen kann aber außerdem durch Erhöhung des Ladedrucks die Verbrennungsluft vermehrt werden. Dies ist ein ganz wesentlicher betriebstechnischer Vorteil des Zweitakts. Voraussetzung ist dabei allerdings, daß die Ladeluftmenge eingestellt werden kann, sei es bei angehängten Pumpen durch einen einstellbaren Saugeschieber oder bei Pumpen mit eigenem Antrieb durch Änderung der Drehzahl. Die Möglichkeit der Belastungsänderung der Spül-(Lade-)Luftpumpe unabhängig von der Drehzahl der Hauptmaschine bietet auch die Möglichkeit, den Verdichtungsdruck willkürlich durch Einstellung des Ladedrucks zu ändern und damit die Verdichtungstemperatur der Natur des Brennstoffes anzupassen. Auf diese Weise erhält der Zweitakt eine Anpassungsfähigkeit, welche die Maschine zur Erfüllung der schwierigsten Betriebsbedingungen befähigt[1]).

---

[1]) Über eine derartige Überlastbarkeit der Zweitaktmaschine siehe Jahrbuch der Schiffbautechnischen Gesellschaft 1912. Prof. H. Junkers, Studien

Die Überwachung der Maschine während des Betriebes. 115

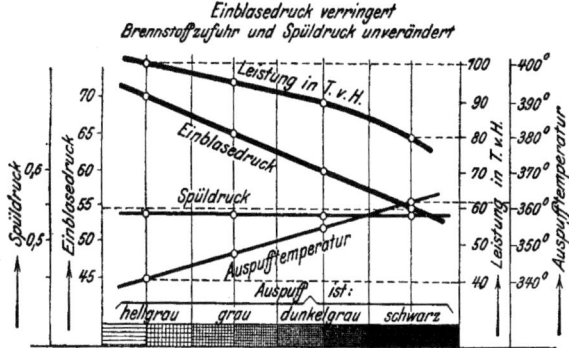

Fig. 48a.

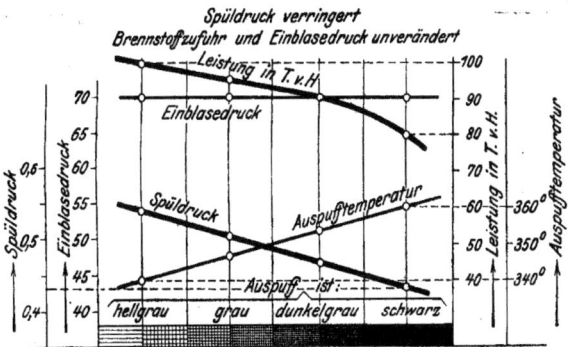

Fig. 48b.

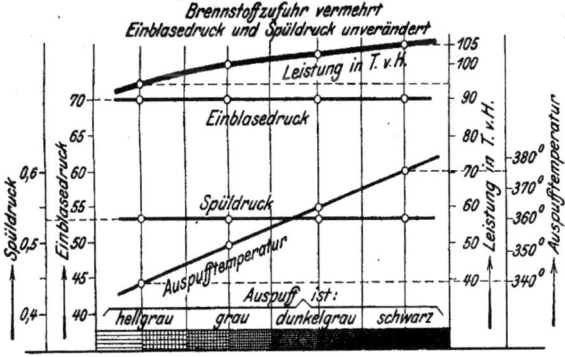

Fig. 48c.

und experimentelle Arbeiten zur Konstruktion meines Großölmotors. Verlag von Julius Springer, Berlin.

8*

Unvollkommene Verbrennung infolge Luftmangels kann bei Viertaktmaschinen durch undichte Einlaß- und Auslaßventile verursacht werden, indem einmal die zu verdichtende Verbrennungsluft beim Verdichtungshube zum Teil entweicht oder beim Ansaugehube mit der frischen Luft ein Teil der vorher ausgestoßenen Verbrennungsrückstände durch das undichte Auslaßventil wieder mit angesaugt wird. Da diese undichten Ventile aber auch während der Verbrennung heiße Gase durchlassen, so machen sie sich immer durch starke Erwärmung und Rauch bemerkbar. Selbstverständlich sinkt dabei auch die Leistung des betreffenden Zylinders, und dieses undichte Auslaßventil kann auch bei gemeinsamem Auspuffrohr die übrigen Zylinder mit beeinflussen. Bei Zweitaktmaschinen ist diese Störung sinngemäß durch undichte Spülventile zu erklären.

Eine weitere Ursache für Mangel an Verbrennungsluft bilden verengte oder verschmutzte Einsaugeöffnungen (Gratings, gelochte oder geschlitzte Bleche) vor den Einlaßventilen, so daß auch hierauf geachtet werden muß.

Die Höhe des Einblaseluftdruckes ist allgemein von der Größe der Durchtrittsquerschnitte des Zerstäubers und von der Beschaffenheit des Brennstoffs abhängig. Ein schwerer Brennstoff wird einen höheren Einblasedruck verlangen als ein leichter. Ist der Einblasedruck zu hoch, so wird beim Öffnen des Brennstoffventils der Zerstäuber sehr schnell reingefegt, so daß einmal die Einleitung der nächsten Verbrennung erschwert wird, dann aber auch während des letzten Teiles der Ventilöffnung keine mit Öl geschwängerte Preßluft in den Verbrennungsraum eintritt, sondern ein Strahl reiner und kalter Preßluft, welche durch Wärmeverbrauch den Temperaturanstieg behindert und dazu noch in der Einblaseluftpumpe einen unnötigen Arbeitsaufwand erfordert, wenn er auch die Gemischbildung durch Wirbelung im Arbeitsraum unterstützt.

Ist der Einblasedruck jedoch zu gering, so wird der Brennstoff nicht genügend zerstäubt, Vergasung und Verbrennung werden unvollkommen, und die Verbrennung wird zum großen Teil nach dem Schließen des Brennstoffventils vor sich gehen. Dieses sogenannte Nachbrennen hat eine mangelhafte Wärmeausnutzung zur Folge, denn die Ausdehnung der Verbrennungsgase wird unvollkommen. Letztere verlassen den Zylinder daher mit einer wesentlich höheren Austrittstemperatur und führen als Merkmal der unvollkommenen Verbrennung immer Ruß mit sich. Durch die verminderte Strömung und rußbildende Verbrennung wird bald die Düsenöffnung verschmutzen und der Betrieb des Zylinders dadurch unmöglich werden.

Weiter aber muß sich der Einblasedruck nach der Menge des einzuspritzenden Brennstoffs und damit nach der Belastung der Maschine richten müssen. Die Erfahrung lehrt, daß der Einblasedruck mit zunehmender Belastung steigen muß, um eine gute Verbrennung zu erzielen. Bei Schiffsmaschinen ist mit der Belastungsänderung auch immer eine Änderung der Drehzahl verbunden. Da nun in den meisten Fällen noch die Steuerung des Brennstoffventils unveränderlich ist, d. h. der Hub immer derselbe und die Öffnungsdauer von der Drehzahl abhängig, so muß bei Schiffsmaschinen die Steuerung des Ventils den Einspritzverhältnissen bei Vollast genügen, wenn der Einblasedruck eine der Brennstoffmenge entsprechende Höhe hat. Mit abnehmender Belastung steht nun der geringeren Brennstoffmenge nicht nur der gleiche Öffnungsquerschnitt des Ventils zur Verfügung, sondern die Öffnungsdauer nimmt in dem Maße zu, wie die Brennstoffmenge und damit die Drehzahl der Maschine vermindert wird. Wie weit im Zusammenhang mit diesen Verhältnissen der Einblasedruck mit abnehmender Belastung verringert werden muß, kurzum der für jede Belastung günstige Einblasedruck, kann nur durch den Versuch ermittelt werden. Dabei ist in erster Linie rauchfreie Verbrennung anzustreben, außerdem aber die Zylinderarbeit durch indikatorische Untersuchung zu prüfen.

Diese Betrachtungen zeigen auch, daß der unveränderliche Antrieb des Brennstoffventils gerade für Schiffsmaschinen verhältnismäßig roh ist. In Verbindung damit erfordert beim Manövrieren mit Schiffsmaschinen die häufige Einstellung des Einblasedrucks große Aufmerksamkeit und Übung. Daher finden besonders für große Maschinen Steuerungen immer mehr Anwendung, bei denen der Hub und auch der Steuerwinkel des Brennstoffventils der Belastung und Gangart der Maschine entsprechend veränderlich ist. Außerdem wird die Einstellung des Einblasedrucks selbsttätig geregelt[1]).

Die Betrachtungen über die Verbrennungsvorgänge in der Ölmaschine zeigen auch, daß die Grenze für die Belastung der Maschine da liegt, wo bei weiterer Brennstoffzufuhr die Verbrennung infolge Luftmangels unvollkommen, d. h. der Auspuff dunkel wird. Eine Überlastung der Maschine ohne Veränderlichkeit der Verbrennungsluft hat daher auch stets außer der erhöhten Wärmebeanspruchung und vermehrten Triebwerksbelastung eine Verschmutzung des Verbrennungsraumes und der Steuerung zur Folge und kann schon aus diesem Grunde nicht dauernd gehalten werden. Wird sie so weit getrieben, daß sich noch im Auspuffrohr Flammenbildung zeigt oder die Temperatur der Zylinder unzulässig wird, so muß mit den schädlichsten Folgen gerechnet werden.

Das Aussetzen eines Zylinders macht sich am Temperaturabfall des Zylinders und an der Rauchbildung bei den Steuerventilen bemerkbar. Beim Öffnen des Indikatorventils wird ebenfalls an Stelle des sonst klaren und scharfen Zündstrahles Rauch austreten, welcher den noch unverbrannten Brennstoff gegen ein vorgehaltenes Blatt Papier spritzt.

Das Öffnen der Indikatorventile zur Beobachtung der Verbrennung oder zum Abfangen des etwa zu reichlich eingepumpten Schmieröles gegen Papier dehne man nicht zu lange aus, da der austretende Zündstrahl das Ventil sonst festsetzen kann.

Die indikatorische Untersuchung der Ölmaschine.

Die äußere Überwachung des Betriebes der Ölmaschine muß unbedingt durch die Überwachung der Vorgänge bei der Verbrennung ergänzt werden. Dies ist nur durch die indikatorische Untersuchung möglich. Diese Notwendigkeit ergibt sich schon deswegen, weil, wie wir vorher sahen, die erstmalige Einstellung der Steuerung sich während des Betriebes durch Erwärmung, Änderung der Rollenlose usw. ändert,

---

[1]) Über selbsttätige Regelung des Einblasedruckes siehe u. a. Dr. Ing. F. Modersohn, Die Regelung der Ölmaschine. München und Berlin 1919, Verlag R. Oldenbourg.

weil ferner die Beschaffenheit des Öles, die Höhe des Einblasedruckes und Spüldruckes, die Wirkungsweise des Zerstäubers usw. die Vorgänge im Arbeitszylinder bestimmen. Die Überwachung des Heizraumes bei Dampfmaschinen ist bei der Ölmaschine in den Arbeitszylinder verlegt, und neben der Beobachtung der Temperatur und der Zusammensetzung des Auspuffes muß dazu bei Ölmaschinen der Indikator benutzt werden.

Der Indikator spielt im Betriebe der Ölmaschine eine größere Rolle als bei Dampfmaschinen, denn bei Dampfmaschinen treten Veränderungen der Steuerungen und der Arbeitsweise und damit Unregelmäßigkeiten langsamer auf, meist nur durch Abnutzung der gleitenden Teile der Steuerung. Und wenn auch die Wirkungsweise des Dampfes im Arbeitszylinder von seiner Abkühlung und Feuchtigkeit beeinflußt wird, so ist die Veränderung seiner Zusammensetzung auf die Wirtschaftlichkeit und vor allen Dingen auf die Sicherheit des Betriebes und die Beanspruchung der Maschine nicht von der Bedeutung wie der Verbrennungsvorgang im Zylinder der Ölmaschine.

Bei der indikatorischen Untersuchung ist es natürlich Vorbedingung, daß der Indikator selbst in Ordnung ist, denn sonst erreicht man damit unter Umständen das Gegenteil von dem, was beabsichtigt war. Die Indikatoren müssen also auch ihrerseits von Zeit zu Zeit geprüft, immer aber sachgemäß behandelt werden. Bei Unregelmäßigkeiten im Diagramm sollte man daher, ehe man Entschlüsse faßt oder Maßnahmen von einschneidender Bedeutung trifft, den Zylinder nach Möglichkeit mit einem zweiten Indikator untersuchen oder auch einen zweiten Zylinder mit dem gleichen Indikator indizieren.

Bei den jetzt zu besprechenden Diagrammformen sollen die Abweichungen unberücksichtigt bleiben, die durch Fehler des Indikators oder unrichtigen Gebrauch desselben entstehen können. Diese Abweichungen sind in einschlägigen Büchern und Gebrauchsanweisungen hinlänglich beschrieben. Es soll hier vorausgesetzt werden, daß der Indikator in Ordnung ist und beim Gebrauch desselben keine Fehler gemacht werden[1]).

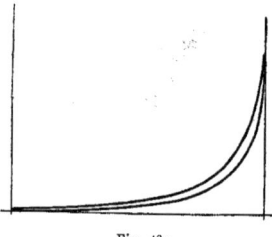

Fig. 49a.

Der Verlauf der Verdichtungs- und der Ausdehnungslinie im geschlossenen Kolbenwegdiagramm, wobei also die Indikatortrommel durch das Kolbengestänge bewegt wird (s. Fig. 49a), läßt erkennen, ob Undichtigkeiten des Kolbens oder der Ventile vorhanden sind, außerdem ist aus dem Diagramm die Höhe des Verdichtungsdruckes unmittelbar abzulesen. Das Diagramm dürfte theoretisch keine Fläche ergeben, da die Verdichtung und auch die Ausdehnung adiabatisch verlaufen sollen. Durch Abkühlung und auch Undichtigkeiten liegt aber die Ausdehnungslinie etwas unter-

---

[1]) Über Indikatoren siehe W. Wilke, Neuerungen von Indikatoren normaler Bauart und neuere Indikatoren besonderer Bauart. Mit besonderer Berücksichtigung der Indikatoren für Verbrennungskraftmaschinen. „Der Ölmotor" II. und III. Jahrgang. — W. Wilke, Untersuchungen über die Grenzen der Verwendbarkeit des Indikators bei schnellaufenden Maschinen für elastische Medien. „Der Ölmotor" V. Jahrgang.

Die indikatorische Untersuchung der Ölmaschine. 119

halb der Verdichtungslinie. Zu breit darf aber die Fläche nicht werden. Die Höhe des Verdichtungsdruckes für verschiedene Umdrehungszahlen läßt sich gut veranschaulichen, wenn die Trommel des Indikators nicht von der Maschine, sondern während des Ganges der Maschine mit der

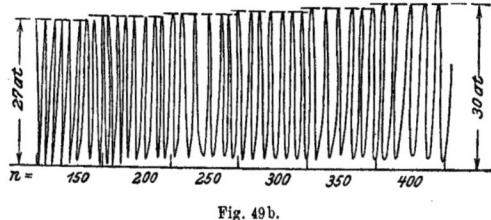

Fig. 49b.

Hand langsam weitergedreht wird. Auf diese Weise entsteht das Diagramm Fig. 49 b, woraus der Verdichtungsdruck für die einzelnen Umdrehungszahlen unmittelbar abgelesen werden kann. Aus diesem Diagramm läßt sich auch für die einzelnen Zylinder die Umdrehungszahl entnehmen, bei der sie noch eine sichere Zündung erreichen.

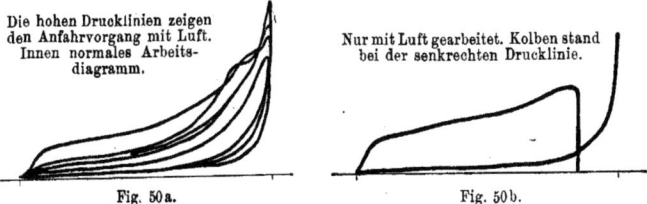

Fig. 50a.   Fig. 50b.

Diese Diagramme können natürlich nur genommen werden, wenn für den betreffenden Zylinder sowohl der Einblasedruck als auch der Brennstoff abgestellt sind.

In Fig. 50 a und b sind **Anfahrdiagramme** dargestellt, die durch die Bemerkungen genügend erklärt sind.

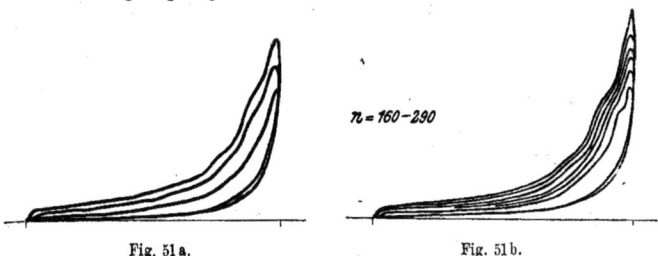

Fig. 51a.   Fig. 51b.

Bei diesen Diagrammen ist stets auf den Höchstdruck zu achten, da besonders die ersten Zündungen, die mit geringer Kolbengeschwindigkeit und oft zu viel Brennstoff erfolgen, vielfach zu hohen Druck erzeugen.

Die Wirkungsweise der Brennstoffpumpe prüft man am besten durch die in Fig. 51 a und b dargestellten **Regulierdiagramme**. Man zeichnet dabei auf ein und dasselbe Blatt Arbeitsdiagramme und verstellt dabei die Brennstoffmenge mit dem Hebel von Rast zu Rast oder mit gleichen Abständen. Auf diese Weise muß ein Linienbündel entstehen, welches in seiner Anordnung zeigt, ob die Einstellung mit dem Brennstoffhebel regelmäßig und gut erfolgt.

Die Brennstoffzufuhr zu den einzelnen Zylindern muß selbstverständlich so gleichartig sein, daß die Leistungen der Zylinder annähernd gleich sind. Dies ist schon zur Erzielung einer möglichst gleichmäßigen Drehkraft erforderlich (s. auch S. 132). Bei ungleichmäßiger Zylindertemperatur müßte man Arbeitsdiagramme an den einzelnen Zylindern nehmen und deren Breitenentwicklung und mittleren Druck vergleichen. Ein zu starkes Diagramm zeugt immer von Überlastung, die sich auch jedesmal durch gefärbten Auspuff von hoher Austrittstemperatur anzeigt. Die Ursache, mangelhafte Regulierung der Brennstoffpumpe dieses Zylinders oder undichtes Brennstoffventil, muß aufgesucht und beseitigt werden.

Von größter Wichtigkeit ist jedoch die indikatorische Untersuchung für die genaue Einstellung der Steuerung. Das Arbeitsdiagramm an und für sich eignet sich dazu nicht, da es als geschlossenes Kolbenwegdiagramm gerade die Vorgänge zusammengedrängt zeigt, die für die Beurteilung am wichtigsten sind. Die Verbrennung des Öles und Erneuerung der Ladung des Zylinders werden in diesem Diagramm nämlich dann aufgezeichnet, wenn der Arbeitskolben und damit die Schreibtrommel des Indikators in den Totpunkten des Arbeitskolbens ihre geringste Geschwindigkeit haben. Dazu kommt, daß die hohen Drücke im Zylinder einen Federmaßstab erfordern (ungefähr 1 mm entsprechend 1 at), der die Vorgänge mit geringen Drücken nur sehr undeutlich aufzeichnet.

Man muß daher die einzelnen Arbeitsvorgänge, die in ihrer Gesamtheit von geschlossenen Kolbenwegdiagrammen, dem Arbeitsdiagramm, gezeigt werden, verstrecken und verzerren und wendet dazu offene Kolbenwegdiagramme und Schwachfederdiagramme an.

Bei den **offenen Kolbenwegdiagrammen** wird die Trommel des Indikators mit der Hand während einer Umdrehung der Maschine in derselben Richtung gezogen, so daß die Abszisse des so entstehenden Diagramms nach Möglichkeit für gleiche Zeiten die gleiche Länge hat. Die Abszisse entspricht dann ungefähr dem Kurbelweg.

Die Drucklinie zeigt dabei zunächst den Verlauf der Verdichtung, dann fortlaufend die Druckverhältnisse bei der Verbrennung und schließlich die Ausdehnungslinie. Besonders wertvoll ist dabei das Bild der Verbrennungslinie, welche im Vergleich mit der des geschlossenen Kolbenwegdiagramms der Trommelgeschwindigkeit entsprechend verstreckt ist und daher viel deutlicher den Verlauf der Verbrennung zeigt.

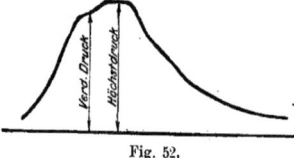

Fig. 52.

Viele Ungleichmäßigkeiten, wie verfrühte oder verspätete Zündung, Druckanstieg bei der Verbrennung usw., werden erst durch das verstreckte Diagramm sichtbar (s. Fig. 52).

Erfolgt z. B. die Öffnung des Brennstoffventils zu früh, so kann diese je nach dem Grad der Unregelmäßigkeit die in den Fig. 53a bis 53c wiedergegebenen Formen des geschlossenen Diagramms ergeben. Woher die Drucksteigerung rührt, ist zunächst noch nicht zu übersehen. Erst die offenen Diagramme zeigen an dem Verlauf der Verdichtungslinie, daß es sich um eine zu früh erfolgende Vergasung und Entzündung handelt; das Brennstoffventil öffnet für den zur Anwendung kommenden Brennstoff zu früh. Die Schaubilder sind dadurch erhalten, daß der Antrieb des Brennstoffventils von normaler

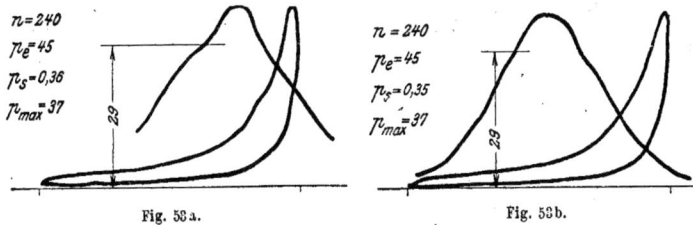

Fig. 53a.   Fig. 53b.

Arbeitsweise ab absichtlich verstellt wurde. In Fig. 53a ist noch der Absatz erkennbar, der zwischen Beendigung der Verdichtung und der Zündung entsteht, in Fig. 53b verläuft die Linie schon ohne diesen Absatz, während in Fig. 53c vor Beendigung der Verdichtung eine starke Drucksteigerung durch Wärmezufuhr erfolgt, wodurch der Höchstdruck bei der Verbrennung auf 46 at steigt. In diesem Falle wurde der Grund der Drucksteigerung durch das offene Diagramm festgestellt.

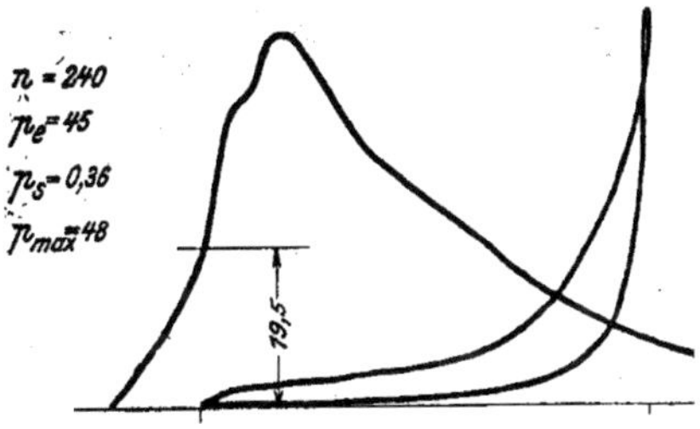

Eine ähnliche Drucksteigerung zeigt nämlich das Diagramm auch, wenn bei gut eingestellter Steuerung der Einblasedruck zu hoch gehalten wird. Die Diagramme Fig. 54a bis c sind bei gleicher Umdrehungszahl genommen, während der Einblasedruck von 32 auf 43 at gesteigert wurde.

Fig. 53c.

Die hohen Spitzen, welche die Diagramme bei Frühzündung oder zu hohem Einblasedruck zeigen, haben immer starke Stöße in der Maschine zur Folge. Bei einer Zweitaktmaschine wurde der Auspuff unrein. Der Grund dafür lag darin, daß die Spülpumpe in ihrer Leistung nachgelassen hatte und nicht genügend Verbrennungsluft förderte. Da dies nicht richtig erkannt war, wurde der klare Auspuff durch Erhöhung des Einblasedruckes wiederhergestellt, wodurch so starke Stöße in der Maschine auftraten, daß die Befestigungsbolzen der Zylinder brachen.

Als Gegenstück zu Fig. 54 ist in Fig. 55 ein Diagramm bei 245 Umdrehungen dargestellt, welches normal den Einblasedruck der Fig. 54c haben soll, während er auf 32 at verringert wurde. Die Folge davon war starke Rauchbildung (s. auch S. 114).

Das zu späte Öffnen des Brennstoffventils ist in der Fig. 56 dargestellt. Im geschlossenen Diagramm zeigt sich bei zu später Zündung oft nur eine Verdickung der Drucklinie am Ende der Verdichtung. Von dieser Verdickung aus wird dann noch eine oft er-

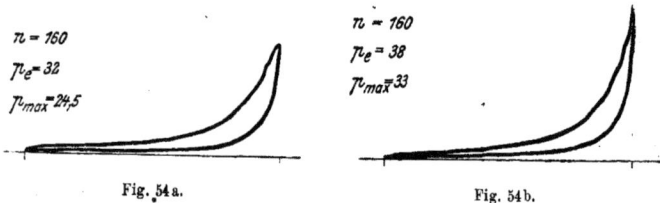

Fig. 54 a. Fig. 54 b.

hebliche Drucksteigerung sichtbar. Daß diese Verdickung durch zwei übereinander gezeichnete Linien entsteht, zeigt erst das gestreckte Diagramm. Nach der Verdichtung tritt nämlich noch nicht die Verbrennung ein, welche die Gleichdrucklinie erzeugt, sondern der Kolben beginnt den Rückweg, ohne daß Wärmezufuhr erfolgt. Aus diesem Grunde fällt der Druck im Zylinder, bis die dann einsetzende Verbrennung eine plötzliche Drucksteigerung bringt. Erschütterungen der Maschine und Nachbrennen während der Ausdehnung, also schlechte Ausnutzung der Wärme, sind die Folge. Durch die Drucksteigerung bei der Verbrennung entstehen häufig auch erhebliche Schwingungen des Indikatorschreibgestänges, wodurch die Ausdehnunglinie wellenförmig gezeichnet wird.

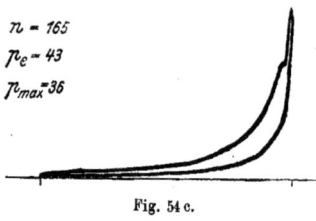

Fig. 54 c.

Die Bedingung für ein gutes Diagramm ist, daß in der Totpunktstellung des Kolbens die Entzündung des Brennstoffes erfolgt ist, damit

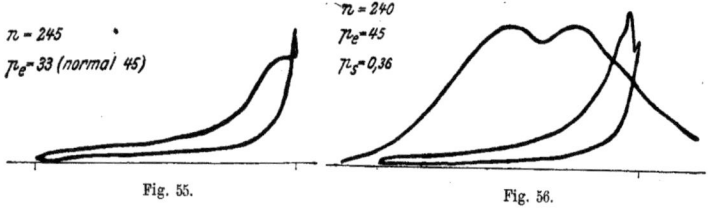

Fig. 55. Fig. 56.

beim Rückgange des Kolbens das Arbeitsdiagramm infolge der Wärmezufuhr eine Gleichdrucklinie zeigt. Da zur Vergasung, Gemischbildung und Entzündung je nach der Beschaffenheit des Brennstoffes eine bestimmte Zeit erforderlich ist, so geht daraus hervor, daß bei Erfüllung dieser Bedingung das Brennstoffventil immer mit einer Voreröffnung arbeiten muß, da sonst Spätzündung eintritt. Diese Voreröffnung darf aber nicht so weit getrieben werden, daß Frühzündung erfolgt. Der genaue Öffnungszeitpunkt muß durch indikatorische Untersuchung gefunden werden.

Außer diesen Unregelmäßigkeiten in der Verbrennung, die durch falschen Öffnungszeitpunkt des Brennstoffventils verursacht werden, wird die Verbrennungslinie des Diagramms noch durch den Gang der Maschine beeinflußt. Bei gleichen Brennstoffeigenschaften und gleicher Einstellung der Steuerung wird die Verbrennungslinie bei unverändertem Antrieb des Brennstoffventils sich nach der Kolbengeschwindigkeit richten. Die Zusammenstellung Fig. 57 zeigt, daß mit abnehmender Umdrehungszahl der Maschine der Höchstdruck von 33,2 at auf 42,5 at steigt, weil unter sonst gleichen Verhältnissen und trotz geringerer Verdichtung die Wärmezufuhr für die zeitlich geringere Raumvergrößerung zu schnell vor sich geht und

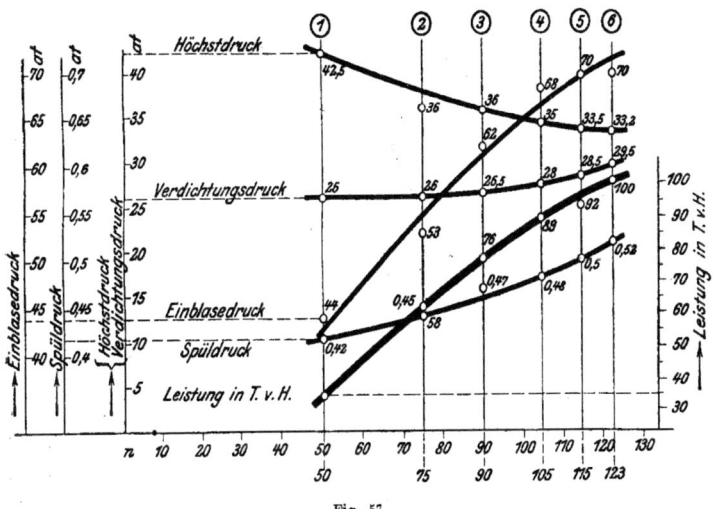

Fig. 57.

dadurch größere Drucksteigerung verursacht. Die Aufzeichnungen sind bei einer Zweitaktmaschine unter stufenweiser Steigerung der Umdrehungszahl gemacht, nachdem jedesmal eine einwandfreie Verbrennung (klarer Auspuff) eingestellt war. Umgekehrt würde das Diagramm Spätzündung zeigen, wenn die Steuerung für langsamen Gang eingestellt gewesen wäre und dann die Umdrehungszahl gesteigert worden wäre. Die Voreröffnung des Brennstoffventils würde dann für die gesteigerte Kolbengeschwindigkeit zu gering sein.

Aus diesem Grunde ist man auch bemüht, durch Nadelhubregulierung, veränderliche Nockenerhöhung, selbsttätige Einstellung des Einblasedrucks usw. den Verbrennungsvorgang der jeweiligen Belastung und Umdrehungszahl so anzupassen, daß immer die Gleichdrucklinie im Diagramm entsteht (s. auch S. 114).

Schwachfederdiagramme. Die Steuerung des Auslasses der Verbrennungsprodukte und die Erneuerung der Ladung des Zylinders wird in den Arbeitsdiagrammen nicht sichtbar, da der Federmaßstab der Arbeitsdiagramme bei den im Zylinder auftretenden Drücken zu gering

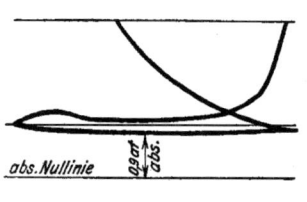

Fig. 58

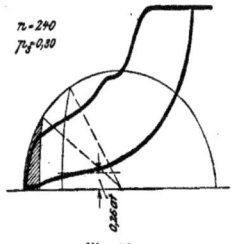

Fig. 59.

ist (ungefähr 1 at = 1 mm). Zur Veranschaulichung dieser Vorgänge zeichnet man daher Diagramme mit einer Feder, bei der 1 at durch eine Ordinate von 15—20 mm dargestellt wird. Bei diesen Schwachfederdiagrammen muß man natürlich auf den Hochdruckteil des Diagramms verzichten.

In Fig. 58 ist z. B. das **Schwachfederdiagramm einer Viertaktmaschine** dargestellt. Die Auslaß- und die Ansaugearbeit, die im gewöhnlichen Arbeitsdiagramm meist als verdickte Linie erscheinen, werden hier tatsächlich als Fläche dargestellt und sind auch auszuwerten, da Ausstoß- und Ansaugedruck abgelesen werden können. Diese negative Arbeitsfläche wird unter sonst gleichen Verhältnissen größer, sobald die Steuerung des Einlaß- und Auslaßventils nicht stimmt. Zu spät oder zu früh schließende Ventile, verengte Einsauge- oder Auslaßquerschnitte werden nämlich den geraden Verlauf der Linien stören und sich durch starke Ausbauchungen der Drucklinien bemerkbar machen, so daß der Flächeninhalt des von Ausstoß- und Ansaugelinie begrenzten Diagramms größer wird.

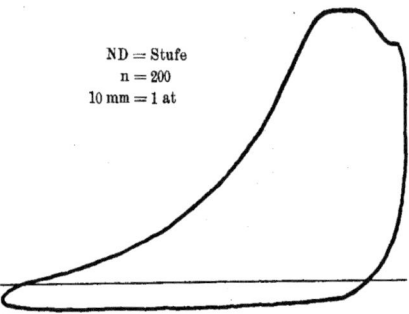

Fig. 60 a.

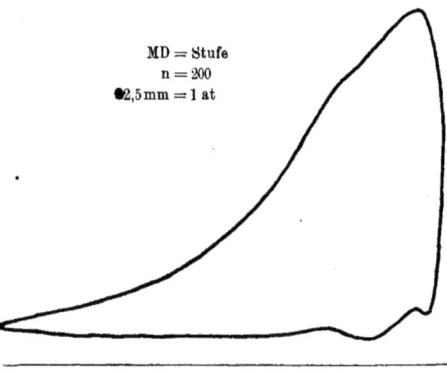

Fig. 60 b.

Das Schwachfederdiagramm für Zweitaktmaschinen ist in Fig. 59 gezeigt. Das darübergelegte Kurbeldiagramm der Maschine erklärt den Verlauf der Drucklinie, wie er durch Öffnen und Schließen der Auspuffschlitze, daran anschließende Ladung des Zylinders und Beginn der Verdichtung mit Spüldruck beim Schließen des Spülventils bestimmt wird.

In den Fig. 60a bis 60c sind die Diagramme der einzelnen Stufen einer Luftpumpe gezeigt, in Fig. 61 das Diagramm einer doppelt wirkenden Spülluftpumpe.

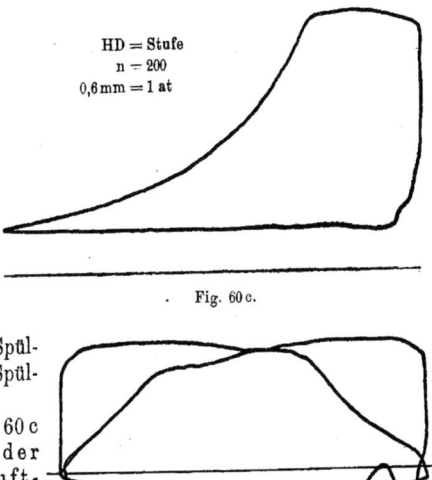

Fig. 60c.

$n = 110$ Spüldruck $= 0{,}51$ at 30 mm $= 1$ at

Fig. 61.

Die Wellenbeanspruchung und Massenwirkung.

Während des Betriebes von Maschinen und besonders von Kolbenmaschinen in Schiffen treten ab und zu ernstere Störungen auf, als da sind Wellenbrüche, Risse des Maschinengestells, Zerreißen von Lagerbolzen und Fundamentbolzen, Lockerung der Schiffsverbände usw. Die Ursache dieser schädlichen Beanspruchung der Maschine und des Schiffskörpers sind die in der Kolbenmaschine stets wechselnden Kolbenkräfte und die ebenfalls periodisch wechselnden Massenkräfte der bewegten Massen.

Jeder elastische Körper gerät durch einen Anstoß (Impuls) in Schwingungen, deren Zahl in der Minute von der Form und dem Material des Körpers abhängt. Diese minutliche Eigenschwingungszahl des Körpers läßt sich errechnen oder durch Versuch ermitteln.

Eine Maschinenwelle wird durch ein Drehmoment um einen bestimmten Winkel verdreht, sofern man die Welle an einer anderen Stelle festhält. Wird das Drehmoment aufgehoben, so wird die Welle erst wieder ihre anfängliche Ruhelage einnehmen, nachdem sie um den Festpunkt eine Anzahl von Schwingungen ausgeführt hat.

Der Schiffskörper als elastisches System gerät in Schwingungen, wenn er an einer Stelle einen Anstoß erhält. Auch hierfür läßt sich die Eigenschwingungszahl ermitteln.

Die hier erwähnten Schwingungen werden erst durch die Größe des Ausschlages bedeutungsvoll. Dieselbe nimmt aber zu, wenn die Schwingungsursache, Drehmoment oder Stoß, im Gleichtakt mit den Schwingungen erneuert wird. Abgesehen davon, daß durch ständige Formänderung eine Ermüdung des Materials eintritt, kann die Formänderung durch ständige Vergrößerung des Ausschlages die Elastizitätsgrenze des Materials überschreiten und so zu Zerstörungen führen. Da die Schwingungsimpulse durch die Drehzahl der Maschine bestimmt werden, die Eigenschwingungszahlen der in Frage kommenden Systeme sich aber nur mit der Form und dem Material der Körper ändern, in normalem Betriebe also unveränderlich sind, so wird es in dem Drehzahlbereich der Maschine bestimmte Gebiete geben, die für die Beanspruchung der Welle und des Schiffskörpersystems gefährlich und daher zu vermeiden sind, die sogenannten kritischen Drehzahlen.

Der unruhige Gang der Maschine, die Verdrehung der Wellen und die Erschütterungen werden bei Ölmaschinen auch für die Steuerung fühlbar, indem sie nicht nur den Steuerantrieb, besonders Schnecken und Zahnräder, stark beanspruchen, sondern auch die Genauigkeit des Steuervorganges beeinträchtigen.

Durch gleichmäßiges Drehmoment und Ausgleich der Massenwirkungen versucht man die Beanspruchung in erträglichen Grenzen zu halten. Unregelmäßigkeiten im Betriebe, wie ungleichmäßige Zylinderleistung oder Ausfall von bewegten Massen, verschlechtern jedoch die Gleichförmigkeit der Drehkraft und den Massenausgleich und führen daher häufig zu den oben erwähnten Zerstörungen.

Das Verständnis hierfür möge durch folgende eingehendere Betrachtung gefördert werden.

Die Drehbeanspruchung der Maschinenwelle. Das Ideal der Drehbeanspruchung wäre eine vollkommen gleichmäßige Umfangskraft an der Welle. Diese müßte die Größe haben:

Leistung der Maschine = Leistung der Umfangskraft

$$IPS = \frac{\text{mittl. Umfangskraft} \times \text{mittl. Umfangsgeschw.}}{75}$$

$$IPS = \frac{Tm \cdot v}{75} = \frac{Tm \cdot 2r\pi \cdot n}{75 \cdot 60}$$

$$Tm = \frac{IPS}{n \cdot r} \cdot \frac{60 \cdot 75}{2\pi} = 716{,}18 \frac{JPS}{n \cdot r}.$$

Daraus ergibt sich das mittlere Drehmoment:

$$Tm \cdot r = 716{,}18 \frac{IPS}{n}.$$

Die Umfangskraft und damit das Drehmoment an der Welle ist jedoch bei Kolbenmaschinen mehr oder weniger stark wechselnd. Man erkennt dieses schon mit bloßem Auge bei einer einkurbeligen Maschine, die im Leerlauf arbeitet. Sie läuft ruckweise, während eines Teiles des Hubes ganz langsam, dann schnell und bleibt im Totpunkt stehen; einmal ist die Umfangskraft zu klein, dann zu groß oder gleich Null. Bei einer mehrkurbeligen Maschine liegen die Verhältnisse schon besser, doch sind die Umfangskräfte auch noch sehr wechselnd und damit die Ungleichförmigkeit der Bewegung und der Nutzarbeit sehr groß. Um wenigstens an der Nutzwelle größere Gleichförmigkeit zu haben und gleichzeitig den Überschuß an Umfangskraft aufzuspeichern, ordnet man Schwungräder an, die bei Beschleunigung ihrer Masse ein Arbeits-

Die Wellenbeanspruchung und Massenwirkung.

vermögen aufnehmen, welches sie wieder abgeben, wenn die Umfangskräfte geringer werden.

Bei Schiffsmaschinen bildet die bewegte Masse des Schiffes das Schwungrad. Das Schiff mit gleichförmiger Bewegung nimmt bei wechselnder Umfangskraft den Überschuß auf und gibt ihn bei abnehmender Umfangskraft wieder ab.

Wenn auch auf diese Weise die wechselnden Umfangskräfte nach außen hin ausgeglichen sind, so beanspruchen sie doch noch die Gestänge, Lager und vor allen Dingen die Kurbelwelle der Maschine.

Die Maschinenwelle sei an der Schraube festgehalten und am anderen Ende durch ein Drehmoment verdreht. Wird das verdrehende Moment plötzlich aufgehoben, so wird die Welle in der Zeiteinheit eine ihrer Länge, Form und dem Material entsprechende Schwingungszahl ausführen. Man erhält so die minutliche Eigenschwingungszahl der Welle. Die Schwingungen werden nach einer gewissen Zeit zur Ruhe kommen. Unterstützt man jedoch die Schwingungen, indem man ab und zu oder bei jeder Schwingung einen neuen Anstoß gibt, so wird der Ausschlag (Amplitude) und damit die Verdrehung (Torsion) der Welle so stark zunehmen können, daß die Möglichkeit eines Wellenbruches gegeben ist.

Bei gleichförmiger Umfangskraft würde sich die Welle um einen bestimmten Winkel verdrehen, und eine Veränderung der Verdrehung würde nur bei Belastungsänderung erfolgen (Torsionsindikator). Wechselt jedoch die Umfangskraft periodisch, so wird bei jedem Wechsel ein Zurückfedern der Welle erfolgen, d. h. die Welle wird in Schwingungen geraten. Das Zurückfedern der Welle wird sich durch Erzittern der Maschine, ruckweises Arbeiten und Schlagen der Bolzen von losen Kupplungen und Lagern bemerkbar machen, wobei eine ganz erhebliche Beanspruchung des Triebwerks auftritt.

Man spricht daher von der **kritischen Umdrehungszahl** erster, zweiter, dritter usw. Ordnung, je nachdem sie gleich, $1/2$, $1/3$ usw. der Eigenschwingungszahl der Welle ist und damit durch die wechselnde Umfangskraft bei jeder oder jeder zweiten, dritten usw. Schwingung ein neuer Schwingungsantrieb erfolgt, der den Ausschlag der Welle vergrößert.

Die Umdrehungszahlen der Maschine sollen also nicht mit der Eigenschwingungszahl zusammenfallen; dies ist bei der Aufstellung der Fahrttabelle zu berücksichtigen. Ist z. B. die Eigenschwingungszahl der Welle durch Rechnung oder Versuch zu 300 festgestellt, so ist

$$\frac{300}{1} = 300 \text{ kritische Umdrehungszahl erster Ordnung}$$

$$\frac{300}{2} = 150 \quad „ \quad „ \quad \text{zweiter} \quad „$$

$$\frac{300}{3} = 100 \quad „ \quad „ \quad \text{dritter} \quad „$$

$$\frac{300}{4} = 75 \quad „ \quad „ \quad \text{vierter} \quad „ \quad .$$

Wenn die Maschine bis zu 120 Umdrehungen macht, müssen Fahrten mit 75 und 100 Umdrehungen nach Möglichkeit vermieden werden.

X. Der Betrieb der Ölmaschine.

Die Beanspruchung der Welle wird natürlich um so größer, je größer die Ungleichförmigkeit der Umfangskraft ist. Bei mehrzylindrigen Maschinen wird die Welle von der Summe der Umfangskräfte der einzelnen Zylinder beansprucht. Daher ist anzustreben, daß der Höchstwert dieser Summe bei allen Kurbelwinkeln von dem Mindestwert nicht zu sehr abweicht. Dies kann einmal erreicht werden durch geeignete Versetzung der Kurbeln der einzelnen Zylinder, dann aber im Betriebe der Maschine durch gleichmäßige Belastung der einzelnen Zylinder.

Infolge der Kurbelanordnung und der Arbeitsweise haben Zweitaktmaschinen ein gleichmäßigeres Drehmoment als Viertaktmaschinen.

Zur Veranschaulichung dieser Verhältnisse wird das Drehkraftdiagramm gezeichnet, welches für jeden Kurbelwinkel die an der Welle wirkende Drehkraft und damit die Abweichungen derselben von der vorher errechneten mittleren Drehkraft erkennen läßt.

Das Drehkraftdiagramm wird folgendermaßen ermittelt: Für jeden Zylinder werden die Umfangskräfte im Kurbelgetriebe für die einzelnen Kurbelwinkel festgestellt. Die Umfangskräfte werden dann auf den Kurbelradien abgetragen oder auf dem abgewickelten Kurbelweg als Ordinaten aufgetragen. Werden dann die Endpunkte der Maßlinien für die Umfangskräfte verbunden, so entsteht im ersten Falle ein kreisförmiges Diagramm, im zweiten Falle ein gestrecktes. Beides sind unregelmäßige Linien, die in ihren Abweichungen von der im Abstande Tm, welches errechnet wird, vom Kreismittelpunkt gezeichneten Kreise oder von der Kurbelweglinie gezogenen Graden die Ungleichförmigkeit der Umfangskraft für diesen Zylinder erkennen lassen.

Da es nun auf das Drehmoment an der Nutzwelle ankommt, so werden diese Diagramme der einzelnen Zylinder ihrer Kurbelstellung entsprechend aufeinandergelegt und die Drehkräfte auf denselben Radien oder Ordinaten zusammengezählt. Wird der Kurbelkreis des letzten Zylinders als Grundlage gewählt, so ergibt die Verbindung der Endpunkte der neuen Maßlinien die gesamte Drehkraft für jede Kurbelstellung der letzten Kurbel.

Welchen Wert hat die Umfangskraft? Nach Fig. 62a wird die im Getriebe wirkende Kraft P im Kreuzkopf zerlegt in die Stangenkraft $S = \dfrac{P}{\cos \beta}$ und den Kreuzkopf- oder Gleitbahndruck $K = P \cdot \operatorname{tg} \beta$.

Die Stangenkraft $\dfrac{P}{\cos \beta}$ wird im Kurbellager wieder zerlegt in eine Kraft $R = \dfrac{P}{\cos \beta} \cdot \cos(\alpha + \beta)$, die in Richtung des Kurbelarmes wirkt, und in die Umfangskraft $T = \dfrac{P}{\cos \beta} \cdot \sin(\alpha + \beta)$.

Die Umfangskraft läßt sich ihrem mathematischen Ausdruck entsprechend nach Fig. 63 zeichnerisch ermitteln, wenn P bekannt ist.

Wie groß ist P?

Die Kraft P setzt sich zusammen aus:

1. Dem auf dem Kolben lastenden Zylinderdruck, welcher für jede Kurbelstellung aus dem Arbeitsdiagramm abgelesen werden kann.

Die Wellenbeanspruchung und Massenwirkung. 129

2. Zu diesem Kolbendruck müssen bei stehenden Maschinen die Gewichte des Triebwerks hinzugerechnet werden. Das Gewicht des Kolbens und Kolbenbolzens (oder Kreuzkopf), der Stange mit Lagern, des Kurbelzapfens und der Kurbelwangen, aller sonst noch beweglichen und angehängten Teile und Gestänge, welche dabei auf den Kurbelradius umzurechnen sind, wird in kg auf das cm² Kolbenfläche berechnet und im Federmaßstab aufgetragen.

3. Die Gewichte, welche keine umlaufende, sondern eine hin und her gehende Bewegung machen, wie Kolben, Kolbenbolzen, der obere Teil der Schubstange usw., haben im unteren Totpunkt die Geschwindigkeit Null, sie erreichen während eines

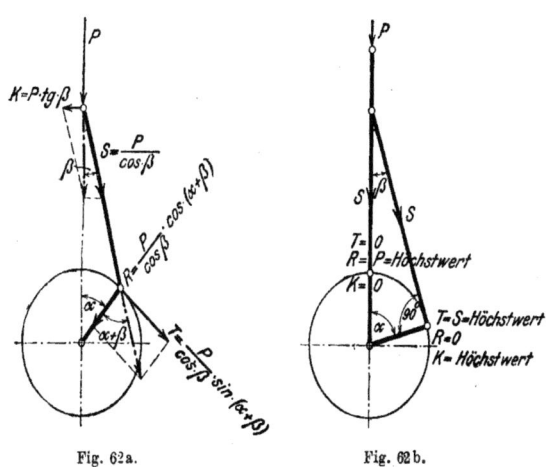

Fig. 62a.   Fig. 62b.

Hubes einen Höchstwert an Geschwindigkeit und haben im oberen Totpunkt wieder die Geschwindigkeit Null. Während auf dem ersten Teil des Kolbenhubes eine Kraft = Masse × Beschleunigung aufgewendet werden muß, um die Massen zu beschleunigen, wird während des zweiten Teiles des Hubes die Kolbenbewegung durch die beschleunigten Massen, welche jetzt die ihnen mitgeteilte Energie wieder abgeben, unterstützt. Die Größe der Kolbenarbeit wird dadurch zwar nicht geändert, zur Bestimmung des wirklichen Vertikaldruckes im Getriebe müssen aber diese Kräfte für die einzelnen Kurbelstellungen errechnet und ihrem Vorzeichen entsprechend im Vertikaldruckdiagramm eingetragen werden.

Der Beschleunigungsdruck für das cm² Kolbenfläche ist:

$$q = \frac{m \cdot b}{O} = \frac{G_0}{g \cdot O} \cdot b$$

worin G_0 das Gewicht der hin und her gehenden Massen (Kolben mit Bolzen, Schubstangenoberteil bis zum Schwerpunkt),

$g =$ Fallbeschleunigung,
$O =$ Kolbenoberfläche in cm²
$b =$ augenblickliche Beschleunigung bei einem bestimmten Kurbelweg und Kurbelwinkel, angenähert

$$\frac{v^2}{r}\left(\cos\alpha + \frac{r}{l}\cos 2\alpha\right), \text{ worin:}$$

$v =$ mittlere Umfanggeschwindigkeit $\dfrac{2\,r\,\pi\cdot n}{60}$

$r =$ Kurbelradius,

$l =$ Schubstangenlänge.

Es ist also für einzelne Kurbelwinkel der Beschleunigungsdruck zu berechnen aus:

$$q = \frac{G_0}{g\cdot O}\cdot\frac{v^2}{r}\cdot\left(\cos\alpha + \frac{r}{l}\cdot\cos 2\alpha\right)$$

Wird für $v = \dfrac{2\cdot r\cdot \pi\cdot n}{60} = \omega\cdot r$ gesetzt, so ist

$$q = \frac{G_0}{g\cdot O}\,\omega^2\cdot r\left(\cos\alpha + \frac{r}{l}\cos 2\alpha\right)$$

ändert sich also bei einer Maschine für denselben Kurbelwinkel α mit ω^2, d. h. mit dem Quadrat der Umdrehungszahlen.

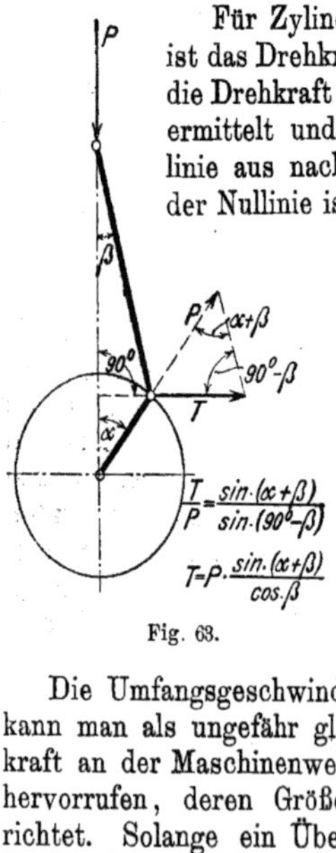

Für Zylinder 6 einer sechszylindrigen Viertaktmaschine ist das Drehkraftdiagramm in Fig. 64 u. 65 dargestellt, in dem die Drehkraft für die einzelnen Kurbelstellungen nach Fig. 63 ermittelt und ihrem Vorzeichen entsprechend von der Nulllinie aus nach oben oder unten abgetragen ist. Die Länge der Nullinie ist der Kurbelzapfenweg für zwei Umdrehungen.

In Fig. 66 sind die Drehkraftdiagramme der einzelnen Zylinder nach Kurbelstellung und Kurbelfolge aufeinandergelegt. Wenn man die Drehkräfte ihrem Vorzeichen entsprechend für jede Ordinate addiert, so ist die Summe der Drehkräfte für die einzelnen Kurbelstellungen aus Fig. 67 abzulesen. Als Drehkraftdiagramm ergibt sich dann eine Wellenlinie, welche in ihren Erhebungen und Senkungen ein Bild der wechselnden Drehkraft bietet. Der mittlere Wert dieser Drehkraft ist punktiert eingezeichnet.

Fig. 63.

$$\frac{T}{P} = \frac{\sin\,(\alpha+\beta)}{\sin\,(90^0-\beta)}$$

$$T = P\cdot\frac{\sin\,(\alpha+\beta)}{\cos\,\beta}$$

Die Umfangsgeschwindigkeit und den Widerstand an der Schraube kann man als ungefähr gleichmäßig annehmen. Eine wechselnde Drehkraft an der Maschinenwelle wird also ständig Verdrehungen der Welle hervorrufen, deren Größe sich nach der augenblicklichen Drehkraft richtet. Solange ein Überschuß an Drehkraft über die mittlere vorhanden ist, wird die Welle im Drehsinn der Maschine verdreht, während bei den Kurbelwinkeln, wo die augenblickliche Drehkraft die mittlere nicht erreicht, ein Rückfedern während der Bewegung stattfindet. Auf diese Weise wird auch die Umfangsgeschwindigkeit des Kurbelzapfens ständig Änderungen unterworfen sein, und zwar wird die Umfangsgeschwindigkeit so lange zunehmen, wie ein Überschuß an Umfangs-

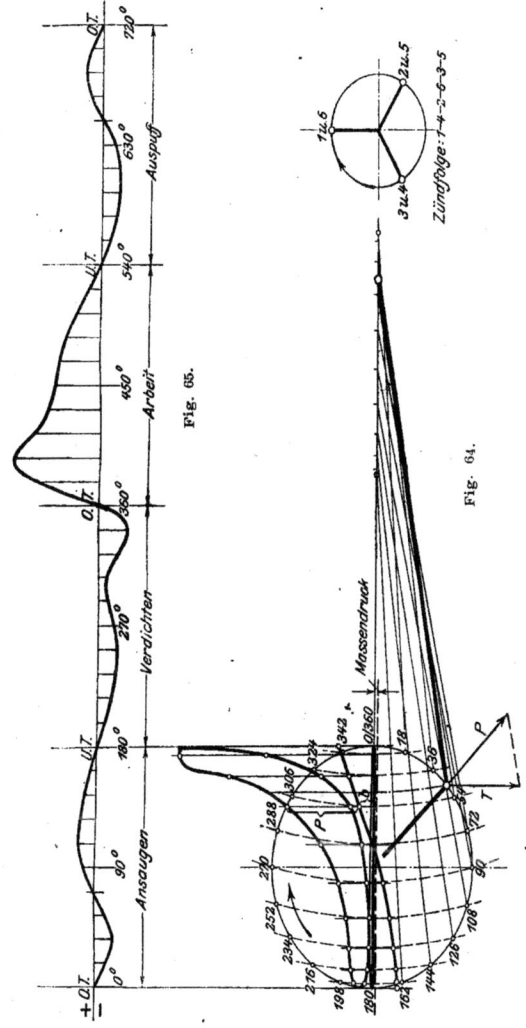

kraft vorhanden ist, während jedesmal dort, wo die Drehkraftlinie die Tm-Linie schneidet, die Geschwindigkeitskurve umkehrt[1]).

---

[1]) Die wechselnde Umfangsgeschwindigkeit wird in dem Torsiographen von Dr. Geiger zur Feststellung des wechselnden Drehmomentes benutzt. Siehe „Z. d. V. D. I." 1916, Seite 811.
Siehe ferner „Z. d. V. D. I." 1918 Seite 177: H. Frahm, Ein neuer Torsionsindikator mit Lichtbildaufzeichnung und seine Ergebnisse.

Ein Maß für die wechselnde Beanspruchung der Welle ist der Unterschied zwischen der größten und geringsten Drehkraft. Bei gleicher Leistung aller Zylinder wird auch die Änderung der Drehkraft gleichmäßig erfolgen, und die Abweichungen vom Mittelwert werden ein beim Bau der Maschine angestrebtes und zulässiges Maß nicht übersteigen.

Wodurch können nun beim Betriebe diese Verhältnisse geändert, das heißt verschlechtert werden?

Zunächst denken wir dabei an zu hohe Kolbenbelastungen, das heißt an Drucksteigerungen, wie sie beispielsweise durch Frühzündung (s. Fig. 53c) auftreten. Aber die Betrachtungen über die Größe und Feststellung der Drehkraft zeigen, daß diese Drücke wohl das Triebwerk, Kolben und Deckel, Deckel- und Zylinderschrauben usw. durch starken Zug und Druck beanspruchen, aber keinen oder sehr wenig Einfluß auf die Drehkraft haben, da diese im Totpunkt des Kolbens, wo diese hohen Drücke auftreten, für diesen Zylinder Null ist.

Größeren Einfluß hat es aber, wenn die Leistung eines Zylinders größer oder geringer als die der übrigen ist. Die größte Leistung hatte von den sechs Zylindern, nach dem Indikatordiagramm ermittelt, der Zylinder 3, und daher wird auch beim Arbeitshub dieses Zylinders der Höchstwert der Drehkraft erreicht (s. Fig. 67). Wenn wir den Fall, daß die Leistung eines Zylinders nachläßt, bis zum vollständigen Aussetzen der Zündung verfolgen, beispielsweise bei Zylinder 6, so sehen wir, daß die Drehkraft an der Welle bei der entsprechenden

Kurbelstellung sogar negativ wird. Beim Aussetzen der Zündung eines Zylinders wird dieser gegebenenfalls mit Verdichtung weiterlaufen können, oder das Triebwerk der Maschine wird leer mitgenommen oder aber ganz ausgekuppelt. Für diese einzelnen Fälle sind die Änderungen der Drehkräfte vom normalen Verlauf in Fig. 67 eingezeichnet. Die stärksten Abweichungen ergeben sich natürlich beim Arbeitshub des Zylinders 6. Die Betrachtung dieser Abweichungen zeigt, daß, die Möglichkeit vorausgesetzt, beim Versagen eines Zylinders die Verdichtung beibehalten werden muß. Fällt die Verdichtung fort, so werden die Drehkraftverhältnisse erheblich ungünstiger, und sie werden am schlechtesten, wenn das Triebwerk des Zylinders ausgekuppelt wird.

Wir sehen, daß nicht nur beim Bau der Maschine durch Wahl der Zahl der Zylinder, Schubstangenlänge, Kurbelversetzung usw. die Drehbeanspruchung der Welle in zulässigen Grenzen zu halten ist, sondern daß es gerade Sache des Betriebes werden kann, diese festliegenden Grenzen innezuhalten. In erster Linie gehört dazu, daß bei gut laufender Maschine die kritischen Umdrehungszahlen vermieden werden, und wo sie auftreten, daß beim Einstellen der Drehzahl schnell durch die kritischen Umdrehungszahlen hindurchgegangen wird. Besonders bei Leerlauf (Anlassen im Leerlauf) schwanken die Umdrehungen besonders stark und können dadurch zu lange im Bereiche der kritischen Drehzahlen bleiben. Dann aber sehen wir, welchen Einfluß auf die Beanspruchung der Welle die gleichmäßige Belastung der einzelnen Zylinder hat und welche Maßnahmen geboten sind beim Ausfall eines Zylinders.

Massenwirkung und Massenausgleich.

Die bewegten Massen der Maschine erzeugen bei der Bewegung Kräfte, welche den Schwerpunkt der Maschine zu bewegen und die Maschine zu kippen suchen. Die Größe dieser Kräfte und Momente ändert sich periodisch, entsprechend der Umdrehungszahl der Maschine.

Die senkrecht zur Längsrichtung des Schiffes wirkenden Kräfte erzeugen nun unter folgenden Bedingungen Schwingungen des Schiffskörpers. Der Schiffskörper verhält sich wie ein elastischer Stab, der bei Stößen in Schwingungen gerät und dann mit einer seinem Material und seiner Form entsprechenden bestimmten Schwingungszahl weiterschwingt. Die Lage der Knotenpunkte ist bei gleichbleibender Gewichtsverteilung im Schiff unveränderlich, so daß es im Schiff Stellen gibt, die keine Schwingungen erkennen lassen.

Der Schwingungsantrieb muß auch da liegen, wo ein Schwingungsbauch auftritt, denn im Knotenpunkt wirkend werden die Stöße keine Schwingungen hervorbringen können. Daher wird für die Aufstellung der Maschine nach Möglichkeit eine Stelle gewählt, wo der Schiffskörper bei Ausführung von Schwingungen einen Knotenpunkt hat. Mit zunehmender Maschinenlänge wird dieses Verfahren zur Vermeidung von Schwingungen immer unvollkommener.

Während nun Schwingungszahl und Wellenlänge unverändert bleiben, kann der Ausschlag vergrößert werden, wenn ständig im Gleichtakt mit den Schwingungen neue Antriebe erfolgen. Daher ist auch in bezug auf die Schwingungen des Schiffskörpers eine kritische Umdrehungszahl zu beachten. Umdrehungszahlen, die bei jeder oder jeder zweiten, dritten usw. Schwingung neue Schwingungsantriebe geben, können den Ausschlag der Schiffsschwingungen für die Schiffsverbände usw. bis zu gefährlichen Größen steigern.

Die Maschine macht natürlich diese Bewegungen mit, so daß je nach ihrer Lage im Schiff die Fundamente und Verbände derselben stark beansprucht werden.

Für die Maschine kommt noch hinzu, daß die durch die auftretenden Kräfte hervorgerufenen Momente versuchen, die Maschine zu kippen. Auf diese Weise werden die Grundplatten, Fundamente, Fundamentbolzen und Lagerbolzen gefährdet. Diese Beanspruchung ist die Ursache von Rissen an den Gußstücken, Lockerung und glattes Zerreißen von Schraubenbolzen und ähnlichen Störungen. Mit derartigen Störungen hat man immer zu rechnen, wenn die Maschine mit einer kritischen Drehzahl längere Zeit läuft, oder wenn die Beschleunigungskräfte der bewegten Massen nicht unschädlich gemacht sind.

Wodurch treten die störenden Kräfte auf, und wie werden sie beseitigt?

Die Wirkungen der Massenkräfte. Zur Umformung der Kolbenbewegung in die Kurbelbewegung sind einmal hin und her gehende Gewichte, wie Kolben, Kolbenbolzen und Oberteil der Schubstange erforderlich, und ferner umlaufende Gewichte, als da sind Unterteil der Schubstange (welche für diese Betrachtung in dem Schwerpunkt unterteilt wird), Kurbelzapfen und Kurbelwangen. Die hin und her gehenden Gewichte G_0 erzeugen bei ihrer ungleichförmigen Bewegung Kräfte, die angenähert die Größe haben

$$P_0 = \frac{G_0}{g} \omega^2 \cdot r \cdot (\cos \alpha + \frac{r}{l} \cos 2\alpha).$$

Die umlaufenden Gewichte G_R erzeugen eine Fliehkraft von der Größe

$$P_R = \frac{G_R}{g} \cdot \frac{v^2}{r};$$

oder da die Umfangsgeschw. = Winkelgeschw. × Halbmesser

$$v = \omega \cdot r$$

$$P_R = \frac{G_R}{g} \omega^2 \cdot r.$$

Die Fliehkraft kann nach nebenstehender Fig. 68 in zwei Seitenkräfte zerlegt werden, eine die senkrecht wirkt:

$$P_R' = \frac{G_R}{g} \omega^2 \cdot \cos \alpha$$

und ihren Höchstwert bei einer Kurbelstellung 0^0 oder 180^0 erreicht, und eine wagerecht wirkende:

$$P_R'' = \frac{G_R}{g} \omega^2 \cdot r \cdot \sin \alpha,$$

die ihren Höchstwert bei 90^0 und 270^0 erreicht.

Massenwirkung und Massenausgleich. 135

In der senkrechten Ebene wirken also die Kräfte $P_0 + P_R'$ und in der wagerechten Ebene P_R''.

Diese Kräfte ändern den Drehzahlen der Maschine und Winkelfunktionen entsprechend fortwährend ihre Richtung und Größe, und zwar ändert sich die Größe dieser Kräfte ebenso wie die der auf S. 130 behandelten Beschleunigungskräfte mit dem Quadrat der Winkelgeschwindigkeit und daher mit dem Quadrate der Drehzahlen. Dies ist auch der Grund, weswegen die Überschreitung der Höchstdrehzahl der Maschine so gefährlich wird und zur Zerstörung der Maschine führen kann. Beim Austauchen der Schraube aus dem Wasser, also plötzlicher Entlastung, wird durch den Höchstdrehzahlregler, der die Saugeventile der Brennstoffpumpe beeinflußt, verhindert, daß die Umdrehungszahl der Maschine gefährlich wird. Die gute Wirkungsweise dieser Sicherheitsvorrichtung ist also von größter Wichtigkeit. Wenn wir zunächst die Massenkräfte betrachten, die das Triebwerk eines einzelnen Zylinders erzeugt, so üben die Kräfte folgende Wirkung aus:

1. Die freien Kräfte. Für den Schiffskörper als elastisches Körpersystem bedeuten diese periodisch auftretenden Stöße Schwingungsantriebe, die das Schiff in senkrecht oder wagerecht gerichtete Schwingungen versetzen. Ist die Eigenschwingungszahl des Schiffes gleich oder ein ganzes Vielfache der Umdrehungszahl der Maschine, so werden die Ausschläge durch diese freien Kräfte vergrößert. Besonders die senkrecht gerichteten Schwingungen können sich dabei bis zu unzulässiger Größe ausbilden und zu Lockerungen und Verschiebungen von Bauteilen führen. Die Wirkung der freien Kräfte ist dabei um so größer, je näher der betreffende Zylinder der Mitte zwischen zwei Schwingungsknotenpunkten, also in einem Schwingungsbauch, liegt.

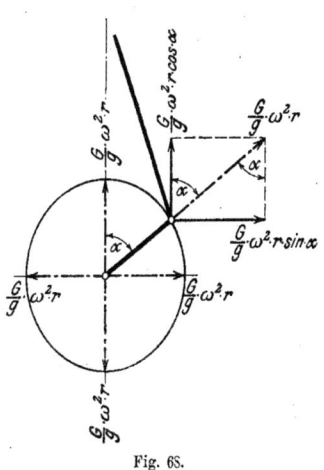

Fig. 68.

Ferner versuchen diese freien Kräfte den Schwerpunkt der Maschine zu verlegen und beanspruchen dadurch die Bauteile der Maschine und Befestigungsbolzen.

2. Die freien Momente. Die Massenkräfte bilden ferner Momente aus, welche die Maschine zu kippen suchen; einige Beispiele dafür sind in Fig. 69 gegeben. Diese Momente sind hauptsächlich die Ursache der Lockerung von Fundamentbolzen. Letztere müssen selbst bei Maschinen mit gutem Massenausgleich von Zeit zu Zeit untersucht und nachgezogen werden.

Der Massenausgleich. Die oben erwähnten schädlichen Wirkungen der bewegten Massen zwingen dazu, die auftretenden Kräfte nach außen hin unschädlich zu machen. Dies kann dadurch geschehen, daß man der auftretenden Massenkraft eine gleich große entgegengesetzt.

Auf diese Weise wird zwar die Maschine in sich stärker beansprucht, die Wirkung der Massenkräfte nach außen hin jedoch aufgehoben; dasselbe gilt von den durch die Massenkräfte ausgebildeten Momenten.

Da die Zahl der Zylinder bei Schiffsölmaschinen meist groß ist (vier, sechs und acht Zylinder), und ferner die bewegten Massen und der Mittenabstand der einzelnen Zylinder gleich ist, so läßt sich bei Schiffsölmaschinen der Massenausgleich durch geeignete Wahl der Kurbelwinkel und Kurbelanordnung erreichen. Aus Fig. 70 ersehen wir, daß die algebraische Summe der Kräfte und der auf eine beliebige Ebene bezogenen Momente Null ist.

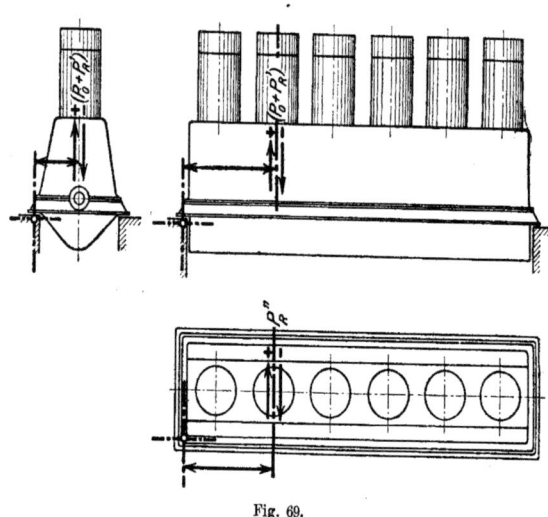

Fig. 69.

Bei der achtzylindrigen Maschine ist z. B. in bezug auf die durch die Mitte des Zylinders 8 gelegte Ebene:

$$P_1 \cdot 7a = P_2 \cdot 6a + P_7 \cdot a$$
$$P_1 = P_2 = P_7$$
$$P \cdot 7a = P \cdot 7a$$

Es tritt somit kein kippendes Moment auf. Durch angehängte Pumpen usw. wird dieser Ausgleich natürlich beeinträchtigt, so daß der vollkommene Massenausgleich immer ein beim Bau angestrebtes Ideal bleibt[1]).

Wir müssen für den Betrieb der Schiffsölmaschinen festhalten, daß der Ausgleich der Massen nur nach ihrer Wirkung nach außen hin erfolgt, daß die Massenkräfte also die Maschine selbst stark beanspruchen. Da die Massenkräfte mit dem Quadrat der Umfangsgeschwindigkeit wachsen, so hat jede Überschreitung der Höchstdrehzahl

---

[1]) Über systematische Untersuchung für verschiedene Fälle des Massenausgleiches für stehende Viertakt- und Zweitaktmaschinen mit 1 bis 8 Zylindern siehe „Der Ölmotor", Zweiter Jahrgang, Seite 765 und 821: Dr. Ing. O. Kölsch, Der Massenausgleich bei Schiffsölmaschinen.

Massenwirkung und Massenausgleich. 137

beim Austauchen der Schrauben usw. eine erhebliche Überanstrengung der Bauteile der Maschine, besonders des Maschinengestelles zur Folge, so daß in diesen Fällen Vorsicht geboten ist.

Der Massenausgleich erfährt aber nach dem oben Gesagten eine erhebliche Störung beim Ausfall eines Kolbens. In diesem Falle treten wieder freie Massenkräfte und Massenkraftmomente auf. Muß z. B. bei einer achtzylindrigen Maschine mit einer Kurbelkröpfung nach Fig. 70. Kolben und Stange des Zylinders 7 ausgebaut werden, so wird die Gleichung der Massenkräfte

$$P_1 + P_8 = P_2 + P_7$$

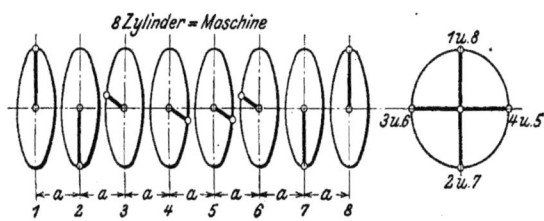

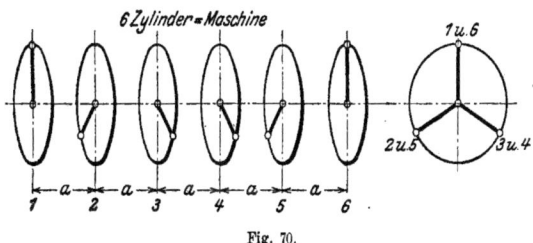

Fig. 70.

um den Wert der Massenkräfte der hin und her gehenden Massen und des unteren Teils der Schubstange als umlaufende Masse des Zylinders 7 gestört, werden. Diese fehlenden Kräfte werden die entgegengesetzt gerichteten um ihren Betrag nicht mehr ausgleichen.

Auf eine Ebene z. B. senkrecht zur Wellenachse durch den Zylinder 1 bezogen wird in diesem Falle die Momentgleichung

$$P_8 \cdot 7a = P_2 \cdot a + P_7 \cdot 6a$$

übergehen in die Ungleichung

$$P_8 \cdot 7a \neq P_2 a$$

so daß in dieser Ebene ein Kippmoment von

$$M = P \cdot 6a$$

wirksam wird.

Die nachteilige Wirkung macht sich dann schon an dem unruhigen Gang der Maschine bemerkbar, und die Umdrehungszahl muß so weit herabgemindert werden, bis wieder ruhiger Gang der Maschine eintritt.

Mit Rücksicht auf diese Betriebsvorgänge ist erforderlich, die Umdrehungsanzeiger öfter auf genaues Anzeigen zu prüfen, damit nicht grade durch das Bestreben, die kritischen Drehzahlen, welche für jede Maschine angegeben und auf den Umdrehungsanzeigern und Fahrttabellen vermerkt werden, zu vermeiden, dauernd in diesen gefährlichen Drehzahlbereichen gefahren wird.

XI. Wärmetechnische Untersuchung der Ölmaschine.

Wirkungsgrade.

Wenn zur Erreichung eines bestimmten Zweckes ein bestimmter Aufwand geleistet wird, so ist die Frage berechtigt und von Wert: Wie verhält sich der Erfolg zum Aufwand? Und wenn der Erfolg den Aufwand nicht erreicht, so muß entschieden werden, ob die entstandenen Verluste nicht zu groß sind und ob sie sich herabsetzen lassen.

Wenn eine Energieform (Wärme) aufgewendet wird, um eine andere (mechanische Arbeit) zu erzeugen, so fragen wir: Den wievielten Teil der der aufgewendeten Wärme gleichwertigen mechanischen Arbeit erhalten wir an der Welle?

Die Beantwortung dieser Frage verlangt dann auch gleich die Untersuchung, wo die Verluste auftreten, und ob sie sich herabsetzen lassen. Von der Bestimmung des Gesamtwirkungsgrades der Anlage kommen wir so auf die Untersuchung der Einzelabschnitte derselben.

Dabei müssen wir uns zunächst an die Bedingungen erinnern, unter denen Energieumsetzungen überhaupt möglich sind. Wir wissen, daß die Wärme nicht restlos in mechanische Arbeit umgewandelt werden kann, sondern daß im Kreisprozeß, in welchem dem Arbeitskörper Wärme zugeführt wird, immer ein Teil der Wärme dem Arbeitskörper entzogen werden muß. Grundsätzlich kann also nur ein Teil der aufgewendeten Wärme in Arbeit umgesetzt werden (s. S. 17 f.).

Bei dem Vergleich der einzelnen Arbeitsverfahren für Wärmekraftmaschinen hatten wir schon auf den Unterschied zwischen der Güte eines Arbeitsverfahrens in der Theorie und in der Durchführung dieses Arbeitsverfahrens hingewiesen. Die Durchführung des Arbeitsverfahrens in einer Form, wie wir sie früher (Abschnitt II) beschrieben haben, ist nicht möglich, da wir es bei der Durchführung des Verfahrens im Arbeitszylinder einer Maschine nie mit einer einfachen Wärmezufuhr, sondern immer mit einer Verbrennung zu tun haben, welche als chemischer Vorgang die Zusammensetzung und Eigenschaften des Arbeitskörpers ändert. Dadurch ist auch der Wert $\varkappa = \dfrac{c_p}{c_v}$ ständigen Änderungen unterworfen. Ferner stellt sich die Wärmeentziehung als Wechsel des Arbeitskörpers dar.

Die Beurteilung einer Maschine erfolgt zunächst durch den Vergleich des Erfolges zum Aufwand. Dadurch drückt man die Verluste aus, die bei der Umsetzung entstehen. Diese Verluste sind nun nicht allein im Arbeitsverfahren begründet, sondern die durch das Arbeitsverfahren begründeten Verluste werden vergrößert durch solche, die in der

Maschine selbst auftreten, und die in ihrer Größe durch den Bau der Maschine und durch den Betrieb derselben bestimmt werden.

Für alle Maschinen läßt sich nun der Wirkungsgrad des in ihr durchgeführten Arbeitsverfahrens aufstellen, und die Erreichung dieses Ideals muß beim Bau der Maschine und beim Betrieb derselben angestrebt werden. Wenn nun der Enderfolg, die an der Maschinenwelle erzielte Leistung, dieses Ideal nicht erreicht, so können wir untersuchen, wo die Verluste entstehen, ob sie im Bau oder Betrieb der Maschine begründet sind und ob und wie sie sich herabmindern oder vermeiden lassen.

Wir müssen also unterscheiden zwischen

1. dem Wirkungsgrad des Verfahrens an sich, der Verluste umfaßt und angibt, welche grundsätzlich sind und bei bestimmten Voraussetzungen immer einen bestimmten Wert haben, also dem Wirkungsgrad, der das Arbeitsverfahren beurteilt;
2. dem Wirkungsgrad der Durchführung des Arbeitsverfahrens, der alle Abweichungen vom theoretischen Verfahren ausdrückt, die im Bau der Maschine oder im Betrieb ihren Grund haben.

Wenn wir also in der Ölmaschine durch Verbrennung einer bestimmten Gewichtsmenge Öl eine aus Brennstoffgewicht und Heizwert bestimmbare Wärmemenge aufwenden, die nach dem bisher Gesagten in kgm oder P. S. umzurechnen ist, so können wir fragen:

1. Wieviel v. H. dieser Energie sind im vorliegenden Falle überhaupt nach dem Arbeitsverfahren der Ölmaschine in mechanische Arbeit zu verwandeln?
2. Wieviel v. H. werden tatsächlich im Arbeitszylinder in Arbeit umgesetzt? Und entscheidend wird:
3. Wieviel v. H. werden tatsächlich an der Nutzwelle als Arbeit gewonnen?

Der Wirkungsgrad des Arbeitsverfahrens. Der Ausdruck für den Wirkungsgrad des Arbeitsverfahrens der Ölmaschine ist nach Seite 25

$$\eta = 1 - \frac{1}{\varepsilon^{\varkappa-1}} \cdot \frac{\varepsilon_1^{\varkappa} - 1}{\varkappa(\varepsilon_1 - 1)},$$

worin

ε = Verdichtungsverhältnis,
ε_1 = Volldruckverhältnis.

Es wäre z. B. für

$\varepsilon = 14$ und $\varepsilon_1 = 2$

$$\eta = 1 - \frac{1}{14^{1,4-1}} \cdot \frac{2^{1,4} - 1}{1,4(2-1)}$$

$$\eta = 1 - 0,407 = 0,593.$$

Im Schaubild 71 sind die Werte für η bei verschiedenen Werten für ε und ε_1 zusammengestellt.

Wir sehen daraus allgemein, daß der Wirkungsgrad des Arbeitsverfahrens zunimmt, wenn ε größer oder ε_1 kleiner wird.

XI. Wärmetechnische Untersuchung der Ölmaschine.

Das Verdichtungsverhältnis. Für die Behandlung der Maschine entnehmen wir daraus, daß die Größe des Verdichtungsraumes zunächst nicht zunehmen darf, ohne daß der Wirkungsgrad der Maschine schlechter wird. Nach der Erneuerung der Packung für Zylinderdeckel oder nach dem Nachpassen von ausgearbeiteten Lagern muß daher jedesmal die Größe des Verdichtungsraumes festgestellt und gegebenenfalls wieder auf das alte Maß gebracht werden. Die Feststellung des Verdichtungsraumes ist auf S. 90 beschrieben.

Wenn nun, wie wir dem Verlauf der Schaulinien entnommen haben, der Wirkungsgrad der Maschine schlechter wird, wenn z. B. durch Sacken des Kolbens der Verdichtungsraum größer wird, so können wir durch Verringerung des Verdichtungsraumes, also Vergrößerung des

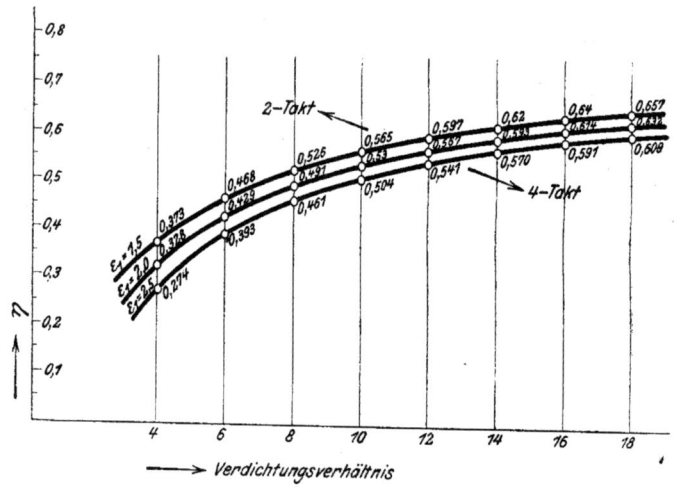

Fig. 71.

Verdichtungsverhältnisses ε den Wirkungsgrad verbessern. Hier jedoch stoßen wir auf einen Gegensatz zwischen Theorie und Praxis.

Zunächst ist aus dem Verlauf der Linien ersichtlich, daß mit wachsendem ε, also Verringerung des Verdichtungsraumes, die Verbesserung des Wirkungsgrades immer geringer wird. Gleichzeitig wird aber mit wachsendem ε bei gleichem Anfangsdruck der Enddruck der Verdichtung erheblich größer, und damit nimmt die Reibung in der Maschine derart zu, daß die theoretischen Vorteile sehr bald hinfällig werden. Das Verdichtungsverhältnis muß sich daher nach dem praktisch brauchbaren Enddruck richten, der erfahrungsgemäß ungefähr 30—35 at beträgt. Wenn nun der Enddruck gegeben ist, so wird das Verdichtungsverhältnis wieder von dem Anfangsdruck abhängig sein, d. h. mit zunehmendem Anfangsdruck abnehmen müssen.

So ist z. B. bei 30 at Enddruck das Verdichtungsverhältnis bei einem Anfangsdruck von:

Wirkungsgrade.

1. 0,9 at abs. bei Viertaktmaschinen:

$$\frac{p_1}{p_4} = \left(\frac{V_4}{V_1}\right)^{\varkappa} = \varepsilon^{\varkappa}$$

$$\frac{30}{0,9} = \varepsilon^{1,4}$$

$$\frac{\log 30 - \log 0,9}{1,4} = \log \varepsilon$$

$$12,24 = \varepsilon$$

2. 1,4 at abs. bei Zweitaktmaschinen:

$$\frac{30}{1,4} = \varepsilon^{1,4}$$

$$\frac{\log 30 - \log 1,4}{1,4} = \log \varepsilon$$

$$9,0 = \varepsilon$$

Die Betrachtungen ließen sich auch sinngemäß mit den Temperaturen durchführen.

Die Zündtemperatur im Zylinder beträgt rund 800° abs. Diese Temperatur wird erreicht bei einem Verdichtungsverhältnis, welches sich nach der Anfangstemperatur zu richten hat.

Bei 27° Raumtemperatur und Atmosphärendruck wäre im oben gedachten Falle, wenn die Temperatur dem Anfangsdruck entsprechend umgerechnet wird:

1. bei Viertaktmaschinen mit 0,9 at abs. Anfangsdruck:

$$\frac{T_1}{T_4} = \left(\frac{V_4}{V_1}\right)^{\varkappa - 1} = \varepsilon^{\varkappa - 1}$$

$$\frac{800}{273 + 18} = \varepsilon^{0,4}$$

$$\frac{\log 800 - \log 291}{0,4} = \log \varepsilon$$

$$12,53 = \varepsilon;$$

2. bei Zweitaktmaschinen mit 1,4 at abs. Anfangsdruck:

$$\frac{800}{273 + 57} = \varepsilon^{0,4}$$

$$\frac{\log 800 - \log 330}{0,4} = \log \varepsilon$$

$$9,15 = \varepsilon$$

Die Linien im Schaubild 72 und 73 geben für verschiedene Anfangsdrücke und Anfangstemperaturen den Enddruck oder die Endtemperatur der Verdichtung mit $\varkappa = 1,4$ bei verschiedenem Verdichtungsverhältnis.

XI. Wärmetechnische Untersuchung der Ölmaschine.

Das Volldruckverhältnis. Die Änderung des Wertes des Wirkungsgrades mit ε_1 ist schon durch Überlegung zu erklären. Soll eine bestimmte Brennstoffmenge verbrannt werden, so ist die Ausnutzung unter sonst gleichen Verhältnissen immer besser,

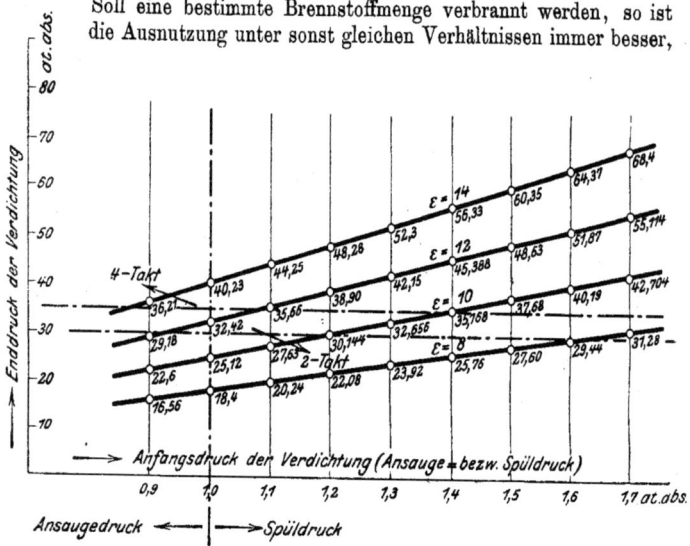

Fig. 72.

wenn die Ausdehnungsarbeit einen möglichst großen Teil der Arbeitsfläche des Diagramms ausmacht, denn dann ist der Enddruck gering und damit auch die Wärmemenge, welche mit den Abgasen die Maschine verläßt.

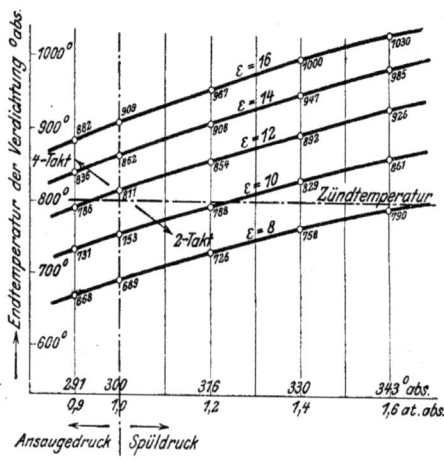

Fig. 73.

Über den Einfluß des Volldruckverhältnisses, also der Belastung der Maschine auf den Wirkungsgrad ist schon früher beim Vergleich der Arbeitsverfahren (s. S. 26 u. f. und Fig. 8) hingewiesen worden. Auf die Zylinderleistung, also die sogenannte indizierte Leistung bezogen, steigt der Wirkungsgrad mit abnehmender Belastung, da ε_1 kleiner wird. Wir werden aber im nächsten Abschnitt sehen, daß in bezug auf die Wellenleistung die Verhältnisse gerade umgekehrt liegen:

Der Wirkungsgrad der Durchführung des Arbeitsverfahrens.

Die Wirkungsgrade, die bei der Durchführung des Arbeitsverfahrens erzielt werden, also auch die Verteilung der in die Maschine hineingesteckten Wärme auf die Nutzleistung und die Verluste, die durch die Art und Weise der Durchführung, den Bau der Maschine und den Betrieb bedingt sind, sind durch den nachfolgend beschriebenen Versuch ermittelt.

Zur Verfügung stand eine zweizylindrige, stehende Viertaktölmaschine. Kurbelversetzung $0°$

Zylinder-Durchmesser . 295 mm
Kolbenhub . . . . . 440 mm

demnach Durchmesserverhältnis:
$$\frac{D}{H} = \frac{1}{1,491}.$$

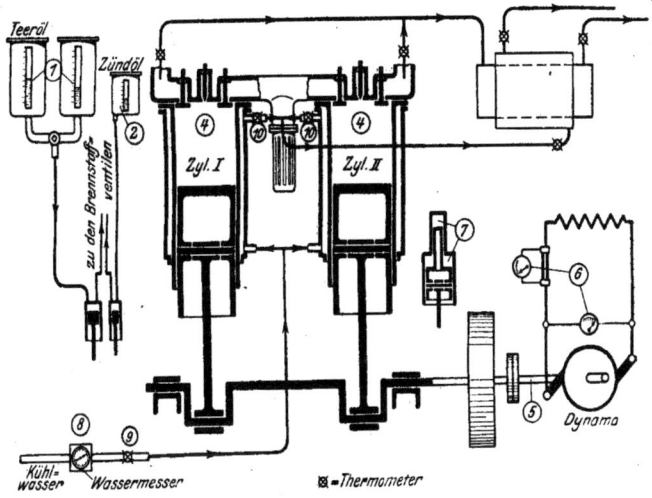

Fig. 74.

An jeden Arbeitszylinder ist eine zweistufige Luftpumpe für Einblase- und Anlaßluft angehängt.

Am Ende der Maschine befindet sich ein Schwungrad. Die Maschine ist mit einer Dynamomaschine von von $230 \times 170 = 41$ kW Leistung gekuppelt, welche Strom in eine Akkumulatorenbatterie oder in einen besonderen Belastungswiderstand liefert. Die Maschine wurde mit Steinkohlenteeröl von 9000 WE nutzbarem Heizwert unter Zuhilfenahme eines Zündöls (Gasöl) von 10 000 WE Heizwert betrieben.

Die Durchführung des Versuchs geht aus obenstehendem Bild hervor. Die Meßstellen tragen die Zahl der Spalte in der Zusammenstellung.

Spalte 1 und 2 enthält den Verbrauch an Treiböl und Zündöl für 1 Stunde nach Gewicht, woraus durch Multiplikation mit dem Heizwert die in 1 Stunde aufgewendete Wärme in WE errechnet ist. Der Wärmeaufwand für Vollast ist z. B.:

$$13{,}715 \times 9000 + 1{,}194 \times 10\,000 = 135\,375 \text{ WE}.$$

Spalte 3. Daraus ergibt sich dann die Zahl der PS, welche dieser Wärme gleichwertig sind.

$$\frac{75 \cdot 60 \cdot 60}{427} = 632 \text{ WE leisten 1 Stunde lang 1 PS,}$$

mithin werden z. B. für ¹/₁ Last.

$$\frac{135\,375}{632} = 214 \text{ PS aufgewendet.}$$

Spalte 4. Die Zylinderleistung (IPS) errechnet sich folgendermaßen:

$$\text{Leistung} = \text{Arbeit in der Sekunde} = \frac{\text{Kraft} \times \text{Weg}}{\text{Zeit}} = \frac{\text{kgm}}{\text{sec}}$$

$$= \frac{\text{Kraft} \times \text{Weg}}{\text{Zeit} \cdot 75} \text{PS}$$

$$\text{Kraft} = \text{Druck} \times \text{Kolbenoberfläche}$$

$$\frac{\text{Weg}}{\text{Zeit}} = \text{Geschw.} = \text{Arbeitshub in der Sekunde}$$

$$= \frac{h \cdot 2 \cdot n}{60} \text{ für Zweitakt doppelt wirkend}$$

$$= \frac{h \cdot n}{60} \text{ für Zweitakt}$$

$$= \frac{h \cdot n}{2 \cdot 60} \text{ für Viertakt}$$

$$\text{Leistung} = \frac{pi \cdot O \cdot h \cdot n}{75 \cdot 60 \cdot 2} \text{ PS für Viertakt einfach wirkend}$$

$$= \frac{pi \cdot O \cdot h \cdot n}{75 \cdot 60} \text{ PS für Zweitakt einfach wirkend,}$$

wobei $n =$ Umdrehungen in der Minute

pi in at
O in cm²
h in m einzusetzen ist.

Spalte 5 und 6. Die Nutzlast ist in kW ermittelt, die durch Multiplikation mit $\frac{1000}{736} = 1{,}359$ in PS umgerechnet sind. Hieraus wieder ergibt sich die Wellenleistung (WPS) durch Division mit dem Wirkungsgrad der Dynamomaschine, der für jede Belastungsstufe aus dem Kurvenblatt derselben entnommen ist.

Spalte 7 gibt die zur Erzeugung der Einblaseluft aufgewendete Leistung in PS. Die Einblasepumpe arbeitet im Zweitakt!

Aus Spalte 8 bis 10 läßt sich die mit dem Kühlwasser abgeführte Energie in WE und PS. errechnen. Bei Vollast wurden z. B. mit dem Kühlwasser abgeführt: $1107 \times (45{,}5 - 12{,}2) = 36\,863$ WE entsprechend $\frac{36\,863}{632} = 58{,}3$ PS.

Wirkungsgrade.

1	2	3	4	5	6	7	8	9	10	11	12	13
Aufwand: Brennstoffverbrauch kg in der Stunde		den WE gleichwertige Leistung in PS.	Leistung				Kühlwasser			Wirkungsgrad bezogen auf		
Treiböl $H=9000$ WE $\gamma=1,020$	Zündöl $H=10000$ WE $\gamma=0,872$		Zylinderleistung IPS	Erfolg Wellenleistung WPS	Nutzleistung in PS.	Luftpumpenleistung in PS.	Verbrauch in kg in der Stunde	Temperatur beim Eintritt	Temperatur beim Austritt	Wellenleistung $\frac{(5)}{(3)} \cdot 100$	Zylinderleistung $\frac{(4)}{(3)} \cdot 100$	$\frac{(5)}{(4)-(7)} \cdot 100$
13,715	1,194	214	80,4	60,8	52,3	2 × 2,5	1107	12,2	45,5	28,3	37,6	80,7
11,220	0,911	174,2	66,6	45,9	40	2 × 1,6	1021,5	12	41,3	26,35	38,2	72,6
7,810	0,860	124,8	48,1	30,2	26,2	2 × 1,4	867,3	12,5	40,15	24,2	38,5	66,6
4,857	0,843	80,9	33,0	16,0	13,2	2 × 1,4	333	14,5	59,2	19,4	40,8	53,0
1	2	3	4	5	6	7	8	9	10	11	12	13

Gerhards, Ölmaschinen. 2. Aufl.

146   XI. Wärmetechnische Untersuchung der Ölmaschine.

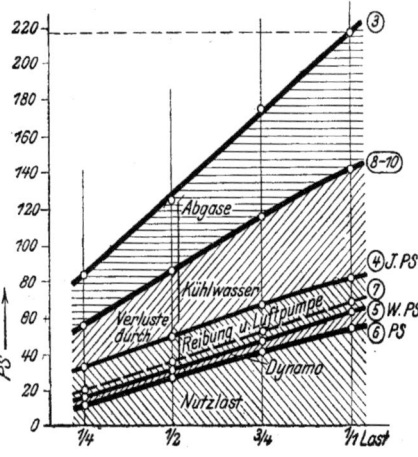

Fig. 75a.

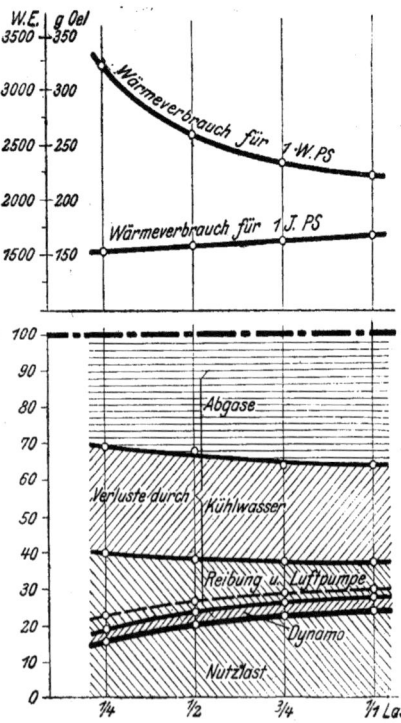

Fig. 75b.

In Spalte 11 bis 13 sind die aus den Leistungen errechneten Wirkungsgrade angegeben.

Zeichnerische Darstellung und Folgerung. Die abgelesenen und errechneten Werte sind in den Schaubildern 75a und b zusammengestellt. Schaubild 75a zeigt für die verschiedenen Belastungsstufen die Größe des Aufwandes und wie dieser in die Nutzlast, Reibung, Kühlwasser- und Abgasverluste unterteilt wird. Schaubild 75b beantwortet die Frage: Wenn 100 WE (oder auch 100 PS, 100 kg Öl usw.) aufgewendet werden, um in der untersuchten Maschine nutzbar gemacht zu werden, wieviel T. v. H. werden in Nutzarbeit umgesetzt, und wieviel gehen als Reibung, im Kühlwasser, in den Abgasen usw. verloren?

Das Bild zeigt zunächst, daß die **Ausnutzung an der Welle um so besser wird, je größer die Belastung ist.** Auf den Betrieb angewendet heißt das: Nach Möglichkeit die kleinste Betriebseinheit voll belasten, der Brennstoff wird am besten ausgenutzt in einer voll belasteten Maschine. Dieser Wellenwirkungsgrad steigt jedoch mit zunehmender Belastung immer langsamer an, so daß er bei einer bestimmten Belastung einen Höchstwert erreicht. Das ist die Normallast oder Vollast, bei der also die beste Wärmeausnutzung stattfindet. Die Kurve für den Wärmeverbrauch für eine WPS zeigt dasselbe. Wird die Brennstoffzufuhr von Vollast ab noch weiter gesteigert, so steigt die Leistung der Maschine wohl noch etwas an, der Brennstoffverbrauch für eine WPS steigt aber sehr schnell, weil bei Viertaktmaschinen die verfügbare Verbrennungsluft nur für eine gute Verbrennung bei Vollast ausreicht. Die unvollkommene Verbrennung macht sich sofort an dem immer dunkler werdenden Auspuff und an dem Ansteigen der Auspufftemperatur bemerkbar (s. auch S. 114). Der Betrieb mit Überlast führt bei Viertaktmaschinen daher bald zu Störungen durch Verschmutzen der Steuerung. Den unreinen Auspuff durch Erhöhung des Einblasedruckes zu beseitigen, also den Mangel an Verbrennungsluft durch Einblaseluft zu ersetzen, ist schädlich, da hierbei Spitzendiagramme entstehen, welche immer ein Zeichen für eine starke Beanspruchung der Maschine sind.

Während der Wärmeaufwand bezogen auf die Wellenleistung bei Vollast am günstigsten ist, trifft dies für die Zylinderleistung nicht zu. Auf die Zylinderleistung bezogen ist der Wirkungsgrad bei Teillast größer als bei der Vollast. Daher soll man bei der Beurteilung von Wirkungsgraden und Brennstoffverbräuchen vorsichtig sein. Der Grund für den abweichenden Verlauf der Wirkungsgrade bei verschiedenen Belastungsstufen bezogen auf IPS und WPS ist u. a. der, daß die Größe der Reibungsverluste sich mit der Belastung nicht sehr ändert, so daß in T. v. H. ausgedrückt bei geringer Belastung die Reibung der Maschine größer ist als bei voller Belastung, ebenso verhält es sich mit der Pumpenarbeit.

Das Verhältnis $\frac{\text{WPS}}{\text{IPS}}$, der mechanische Wirkungsgrad, ist bei Angaben mit Vorsicht aufzunehmen, wenn er nicht näher erklärt ist. Nach den Normen des V. D. I. sind durch denselben nur die Reibungsverluste der Maschine selbst beurteilt. Von der Zylinderleistung sind also bei Viertaktmaschinen die Einsauge- und Ausstoßarbeit, bei Zweitaktmaschinen die Arbeit der angehängten Spülpumpen, in beiden Fällen die Arbeit angehängter Einblasepumpen und Hülfsmaschinen abzuziehen.

Der mechanische Wirkungsgrad einer Maschine ist bei derselben Belastung durch die verschiedensten Umstände, wie Zustand der Lager, Kolben und Kolbenringe, Schmieröl, Kühlwassertemperatur (s. S. 109), Schwankungen unterworfen.

Maßgebend für die Beurteilung ist immer die Anzahl WE, die zur Erzeugung von einer WPS in der Stunde bei Normallast verbraucht werden. Wenn das Brennstoffgewicht für die Leistungseinheit angegeben wird, so muß der Heizwert des Brennstoffes mit angegeben sein. Zur Vereinfachung des Vergleichs bezieht man daher bei Angabe des Gewichtes alle Brennstoffe auf einen Heizwert von 10000 WE. Wird z. B. ein Brennstoffverbrauch von 208 g für eine WPS gemessen, und hat der Brennstoff einen Heizwert von 9500 WE, so ist der Verbrauch auf 10000 WE Heizwert bezogen:

$$x \times 10\,000 = 208 \cdot 9500$$
$$x = 197{,}6 \text{ g.}$$

Wo die Feststellung der Wellenleistung nicht ohne weiteres möglich ist, wie bei den Hauptmaschinen von Schiffen, gibt man den Verbrauch für die indizierte PS. an. Hierbei muß aber besonders berücksichtigt werden, daß der Wirkungsgrad für die Normallast angegeben werden muß, und daß die Reibung der Maschine bei dieser Angabe nicht mit beurteilt ist. Dieser Umstand ist gerade bei einem Vergleich verschiedener Bauarten von größter Wichtigkeit.

Die Verluste durch das Kühlwasser und die Abgase sind ebenfalls aus dem Schaubild in T. v. H. des Gesamtaufwandes abzulesen. Daraus geht hervor, daß ein erheblicher Teil der aufgewendeten Wärme auf diese Weise für die Arbeitsleistung verloren geht. Über den Einfluß der Kühlwassertemperatur auf den Betrieb der Maschine s. S. 108. Es lag nahe, einen Teil dieser Wärme anderweitig wieder nutzbar zu machen. Die Abwärmeverwertung ist gerade in den letzten Jahren zu einer umfangreichen Industrie angewachsen[1]).

Die Abwärme wird nicht nur dem Kreisprozeß der Maschine wieder zugeführt durch Unterstützung der Vergasung, sie wird auch, was für den Schiffsbetrieb wichtig ist, zur Wasservorwärmung, Warmwasserbereitung, Frischwassererzeugung und Heizung benutzt. Es bestehen auch eine Anzahl Ausführungen, bei denen die Abwärme zur Kesselheizung verwendet wird.

Wir haben aus der Besprechung der Wirkungsgrade ersehen, daß der Erfolg einer Ölmaschine vom Bau und Betrieb abhängt. Letzterer geht uns am meisten an. Eine Ölmaschinenanlage wird immer nur eine bestimmte Ausnutzung zulassen, die sich nach der Güte der Konstruktion richtet. Mit dieser Anlage den größten Erfolg zu erzielen, ist Sache des Betriebes. Der Betrieb bekommt durch Überwachung des Verdichtungsverhältnisses bei Instandsetzungen usw. schon Einfluß auf den theoretischen Wirkungsgrad. Die Zylinderarbeit wird durch einwandfreie Steuerung und richtige Leitung der Einblasevorgänge zu erreichen sein. Hierdurch werden auch, wie wir aus dem über die Auspufftemperatur Gesagten entnehmen, die Verluste durch Abgaswärme auf das geringste Maß gehalten. Ständige Überwachung der Zylinderarbeit durch indikatorische Untersuchung, Beobachtung der Farbe, Zusammensetzung und Temperatur der Auspuffgase sind die Mittel zur rechtzeitigen Erkennung von Unregelmäßigkeiten.

Bei den Verlusten durch Reibung ist zu bedenken, daß dieselben sich mit dem Zustand der Maschine ständig ändern, daher kann auch hier kein feststehender Wert angegeben werden. Die Reibungsverluste sind bei einer bestimmten Leistung und Umdrehungszahl abhängig von der Bauart der Maschine, dann aber auch vom Zustand der Lager, ob diese fest oder lose sind, ferner ob die Kolbenringe stark spannen oder der Zylinder entsprechend seiner Temperatur weit oder eng ist, und schließlich von der Schmierung.

Wo nun alle Bedingungen zur Erzielung eines guten Betriebes erfüllt sind, die Wirkungsgrade sich dem Erreichbaren nähern, werden

---

[1]) Über Abwärmeverwertung siehe W. Gentsch, Die Verwertung der Abwärme von Brennkraftmaschinen für Kraftzwecke. „Z. d. V. D. I." 1916, S. 982; ferner Achilles, Über Abwärmeverwertung der Verbrennungskraftmaschinen. „Der Ölmotor" IV, S. 119.

die letzten Möglichkeiten noch ausgenutzt werden können durch Verwertung der für das Arbeitsverfahren unvermeidlichen Verluste der Abwärme des ablaufenden Kühlwassers und der Abgase.

Untersuchung der Vorgänge im Arbeitszylinder.

Das Arbeitsdiagramm stellt zunächst die im Zylinder während eines Arbeitsvorganges auf einer Kolbenseite geleistete Arbeit als Fläche dar und gestattet somit die Errechnung dieser Leistung, wie vorstehend angegeben ist. Diese errechnete Leistung, also auch die Form des Arbeitsdiagramms, wird stets Abweichungen von der theoretischen Leistung und somit auch von dem Verlauf des theoretischen Diagramms zeigen.

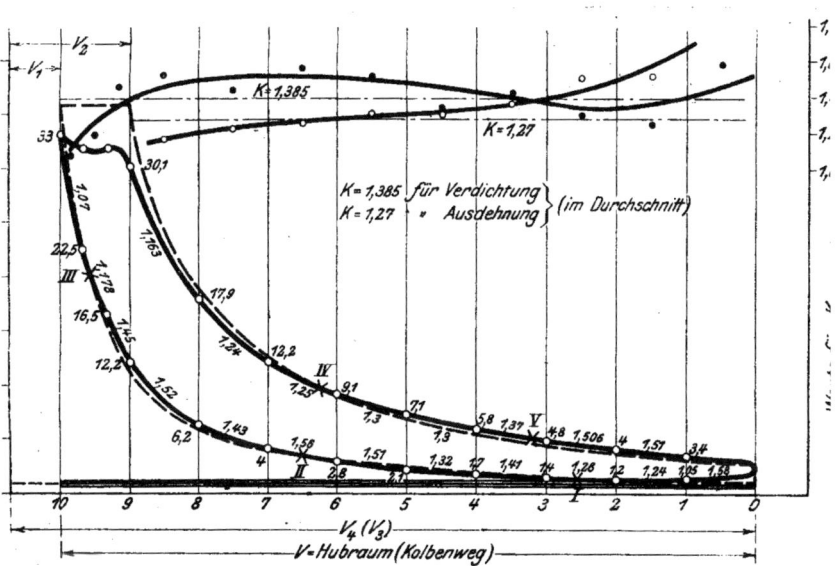

Fig. 76.

In Fig. 76 sind diese Abweichungen zeichnerisch dargestellt, indem das theoretische und das vom Indikator gezeichnete Diagramm im gleichen Maßstabe aufeinandergelegt sind.

Das theoretische Diagramm ist folgendermaßen gefunden:

Aus dem Zylinderdurchmesser und Hub ergibt sich der Hubraum zu

$$V = \frac{D^2 \cdot \pi}{4} \cdot h.$$

Der Verdichtungsraum wird gefunden, indem man den Kolben in den oberen Totpunkt stellt, den Spalt zwischen Kolben und Zylinderwand mit Talg ausschmiert und nach Aufsetzen des Deckels durch ein herausgenommenes Ventil Öl einmißt, bis der Raum voll ist.

XI. Wärmetechnische Untersuchung der Ölmaschine.

Ist der Verdichtungsraum V_1, so ergibt sich der Anfangsraum der Verdichtung zu
$$V + V_1 = V_4$$
und das Verdichtungsverhältnis
$$\varepsilon = \frac{V + V_1}{V_1} = \frac{V_4}{V_1}.$$

Der Anfangsdruck der Verdichtung wird dem Schwachfederdiagramm entnommen.

Aus diesen Angaben ergibt sich durch Rechnung die Verdichtungslinie. Die Drücke auf den zehn Teilstrichen des Kolbenweges sind nach
$$p_1 V_1^{\varkappa} = p_4 \cdot V_4^{\varkappa}$$
$$p_1 = p_4 \left(\frac{V_4}{V_1}\right)^{\varkappa}$$
errechnet.

Der Volldruckraum V_2 wird durch Abblasen des Zylinders (s. S. 93) festgestellt. Daraus ergibt sich dann das Volldruckverhältnis
$$\varepsilon_1 = \frac{V_2}{V_1}.$$

Aus Anfangsdruck und Anfangsraum sind dann die Drücke bei der Ausdehnung der Verbrennungsgase für die einzelnen Kolbenstellungen errechnet aus der Beziehung
$$\frac{p_3}{p_2} = \left(\frac{V_2}{V_3}\right)^{\varkappa}.$$

Ausdehnung und Verdichtung sind mit einem $\varkappa = 1{,}4$ angenommen, obwohl besonders bei der Ausdehnung nicht atmosphärische Luft $(N + O)$, sondern ein Gemisch von $N + O + CO + CO_2 + H_2O$, welches in seiner Zusammensetzung von der Vollkommenheit der Verbrennung abhängt, in Frage kommt.

Die Arbeit, welche durch das theoretische und durch das Indikator-Diagramm dargestellt wird, läßt sich nach den früher (s. S. 13 f.) angegebenen Formeln oder durch Planimeter feststellen, ebenso der mittlere Druck.

Das Verhältnis
$$\frac{\text{Indizierter Wert}}{\text{Theoretischer Wert}}$$
stellt den Völligkeitsgrad dar, d. h. dieses Verhältnis gibt ein Maß für die Abweichung des indizierten Diagramms von dem theoretischen und somit für die Güte der Durchführung des Arbeitsverfahrens im Arbeitszylinder.

Die Lage der theoretischen und der vom Indikator gezeichneten Linien lassen auch den Grund der Abweichungen erkennen. Für die einzelnen Abschnitte des Kolbenweges sind aus Druck und Raum die Exponenten der Zustandsänderung errechnet nach
$$\frac{p_1}{p_2} = \left(\frac{V_2}{V_1}\right)^n$$
$$n = \frac{\log p_1 - \log p_2}{\log V_2 - \log V_1}.$$

Die Exponenten für die Verdichtungs- und für die Ausdehnungslinie sind zeichnerisch dargestellt, um die Veränderung zu veranschaulichen. Für die Verdichtung ergibt sich ein mittleres $\varkappa$ von 1,385. Da $\varkappa = \dfrac{c_p}{c_v}$ für Luft $= 1{,}4$ ist, so mußte der Enddruck der Verdichtung im Zylinder niedriger sein, da mit kleiner werdendem $\varkappa$ die Kurve bei der Verdichtung flacher verläuft. Auffallende Abweichung zeigt sich vor und hinter Punkt II. Wir sehen, daß die vom Indikator gezeichnete Linie steiler verläuft, die verdichtete Luft also noch Wärme von der heißen Wand des Arbeitsraumes aufnimmt. Erst gegen Ende

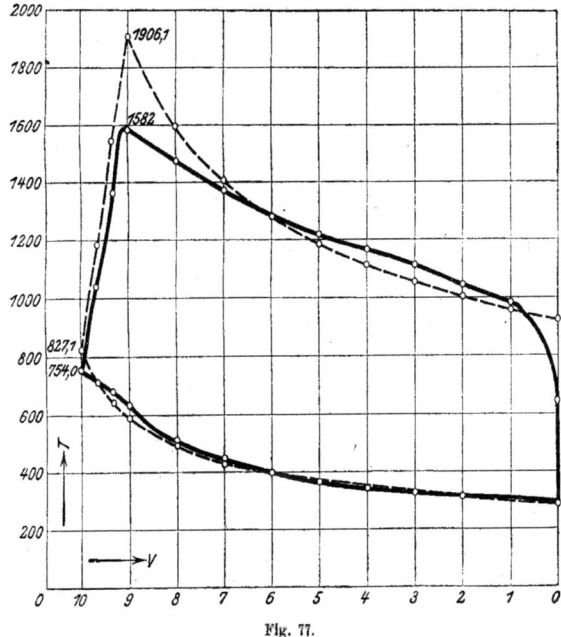

Fig. 77.

des Hubes, um Punkt III herum, ist die Kurve wieder flacher, da hier die verdichtete Luft eine sehr hohe Temperatur erreicht und deshalb Wärme an die Zylinderwand abgibt. Auch können Undichtheiten von Kolbenringen und Ventilen dazu beitragen, daß der theoretische Enddruck nicht erreicht wird.

Die Ausdehnungslinie zeigt ein mittleres $\varkappa = 1{,}27$, d. h. sie verläuft flacher als die Zustandskurve für adiabatische Ausdehnung. Der Grund dafür ist das „Nachbrennen", welches bei dem schwer vergasbaren Teeröl besonders stark ist. Wir sehen, daß die Wärmezufuhr nicht bei Schluß des Brennstoffventils aufhört, sondern erst zwischen Stellung 3 und 4 des Kolbens bei Punkt V beendet ist.

Das Temperatur-(TV)-Diagramm (s. Fig. 77). Die letzteren Betrachtungen lassen sich auch mit Hilfe der Temperaturen durchführen.

Das theoretische Diagramm. Aus Raum und Anfangstemperatur läßt sich die bei der adiabatischen Verdichtung erfolgende Temperatursteigerung errechnen nach

$$\left(\frac{V_{10}}{V_0}\right)^{\varkappa-1} = \frac{T_0'}{T_{10}'}$$

Die dann einsetzende Wärmezufuhr wird nun so geleitet, daß mit zunehmendem Rauminhalt der Druck unverändert bleibt. Daraus ergibt sich die theoretische absolute Endtemperatur der Verbrennung

$$\frac{T_9'}{T_{10}'} = \frac{V_9}{V_{10}}.$$

Mit dieser Temperatur beginnt der Arbeitskörper die Ausdehnung. Da wieder der Einfachheit wegen Luft angenommen ist und nicht ein Gemisch, ferner die Änderung der spezifischen Wärme mit der Temperatur hier nicht berücksichtigt werden soll, so ergeben sich unter Zugrundelegung eines $\varkappa = 1{,}4$ die einzelnen Temperaturen aus

$$\frac{T_8'}{T_9'} = \left(\frac{V_9}{V_8}\right)^{\varkappa-1}.$$

Das wirkliche Diagramm. Aus der errechneten theoretischen Temperatur ergibt sich das wirkliche Diagramm unter Benutzung der theoretischen Drücke und der aus dem Indikatordiagramm entnommenen wirklichen. Da diese nämlich für den gleichen Raum gelten, so verhält sich z. B.

$$\frac{T_9}{T_9'} = \frac{p_9}{p_9'}; \quad T_9 = T_9' \cdot \frac{p_9}{p_9'}.$$

Der Vergleich des theoretischen und wirklichen Temperaturdiagramms läßt wieder die Schlüsse zu, wie sie aus dem Druckdiagramm gefolgert waren.

Das Temperaturdiagramm zeigt aber auch den großen Wert einer wirksamen und gut geleiteten Kühlung, denn die Höchsttemperaturen, welche im Zylinder einer Ölmaschine auftreten, liegen höher als die Schmelzpunkte vieler Baustoffe der Maschine.

Ferner wird es Sache des Betriebes, die Vergasung und Verbrennung des Brennstoffes durch gute Zerstäubung mit dem richtigen Einblasedruck so zu leiten, daß das Nachbrennen möglichst gering wird, damit der Temperaturunterschied bei Beginn und Beendigung der Ausdehnung und damit die Ausnutzung der Wärme möglichst groß werden.

XII. Die Ölmaschine als Schiffsmaschine.

Zum Schlusse sei noch einmal das zusammengestellt und erweitert, was die Ölmaschine als Schiffsantrieb charakterisiert und bei einem betriebstechnischen Vergleich der Schiffsölmaschine mit der Schiffsdampfmaschine hervorgehoben werden muß.

Die Motorschiffahrt der Vorkriegszeit schloß mit einem sehr geteilten Urteil über die Aussichten derselben ab. Zunächst war man über die Betriebsstörungen der Erstlingsausführungen enttäuscht. Dann aber kam als noch schwerwiegender das Anziehen der Ölpreise nach Indienststellung der ersten Motorschiffe hinzu. Gerade dieser Umstand warf jede Rentabilitätsrechnung um.

Der Rückschlag war um so heftiger, als der Motorschiffbau für große Schiffe mit fraglos übertriebenen Hoffnungen und Erwartungen eingesetzt hatte. Daher hörte man bald von vielen Stellen sogar ablehnende Urteile, die allerdings meist ohne ernstliche Prüfung der tatsächlichen Verhältnisse und mit unangebrachter Verallgemeinerung ausgesprochen wurden.

Eine kritische Untersuchung für Herstellungs- und Unterhaltungskosten, Brennstoffpreise usw. kann heute in einer allgemeinen Betrachtung unmöglich angestellt werden. In dieser Hinsicht ist nur eins zu sagen. Sofern man sich zur Aufnahme der Motorschiffahrt entschließen will, soll man zunächst die Ölfrage prüfen und die Bereitstellung genügender und preiswerter Ölmengen sicherstellen. Über die Aussichten dafür läßt sich hier nur sagen, daß die Brennstofffrage seit Kriegsbeginn und vor allen Dingen nach dem Kriege sich immer mehr zugunsten der flüssigen Brennstoffe entwickelt hat. Steinkohle ist knapp geworden und sehr teuer, und der Preis dafür hängt eng mit der Lohnfrage, den Beförderungs- und Verladekosten zusammen, alles Punkte, die bei Verwendung flüssiger Brennstoffe erheblich günstiger sind. Die Tatsachen, daß eine Reihe von Schiffahrtsgesellschaften Flotten aus vorwiegend oder gar nur Motorschiffen unterhält, daß die erschöpften Kohlenstationen für die Schiffahrt den Bedarf nicht mehr befriedigen können und immer mehr durch Ölstationen ersetzt werden, sprechen am besten dafür, wie sich die Marktlage geändert hat.

Für eine betriebstechnische Kritik liegen jedoch genügend sichere Unterlagen vor, so daß wir versuchen können, in dieser Frage zu einer klaren Antwort zu gelangen.

Bei einem betriebstechnischen Vergleich steht natürlich die Betriebssicherheit an erster Stelle.

Die Versager und Betriebsstörungen, welche in der Anfangszeit bei den Erstlingsausführungen auftraten, haben ganz erheblich zu dem zurückhaltenden Urteil über die Ölmaschine beigetragen. Wenn man jedoch Einzelheiten nachgeht, so kann man feststellen, daß diese anfänglichen Fehler alle behoben worden sind. Soweit diese Störungen überhaupt in der Arbeitsweise der Ölmaschine begründet waren, betreffen sie hauptsächlich die Kühlung. Das liegt nicht zuletzt daran, daß gerade die Firmen, welche schon Erfahrungen im Ölmaschinenbau besaßen, für große Schiffe Zweitaktmaschinen bauten, deren Kühlung bei sonst gleichen Baudaten erheblich schwieriger ist als die der Viertaktmaschinen.

Die Frage Zweitakt oder Viertakt? war von jeher eine der heiß umstrittensten nicht nur auf dem Gebiete der Verbrennungskraftmaschinen überhaupt, sondern sie wurde wieder besonders lebhaft besprochen mit der Einführung der Ölmaschine für Schiffsbetriebe. Trotz der recht zahlreichen Erörterungen über diese Frage herrscht darüber noch keineswegs Klarheit. Man würde der Klärung dieser Frage erheblich näher kommen, wenn man sie nicht, wie dies meistens geschieht, als Streitfrage auffassen würde und sie durch Gegenüberstellung der Vor- und Nachteile der Arbeitsverfahren unabhängig vom Anwendungsgebiet und den Betriebsverhältnissen der Maschine ganz streng zugunsten des einen oder des andern Verfahrens zu entscheiden suchte, sondern wenn man diese Frage nach der Zweckmäßigkeit für das Anwendungsgebiet und den Betriebsverhältnissen beantworten würde. Die Frage Zweitakt oder Viertakt kann eben nicht allgemein beantwortet werden, sondern ist von Fall zu Fall zu entscheiden.

Bei der Entscheidung über diese Frage müssen zunächst neben den theoretischen und baulichen Gesichtspunkten die besonderen Betriebsverhältnisse für den vorliegenden Fall berücksichtigt werden. Ferner muß darauf hingewiesen werden, daß die Durchführung des Viertaktverfahrens eine Bauart und Steuerung hat, welche für alle Bauausführungen gleichmäßig sind, wenigstens keine einschneidenden Abweichungen aufweisen, während die Bauausführung des Zweitaktverfahrens eine außerordentliche Vielseitigkeit besitzt, die durch Ventilspülung, Schlitzspülung, Gegenkolben, Stufenkolben und Spülluftbeschaffung ihre hauptsächlichsten Unterschiede erhält. Um den Vorzügen jeder Bauart gerecht zu werden, müßte der Vergleich zwischen Zweitakt und Viertakt in eine ganze Anzahl von Einzelfällen aufgelöst werden, besonders wenn man das umstrittenste Gebiet, den Schiffsantrieb, mit der Forderung nach Unsteuerbarkeit und Einstellbarkeit der Drehzahl betrachtet.

Aus der früher besprochenen Arbeitsweise geht hervor, daß beim Viertaktverfahren erst bei jeder zweiten Umdrehung eine Verbrennung erfolgt, beim Zweitaktverfahren jedoch bei jeder Umdrehung. Bei sonst gleichen Baugrößen wird also rein theoretisch eine Zweitaktmaschine die doppelte Leistung haben wie die Viertaktmaschine. Der Zweitakt ist also überall dort angebracht, wo Platz und Gewicht erspart werden sollen. Ferner erfordert die Steuerung bei Viertaktmaschinen immer Einlaß- und Auslaßventile, während der Zweitakt nur Spülventile verlangt, und auch diese können noch vermieden werden. Mit Ausnahme der zur Regelung des Verbrennungsvorganges erforderlichen Vorrichtungen kann der Zweitakt ohne bewegte Steuerungsteile gebaut werden.

Diese beiden Vorzüge des Zweitakts, nämlich doppelte Leistung für gleiche Maschinengröße und einfachere Bauart, hätten den Zweitakt allgemein in Anwendung bringen sollen. Aber diese Vorzüge können nicht in allen Fällen ausgenutzt werden; außerdem sind mit dem Zweitaktverfahren auch Nachteile und Schwierigkeiten verknüpft, welche bisher noch nicht einwandfrei überwunden werden konnten.

Da das Ausspülen der Verbrennungsrückstände aus dem Zylinder und die Erneuerung der Ladung in dem Augenblick erfolgen müssen, in welchem der Kolben in der Auswärtstotlage steht, so kann dieser Vorgang selbst bei mäßiger Drehzahl der Maschine nur unvollkommen durchgeführt werden. Die Folge der ungenügenden Spülung ist unvollkommene Verbrennung, und damit treten Brennstoffverluste und mangelhafte Brennstoffausnutzung ein. Besonders für Schnelläufer wird dieser Übelstand empfindlich.

Eine besondere konstruktive Schwierigkeit bietet die Kühlung der Zweitaktmaschine. Da bei gleicher Drehzahl der Zweitakt doppelt so-

XII. Die Ölmaschine als Schiffsmaschine.

viel Verbrennungen vornimmt als der Viertakt, so wird die Kühlung des Zylinderdeckels und Arbeitskolbens mit zunehmender Drehzahl immer schwieriger. Diese Schwierigkeit der Kühlung wird mit zunehmendem Zylinderdurchmesser noch größer, da die Kühlfläche mit der Maschinengröße langsamer anwächst als der Zylinderinhalt.

Mit der Entwicklung der Schiffsdieselmaschine trat der Zweitakt unter günstigen Vorbedingungen mit dem Viertakt in Wettbewerb, da die geringe Drehzahl, welche einen guten Schraubenwirkungsgrad ergibt, für die Dieselmaschine wegen der Vorgänge zur Einleitung und Durchführung der Verbrennung im Zylinder allgemein günstig ist. Der Nachteil der mangelhaften Ladung und unreinen Verbrennungsluft wird dadurch abgeschwächt, obwohl ein etwas höherer Brennstoffverbrauch immer noch bestehen bleibt. Die Erreichung einer geforderten Leistung mit dem halben Hubvolumen und die damit verbundene Platz- und Gewichtsersparnis, ferner Vorteile, die in der einfachen Bauart, dem Gleichgang und Massenausgleich liegen, sind für Schiffsanlagen aber zu bedeutungsvoll, als daß sie nicht gegen den höheren Brennstoffverbrauch eingesetzt werden sollten, zumal letzterer bei Zweitaktmaschinen mit geringer Drehzahl den der Viertaktmaschine um höchstens 10 v. H. übersteigt; vielfach ist der Unterschied bei neueren guten Zweitaktmaschinen unbedeutend und wird für eine bestimmte Betriebszeit des Schiffes durch die billigeren Anlagekosten des Zweitakts und seine Raumersparnis wieder aufgewogen.

Es ist daher bemerkenswert, wie bald der Zweitakt sich als Schiffsantrieb Eingang verschaffte. Für einen Vergleich der Entwicklungsbewegung kann natürlich nur die Zeit bis 1914 genommen werden; außerdem müssen wir auch für diese Zeit die Kriegsmarinen wegen der lückenhaften Angaben außer Betracht lassen. Wenn wir die für Handelsschiffe (Frachtschiffe, Personenschiffe, Tankschiffe, Schlepper und Spezialschiffe) gebauten Ölmaschinen hinsichtlich ihrer Arbeitsweise vergleichen, so ergibt sich für die Leistungen der Maschinen in den einzelnen Baujahren folgendes Bild:

	Verhältnis von Viertakt : Zweitakt	
1908	10	1
1909	7	1
1910	7	1
1911	1,1	1
1912	1,7	1
1913	1,6	1
1914	0,53	1

Wir sehen daraus eine ständige Ausbreitung des Zweitakts. Noch bedeutsamer wird die Zusammenstellung, wenn man bedenkt, daß die Hauptbaujahre 1912, 13 und 14 sind und 1914 den Höhepunkt der Bautätigkeit für die Zeit bis Kriegsausbruch darstellt. So erscheint die Zusammenstellung für den Zweitakt noch zu ungünstig, da eigentlich nur die Jahre 1913 und 1914 mit ihrem starken Bautempo den eigentlichen Wettbewerb darstellen. Auch wenn man die Anzahl der nach dem Viertakt und Zweitakt gebauten Schiffsdieselmaschinen betrachtet, gelangt man zu dem gleichen Ergebnis. Von den am Bau dieser Maschinen beteiligten Firmen lieferten Burmeister & Wain, Kopenhagen, und Werkspoor, Amsterdam, fast ausschließlich die in der Zusammenstellung auftretenden Viertaktmaschinen, während alle anderen größeren Firmen sich für den Zweitakt entschieden hatten. Wir finden hier sogar schon den doppelt wirkenden Zweitakt bei M. A. N., Nürnberg, Friedr. Krupp, Germania-Werft, und Blohm & Voß.

Die von den ersten Motorschiffen bekannt gewordenen Betriebsstörungen müssen besonders vorsichtig beurteilt werden. Erst wenn eine Betriebsstörung in dem Dieselverfahren begründet ist, kann die Frage Viertakt oder Zweitakt wieder gestellt werden. Und in diesem Falle weiß der Betriebsfachmann ebenso viel von verbrannten Auslaßventilen des Viertakts zu erzählen als von Schwierigkeiten bei der Kolbenkühlung des Zweitakts. Gefressene Kolben oder gerissene Zylinderdeckel bei Erstlingsausführungen des Zweitakts sind stets durch Verbesserungen der Konstruktion behoben worden. So unangenehm solche Pannen auch sind, so sehr sie dem Ruf der Maschinen Abbruch tun, so werden diese Schwierigkeiten doch überwunden werden.

Die Entwicklung der Motorschiffahrt während des Krieges läßt keinen Vergleich mehr zu, da gerade die Viertaktfirmen Burmeister & Wain und Werkspoor durch den Krieg in der Herstellung von großen Viertaktschiffsölmaschinen gefördert wurden, während fast alle Zweitaktfirmen für ihre kriegführenden Länder auf Kriegsindustrie eingestellt werden mußten. Dadurch überwiegt jetzt fraglos der Viertakt wieder ganz bedeutend, und es läßt sich natürlich kaum sagen, wie die obige Zusammenstellung sich bei ungestörter Entwicklung gestaltet hätte. Wir dürfen dabei nicht vergessen, daß der Zweitakt dabei in der ersten Entwicklung begriffen war. Die Beseitigung der Schwierigkeiten bei der Kühlung und Spülung kann nicht von heute auf morgen erfolgen. In dem Maße aber wie dies gelingt, gewinnen die Vorteile des Zweitakts an Geltung.

Für die Maschinenanlage großer Schiffe hat der Zweitakt wenigstens bis zum Kriegsausbruch seine Stellung gegen den Viertakt gut behauptet. Daß jetzt der Viertakt erheblich überwiegt, hat, wie oben schon erwähnt, seinen Grund hauptsächlich darin, daß die Zweitaktfirmen an der Weiterarbeit auf dem Gebiete des Handelsschiffbaues durch den Krieg gehindert wurden, während die Viertaktfirmen im Gegensatz dazu durch die Kriegsverhältnisse gerade gefördert worden sind. Die Motorschiffahrt befindet sich jetzt in einer neuen Notlage insofern als alle Arbeit, alle Mittel darauf gerichtet sein müssen, ihr beim Wiederaufbau der Welthandelsflotte ihren Anteil zu erobern. Nur durch Sammlung der Kräfte, durch Serienbau eines längere Zeit schon erprobten Typs wird der Wettbewerb mit Dampfanlagen von Erfolg sein. Diese Gebote des Augenblicks werden fraglos zur Folge haben, daß viele Unternehmungen sich für den Viertakt entscheiden werden, da die während des Krieges fertiggestellten Viertaktschiffe mehrjährige Borderfahrungen haben, weil ferner die ganze Umstellung und Neueinrichtung des Betriebes, die Eingewöhnung des Konstruktions- und Werkstattpersonals für den Bau von Viertaktmaschinen sicherere Aussichten verspricht als für die Entwicklung von Zweitaktmaschinen.

XII. Die Ölmaschine als Schiffsmaschine.

Der Zweitakt wird dagegen bei den Firmen, welche auf diesem Gebiete schon Erfahrungen haben, weiter entwickelt werden. Für große Schiffe mit geringer Drehzahl sind seine Aussichten ja auch gut. Für Kolben und Zylinderdeckel haben die früheren Versuche gute Bauformen und geeignete Materialien gebracht. Die Spülung ist zwar immer noch eine nicht ganz gelöste Aufgabe, doch sind hier Schlitzspülung mit Nachladevorrichtung durch ein Ventil, wie es z. B. Sulzer anwendet, glückliche Lösungen. Die Junkersmaschine, welche auch die schwierigsten Bauteile, die Zylinderdeckel vermeidet, erreicht eine geradezu ideale Spülung.

Trotz aller Vorteile des Zweitakts für den Schiffsantrieb, die gute Gleichförmigkeit des Drehmomentes, Gewichts- und Platzersparnis, trotzdem die Nachteile des Zweitakts bei langsam laufenden Schiffsmaschinen nicht so empfindlich sind und trotzdem die Zweitaktmaschine sich auf großen Schiffen schon gut bewährt hat, so werden wir es aber doch erleben, daß nicht alle Unternehmungen den Zweitakt als Schiffsantrieb wählen. Es wird sich in der nächsten Zeit zunächst darum handeln, mit Sicherheit einen mittelgroßen Maschinentyp für Fracht- und Tankschiffe zu bauen. Dabei werden viele Firmen, und besonders Anfänger, den Viertakt wählen, der durch die oben geschilderten besonderen Verhältnisse der letzten Jahre eine mehrjährige Borderprobung und Entwicklung durchmachen konnte. Der Zweitakt ist eben in der Konstruktion schwieriger.

Wenn die Ölmaschine jedoch ihre Bedeutung, Brauchbarkeit und Überlegenheit nachgewiesen hat, und die Zeit für besondere Schiffsklassen ist nicht mehr fern oder schon da, dann wird auch die Zeit kommen, wo die Forderung nach großer Leistung, Platzersparnis usw. die Vorteile des Zweitakts besonders wertvoll macht. Die Entwicklung wird dann für die größten Schiffe den Zweitakt fordern, und zwar käme für große Leistungen der doppelt wirkende Zweitakt in Frage.

Der Krieg hat die Motorschiffahrt und die Motorenindustrie außerordentlich gefördert. Nicht nur die neutralen Länder haben ihre Schiffahrt wegen der Kohlenknappheit im weitgehendsten Maße auf den Betrieb mit Ölmaschinen umgestellt, sondern gerade in Deutschland sind während des Krieges für U-Boote an Ölmaschinen mehr PS gebaut als in den übrigen Ländern zusammengenommen. So wird jetzt besonders der Bau von Viertaktmaschinen von zahlreichen Firmen auf Grund mehrjähriger Borderfahrung mit diesen Maschinen aufgenommen, so daß der Bau für die Betriebssicherheit volle Gewähr bietet. Die bisherigen Erfahrungen im Bordbetriebe gehen übereinstimmend dahin, daß die Betriebssicherheit der bisher entwickelten Bauarten den Anforderungen des Seebetriebes voll genügt, desgleichen die Sicherheit des Manövers mit diesen Maschinen. Die früher schon betonte gute Reparaturfähigkeit und die Möglichkeit der Aufrechterhaltung des Betriebes beim Ausfall einzelner Zylinder hat sich voll bewährt, und die laufenden Instandhaltungsarbeiten an der Maschine lassen sich in einer Zeit ausführen, welche die Ausnutzung des Schiffes weniger beeinträchtigt als die Instandhaltung der Kesselanlagen bei Dampfschiffen (vgl. dazu auch S. 72).

Die Schiffsölmaschine bietet aber auch für die Sicherheit des Schiffes durch ihre ständige Betriebsbereitschaft in den Fällen große Vorteile, wenn ein Schiff auf wenig geschützter Rhede oder ungünstigem Liegeplatz durch plötzlich aufkommendes schlechtes Wetter oder andere Umstände, wie Feuersgefahr usw., in Gefahr kommt. Die Ölmaschine des Motorschiffes ist dann jederzeit klar zum Angehen, während das Dampfschiff erst längere Zeit anheizen muß, um zu seiner Sicherheit die Maschine klar zu haben. Selbst wenn beide Maschinenanlagen durch Reparaturen nicht betriebsbereit wären, würde wahrscheinlich die Ölmaschine schneller wieder betriebsklar sein. Immer aber läßt sich auf einem Motorschiff mit zwei Maschinen eine derselben ohne Aufwand an Betriebskosten ständig betriebsbereit halten.

Die Vorteile der Ölmaschine für den Schiffsbetrieb sind aber besonders durch die Eigenart der Verwendung von flüssigen Brennstoffen begründet.

Daß die für Motorschiffe in Frage kommenden Öle keine ernste Feuersgefahr bieten, ja bei einiger Vorsicht harmloser als Steinkohle sind, ist in den Abschnitten IV und V schon ausgeführt (s. S. 55).

Die Vorteile der Verwendung flüssiger Brennstoffe für den Betrieb beginnen schon mit der Übernahme, die durch Pumpen oder mit natürlichem Gefälle erfolgt und den Schiffsbetrieb garnicht oder weit weniger stört als die Kohlenübernahme dies tut. Daher verursacht die Ölübernahme keine Lohnkosten, die bei der Kohlenübernahme oft recht erheblich sind und auch schon deswegen ins Gewicht fallen, weil ein mit Kohlen gefeuertes Schiff wegen des größeren Brennstoffverbrauchs viel häufiger diesen ergänzen muß als ein Motorschiff seinen Treibölvorrat.

Wenn auch die Verbrennung des Treiböles im Zylinder der Ölmaschine nicht immer vollkommen sein kann und auch, wie wir früher schon betonten, immer so viel Rückstände hinterläßt, daß die Reinigung und Untersuchung des Zylinderinnern von Zeit zu Zeit nötig wird, so sind diese Rückstände und Arbeiten nicht nennenswert gegen die des Kesselbetriebes mit Kohlenfeuerung. Die Kohle hinterläßt je nach ihrer Güte bis 15 v. H. ihres Gewichtes Schlacke und Asche, die während des Seebetriebes durch Feuerreinigungen und Überbordwerfen der Rückstände eine ständige mühevolle und unwirtschaftliche Arbeit bereiten und auch im Hafen beim gründlichen Reinigen der Feuerungsanlage nicht nur Zeitverlust und Arbeit, sondern auch oft erhebliche Lohnkosten verursachen.

Die Ausnutzung der flüssigen Brennstoffe in der Kesselfeuerung würde fraglos auch schon die Vorteile bei der Übernahme, Unterbringung und Förderung des Brennstoffes an Bord verwirklichen und gleichzeitig die Unannehmlichkeiten der Kohlenfeuerung mit ihren Rückständen vermeiden, immer aber würden noch die eigentlichen Kesselarbeiten, die Speisewassersorgen usw. verbleiben und, was eigentlich bei einem betriebstechnischen Vergleich im Vordergrunde des Interesses steht, der Brennstoffverbrauch des Dampfschiffes ist größer als der des Motorschiffes.

Zu einem einwandfreien Vergleich zwischen einem Dampfschiff und einem Motorschiff hinsichtlich des Brennstoffverbrauchs müssen zunächst bestimmte Festsetzungen getroffen werden. Für Wärmekraftmaschinen ist die Angabe des für die Leistungs-

XII. Die Ölmaschine als Schiffsmaschine.

einheit erforderlichen Brennstoffgewichts für einen Vergleich nutzlos, wenn nicht der Heizwert des Brennstoffes mit angegeben wird. Das für Ölmaschinen gebrauchte Treiböl und das zur Ölfeuerung in Dampfkesseln verwendete Heizöl sollen immer auf einen Heizwert von 10 000 WE umgerechnet werden (s. auch S. 147). Bei Steinkohle dürfte man einen Heizwert von nur 7500 WE annehmen. Da der Brennstoff weniger nach dem Heizwert als nach dem Gewicht gehandelt wird, so wird meistens zu einem Vergleich das in einer Maschine stündlich für eine ·Pferdekraft gebrauchte Brennstoffgewicht herangezogen. Dabei ist aber immer zu berücksichtigen, daß man mit 1 kg Öl 10 000 WE, mit 1 kg Kohle aber nur 7500 WE kauft, so daß wärmetechnisch der Kohlenverbrauch einer Dampfmaschine mit $\dfrac{7500}{10\,000} = \dfrac{3}{4}$ multipliziert werden müßte, um ihn mit dem Ölverbrauch zu vergleichen. Andernteils ist auch der Preisvergleich nur unter Berücksichtigung dieses Verhältnisses möglich, so daß ein Öl, welches für die Gewichtseinheit $4/3$ mal so teuer als Kohle ist, dieser wärmetechnisch im Preise noch gleichwertig ist.

Auf S. 147 wurde schon betont, daß bei einem praktischen Vergleich zweier Wärmekraftmaschinen nur die Ausnutzung des Brennstoffes auf die Wellenleistung bezogen maßgebend sein kann.

Selbst wenn wir Brennstoffverbräuche zu einem Vergleich heranziehen, die für das Motorschiff eher zu ungünstig als zu günstig sind — sie können auch innerhalb der Grenzen der Betriebserfahrung für Motorschiffe und Dampfschiffe geändert werden, ohne das Ergebnis der Betrachtung wesentlich zu ändern —, wenn wir z. B. zwei Anlagen vergleichen, die beide Öl von 10 000 WE verwenden, von denen aber die eine das Öl im Dampfkessel verfeuert, während die andere es in einer Ölmaschine ausnutzt, und annehmen, daß das Dampfschiff mit Ölfeuerung für 1 WPS stündlich 550 g, das Motorschiff für 1 WPS stündlich 220 g verbraucht, so ist damit in diesem Vergleich die 2,5 fache Überlegenheit des Motorschiffes ausgedrückt. Der Wärmewirkungsgrad auf die gesamte Anlage berechnet ergibt sich daher

für das Motorschiff zu $\dfrac{632}{2200} \cdot 100 = 28,73$ v. H.

„ „ Dampfschiff „ $\dfrac{632}{5500} \cdot 100 = 11,5$ v. H.

Es sei hier aber noch einmal betont, daß dieser Vergleich sich zunächst nur auf den Brennstoffverbrauch bezieht, daß er vervollständigt werden müßte durch den Vergleich für die Amortisation der Anlagekosten, Versicherung des Schiffes usw., die hier aber nicht untersucht werden können und sollen. Ferner haben die Ölmaschinen einen höheren Verbrauch an Schmieröl als Dampfmaschinen. Auf den Hauptbetriebsstoff, den Brennstoff bezogen ergibt der Vergleich aber zunächst die mindestens 2,5 fach bessere Ausnutzung des Brennstoffes.

Dieser Vergleich wird für das Motorschiff noch günstiger, wenn man ihn nicht nur auf das in Fahrt befindliche Schiff, sondern auf den gesamten Betrieb eines Schiffes ausdehnt. Dabei ist von besonderer Bedeutung, daß ein Dampfschiff schon vor Beginn der Fahrt Brennstoff zum Anheizen der Kessel und Vorwärmen der Maschinen verbraucht und auch bei kurzen Betriebsunterbrechungen die Kesselfeuer unterhalten muß, während die Ölmaschine des Motorschiffes nur für die Zeit ihres tatsächlichen Gebrauchs Brennstoff verbraucht. Wenn also die Fälle in den Vergleich einbezogen werden, in denen das Schiff seeklar gemacht wird, mit klarer Maschine vor Barren, auf Rhede, zu kurzem Aufenthalt zur Kohlenübernahme oder sonst vorübergehend mit gestoppter Maschine liegt, so kommt man den tatsächlichen Verhältnissen wohl näher, wenn man das Verhältnis für die Brennstoffverbräuche des Dampfschiffes und Motorschiffes 3 : 1 nimmt, wenn in beiden Fällen Öl von 10 000 WE Heizwert als Brennstoff gebraucht wird; auf Kohle von 7 500 WE für das Dampfschiff und Öl von 10 000 WE für das Motorschiff bezogen ist das Verhältnis sogar 4 : 1.

Bei gleichen Wärmekosten wäre also die Ölmaschine in bezug auf den Brennstoff dreimal so wirtschaftlich wie die Dampfmaschine, bei gleichen Gewichtskosten und bei Anwendung von Kohle für das Dampfschiff und Öl für das Motorschiff ist vom kaufmännischen Standpunkte aus die Wirtschaftlichkeit in beiden Fällen dann noch gleich, wenn eine Tonne Öl viermal so teuer ist als eine Tonne Kohle.

Der geringe Brennstoffverbrauch des Motorschiffes hat für den Schiffsbetrieb noch den großen Vorteil, daß der Fahrbereich des Schiffes gegenüber dem des Dampfschiffes unter sonst gleichen Verhältnissen ganz erheblich größer wird, daß dadurch auch das Motorschiff selbst bei langen Reisen von Zwischenstationen für die Brennstoffergänzung unabhängig wird, da es den Brennstoff für die Hin- und Rückreise im Hauptversorgungshafen übernehmen kann.

Die Betriebsergebnisse, welche über die in Dienst befindlichen Motorschiffe des Überseedienstes bekannt geworden sind, lauten durchweg günstig und bestätigen die oben durchgeführte Betrachtung.